WALL STREET STOCK SELECTOR

Explained Completely by Top Trader

华尔街选股术

顶级交易员深入解读

［美］江恩（William D. Gann）/原著

魏强斌/译注

经济管理出版社

ECONOMY & MANAGEMENT PUBLISHING HOUSE

图书在版编目（CIP）数据

华尔街选股术：顶级交易员深入解读/（美）江恩原著；魏强斌译注. —北京：经济管理出版社，2018. 6
ISBN 978-7-5096-5747-8

Ⅰ. ①华… Ⅱ. ①江… ②魏… Ⅲ. ①股票投资—经验—美国 Ⅳ. ①F837.125

中国版本图书馆 CIP 数据核字（2018）第 082730 号

策划编辑：勇　生
责任编辑：王　聪
责任印制：黄章平
责任校对：王淑卿

出版发行：经济管理出版社
　　　　　（北京市海淀区北蜂窝 8 号中雅大厦 A 座 11 层　100038）
网　　　址：www. E-mp. com. cn
电　　　话：(010) 51915602
印　　　刷：三河市延风印装有限公司
经　　　销：新华书店
开　　　本：787mm×1092mm/16
印　　　张：17
字　　　数：312 千字
版　　　次：2018 年 8 月第 1 版　2018 年 8 月第 1 次印刷
书　　　号：ISBN 978-7-5096-5747-8
定　　　价：78.00 元

The market does not fool you.
You fool yourself.

—William D. Gann

导言　成为伟大交易者的秘密

◇ 伟大并非偶然！

◇ 常人的失败在于期望用同样的方法达到不一样的效果！

金融交易是全世界最自由的职业，每个交易者都可以为自己量身定做一套盈利模式。从市场中"提取"金钱的具体方式各异，而这却是金融市场最令人神往之处。但是，正如大千世界的诡异多变由少数几条定律支配一样，仅有的"圣杯"也为众多伟大的交易圣者所朝拜。我们就来一一细数其中的最伟大代表吧。

作为技术交易（Technical trading）的代表性人物，理查德·丹尼斯（Richard Dannis）闻名于世，他以区区 2000 美元的资本累计赚取了高达 10 亿美元的利润，而且持续了数十年的交易时间。更令人惊奇的是他以技术分析方法进行商品期货买卖，也就是以价格作为分析的核心。但是，理查德·丹尼斯的伟大远不止于此，这就好比亚历山大的伟大远不止于他建立了地跨欧亚非的大帝国一样，丹尼斯的"海龟计划"使得目前世界排名前十的 CTA 基金经理有六位是其门徒。"海龟交易法"从此名扬天下，纵横寰球数十载，今天中国内地也刮起了一股"海龟交易法"的超级风暴。其实，海龟交易法的核心在于两点：一是"周规则"蕴含的趋势交易思想；二是资金管理和风险控制中蕴含的机械和系统交易思想。所谓"周规则"（Weeks' Rules），简单而言就是价格突破 N 周内高点做多（低点做空）的简单规则，"突破而作"（Trading as Breaking）彰显的就是趋势跟踪交易（Trend Following Trading）。深入下去，"周规则"其实是一个交易系统，其中首先体现了"系统交易"（Systematic Trading）的原则，其次是体现了"机械交易"（Mechanical Trading）的原则。对于这两个原则，我们暂不深入，让我们看看更令人惊奇的事实。

巴菲特（Warren Buffett）和索罗斯（Georgy Soros）是基本面交易（Fundamental investment & Speculation）的最伟大代表，前者 2007 年再次登上首富的宝座，能够时隔多年后二次登榜，实力自不待言，后者则被誉为"全世界唯一拥有独立外交政策的平

民"，两位大师能够"登榜首"和"上尊号"基本上都源于他们的巨额财富。从根本上讲，是卓越的金融投资才能使得他们能够"坐拥天下"。巴菲特刚踏入投资大门就被信息论巨擘认定是未来的世界首富，因为这位学界巨擘认为巴菲特对概率论的实践实在是无人能出其右，巴菲特的妻子更是将巴菲特的投资秘诀和盘托出，其中不难看出巴菲特系统交易思维的"强悍"程度，套用一句时下流行的口头禅"很好很强大"，恐怕连那些以定量著称的技术投机客都要俯首称臣。巴菲特自称85%的思想受传于本杰明·格雷厄姆的教诲，而此君则是一个以会计精算式思维进行投资的代表，其中需要的概率性思维和系统性思维不需多言便可以看出"九分"！巴菲特精于桥牌，比尔·盖茨是其搭档，桥牌运动需要的是严密的概率思维，也就是系统思维，怪不得巴菲特首先在牌桌上征服了信息论巨擘，然后又征服了整个金融世界。由此看来，巴菲特在金融王国的"加冕"早在桥牌游戏中就已经显出端倪！

索罗斯的著作一大箩筐，以《金融炼金术》最为出名，其中他尝试构建一个投机的系统。他师承卡尔·波普和哈耶克，两者都认为人的认知天生存在缺陷，所以索罗斯认为情绪和有限理性导致了市场的"盛衰周期"（Boom and Burst Cycles），而要成为一个伟大的交易者则需要避免受到此种缺陷的影响，并且进而利用这些波动。索罗斯力图构建一个系统的交易框架，其中以卡尔·波普的哲学和哈耶克的经济学思想为基础，"反身性"是这个系统的核心所在。

还可以举出太多以系统交易和机械交易为原则的金融大师们，比如伯恩斯坦（短线交易大师）、比尔·威廉姆（混沌交易大师）等，太多了，实在无法一一述及。

那么，从抽象的角度来讲，我们为什么要迈向系统交易和机械交易的道路呢？请让我们给你几条显而易见的理由吧。

第一，人的认知和行为极其容易受到市场和参与群体的影响，当你处于其中超过5分钟时，你将受到环境的催眠，此后你的决策将受到非理性因素的影响，你的行为将被外界接管。而机械交易和系统交易可以极大地避免这种情况的发生。

第二，任何交易都是由行情分析和仓位管理构成的，其中涉及的不仅仅是进场，还涉及出场，而出场则涉及盈利状态下的出场和亏损下的出场，进场和出场之间还涉及加仓和减仓等问题，这些涉及多次决策，在短线交易中更是如此。复杂和高频率的决策任务使得带有情绪且精力有限的人脑无法胜任。疲劳和焦虑下的决策会导致失误，对此想必是每个外汇和黄金短线客都深有体会的。系统交易和机械交易可以流程化地反复管理这些过程，省去了不少心力成本。

第三，人的决策行为随意性较强，更为重要的是每次交易中使用的策略都有某种

程度上的不一致，这使得绩效很难评价，因为不清楚 N 次交易中特定因素的作用到底如何。由于交易绩效很难评价，所以也就谈不上提高。这也是国内很多炒股者十年无长进的根本原因。任何交易技术和策略的评价都要基于足够多的交易样本，而随意决策下的交易则无法做到这点，因为每次交易其实都运用了存在某些差异的策略，样本实际上来自不同的总体，无法用于统计分析。而机械交易和系统交易由于每次使用的策略一致，这样得到的样本也能用于绩效统计，所以很快就能发现问题。比如，一个交易者很可能在 1，2，3，…，21 次交易中，混杂使用了 A、B、C、D 四种策略，21次交易下来，他无法对四种策略的效率做出有效评价，因为这 21 次交易中四种策略的使用程度并不一致。而机械和系统交易则完全可以解决这一问题。所以，要想客观评价交易策略的绩效，更快提高交易水平，应该以系统交易和机械交易为原则。

第四，目前金融市场飞速发展，股票、外汇、黄金、商品期货、股指期货、利率期货，还有期权等品种不断翻新花样，这使得交易机会大量涌现，如果仅仅依靠人的随机决策能力来把握市场机会无疑于杯水车薪。而且大型基金的不断涌现，使得仅靠基金经理临场判断的压力和风险大大提高。机械交易和系统交易借助编程技术"上位"已成为了这个时代的既定趋势。况且，期权类衍生品根本离不开系统交易和机械交易，因为其中牵涉大量的数理模型运用，靠人工是应付不了的。

中国人相信人脑胜过电脑，这绝对没有错，但未必完全对。毕竟人脑的功能在于创造性解决新问题，而且人脑容易受到情绪和经验的影响。在现代的金融交易中，交易者的主要作用不是盯盘和执行交易，这些都是交易系统的责任，交易者的主要作用是设计交易系统，定期统计交易系统的绩效，并做出改进。这一流程利用了人的创造性和机器的一致性。交易者的成功，离不开灵机一动，也离不开严守纪律。当交易者参与交易执行时，纪律成了最大问题；当既有交易系统让后来者放弃思考时，创新成了最大问题。但是，如果让交易者和交易系统各司其职，则需要的仅仅是从市场中提取利润！

作为内地最早倡导机械交易和系统交易的理念提供商（Trading Ideas Provider），希望我们策划出版的书籍能够为你带来最快的进步，当然，金融市场没有白拿的利润，长期的生存不可能夹杂任何的侥幸，请一定努力！高超的技能、完善的心智、卓越的眼光、坚韧的意志、广博的知识，这些都是一个至高无上交易者应该具备的素质。请允许我们助你跻身于这个世纪最伟大的交易者行列！

Introduction   Secret to Become a Great Trader!

◇ Greatness does not derive from mere luck!

◇ The reason that an ordinary man fails is that he hopes to achieve different outcome using the same old way!

Financial trading is the freest occupation in the world, for every trader can develop a set of profit –making methods tailored exclusively for himself. There are various specific methods of soliciting money from market; while this is the very reason that why financial market is so fascinating. However, just like the ever-changing world is indeed dictated by a few rules, the only "Holy Grail" is worshipped by numerous great traders as well. In the following, we will examine the greatest representatives among them one by one.

As a representative of Techincal Trading, Richard Dannis is known worldwide. He has accumulated a profit as staggering as 1 billion dollar while the cost was merely 2000 bucks! He has been a trader for more than a decade. The inspiring thing about him is that he conducted commodity futures trading with a technical analysis method which in essence is price acting as the core of such analysis. Nevertheless, the greatness of Richard Dannis is far beyond this which is like the greatness of Alexander was more than the great empire across both Europe and Asia built by him. Thanks to his "Turtle Plan", 6 out of the world top 10 CTA fund managers are his adherents. And the Turtle Trading Method is frantically well-known ever since for a couple of decades. Today in mainland China, a storm of "Turtle Trading Method" is sweeping across the entire country. The core of Turtle Trading Method lies in two factors: first, the philosophy of trendy trading implied in "Weeks' Rules"; second, the philosophy of mechanical trading and systematic trading implied in fund management and risk control. The so-called "Weeks' Rules" can be simplified as simples rules that going long at high and short at low within N weeks since price breakthrough. While

Trading as breaking illustrates trend following trading. If we go deeper, we will find that "Weeks' Rules" is a trading system in nature. It tells us the principle of systematic trading and the principle of mechanical trading. Well, let's just put these two principles aside and look at some amazing facts in the first place.

The greatest representatives of fundamental investment and speculation are undoubtedly Warren Buffett and George Soros. The former claimed the title of richest man in the world in 2007 again. You can imagine how powerful he is; the latter is accredited as "the only civilian who has independent diplomatic policies in the world". The two masters win these glamorous titles because of their possession of enormous wealth. In essence, it is due to unparalleled financial trading that makes them admired by the whole world. fresh with his feet in the field of investment, Buffett was regarded by the guru of Information Theory as the richest man in the future world for this guru considered that the practice by Buffett of Probability Theory is unparallel by anyone; Buffett' wife even made his investment secrets public. It is not hard to see that the trading system of Buffett is really powerful that even those technical speculators famous for quantity theory have to bow before him. Buffet said himself that 85% of his ideas are inherited from Benjamin Graham who is a representative of investing in a accountant's actuarial method which requires probability and systematic thinking. The interesting thing is that Buffett is a good player of bridge and his partner is Bill Gates! Playing bridge requires mentality of strict probability which is systematic thinking, no wonder that Buffett conquered the guru of Information Theory on bridge table and then conquered the whole financial world. From these facts we can see that even in his early plays of bridge, Buffett had shown his ambition to become king of the financial world.

Soros has written a large bucket of books among which the most famous is *The Alchemy of Finance*. In this book he tried to build a system of speculation. His teachers are Karl Popper and Hayek. The two thought that human perception has some inherent flaws, so their students Soros consequently deems that emotion and limited rationality lead to "Boom and Burst Cycles" of market; while if a man wants to become a great trader, he must overcome influences of such flaws and furthermore take advantage of them. Soros tried to build a systematic framework for trading based on economic ideas of Hayek and philosophic thoughts of Karl Popper. Reflexivity is the very core of this system.

I may still tell you so many financial gurus taking systematic trading and mechanical

trading as their principles, for instance, Bernstein (master of short line trading), Bill Williams (master of Chaos Trading), etc. Too many. Let's just forget about them.

Well, from the abstract perspective, why shall we take the road to systematic trading and mechanical trading? Please let me show you some very obvious reasons.

First. A man's perception and action are easily affected by market and participating groups. When you are staying in market or a group for more than 5 minutes, you will be hypnotized by ambient setting and ever since that your decisions will be affected by irrational elements.

Second. Any trading is composed of situation analysis and account management. It involves not only entrance but exit which may be either exit at profit or exit at a loss, and there are problems such as selling out and buying in. all these require multiple decision-makings, particularly in short line trading. Complicated and frequent decision-making is beyond the average brain of emotional and busy people. I bet every short line player of forex or gold knows it well that decision-making in fatigue and anxiety usually leads to failure. Well, systematic trading and machanical trading are able to manage these procedures repeatedly in a process and thus can save lots of time and energy.

Third. People make decisions in a quite casual manner. A more important factor is that people use different strategies in varying degrees in trading. This makes it difficult to evaluate the performance of such trading because in that way you will not know how much a specific factor plays in the N tradings. And the player can not improve his skills consequently. This is the very reason that many domestic retail investors make no progress at all for many years. Evaluation of trading techniques and strategies shall be based on plenty enough trading samples while it's simply impossible for tradings casually made for every trading adopts a variant strategy and samples accordingly derive from a different totality which can not be used for calculating and analysis. On the contrary, systematic trading and mechanical trading adopt the same strategy every time so they have applicable samples for performance evaluation and it's easier to pinpoint problems, for instance, a player may in first, second ... twenty-first tradings used strategies A, B, C, D. He himself could not make effective evaluation of each strategy for he used them in varying degrees in these tradings, but systematic trading and mechanical trading can shoot this trouble completely. Therefore, if you want to evaluate your trading strategies rationally and make quicker

progress, you have to take systematic trading and mechanical trading as principles.

Fourth. Currently the financial market is developing at a staggering speed. Stock, forex, gold, commodity, index futures, interest rate futures, options, etc, everything new is coming out. So many opportunities! Well, if we just rely on human mind in grasping these opportunities, it is absolutely not enough. The emergence of large-scale funds makes the risk of personal judgment of fund managers pretty high. Take it easy, anyway, because we now have mechanical trading and systematic trading which has become an irrevocable trend of this age. Furthermore, derivatives such as options can not live without systematic trading and mechanical trading for it involves usage of large amount of mathematic and physical models which are simply beyond the reach of human strength.

Chinese people believe that human mind is superior to computer. Well, this is not wrong, but it is not completely right either. The greatness of human mind is its creativity; while its weakness is that it's vulnerable to emotion and past experiences. In modern financial trading, the main function of a trader is not looking at the board and executing deals—these are the responsibilities of the trading system—instead, his main function is to design the trading system and examine the performance of it and make according improvements. This process unifies human creativity and mechanical uniformity. The success of a trader is derived from tow factors: smart idea and discipline. When the trader is executing deals, discipline becomes a problem; when existing trading system makes newcomers give up thinking, creativity becomes dead. If, we let the trader and the trading system do their respective jobs well, what we need to do is soliciting profit from market only!

As the earliest Trading Ideas Provider who advocates mechanical trading and systematic trading in the mainland, we hope that our books will bring real progress to you. Of course, there is no free lunch. Long-term existence does not merely rely on luck. Please make some efforts! Superb skill, perfect mind, excellent eyesight, strong will, rich knowledge—all these are merits that a great trader shall have to command. Finally, please allow us to help you squeeze into the queue of the greatest traders of this century!

译者序
江恩者，交于易

最初做交易的时候，看了一些江恩理论的相关书籍，但是这些书籍基本上都不是江恩本人的著作。在长年的交易实践中这些东西逐渐被淘汰了，因此对江恩理论并无太多的在意，也没有太高的评价。这就是一个从肯定到否定的过程，直到这两年有机会直接阅读江恩的一些原著，才发现他在很多问题上的见解比 Jessie Livermore（杰西·利弗摩尔，简称 J. L.）更为透彻，因此才发现很多所谓江恩理论的书籍其实并没有抓住江恩理论的实质。这就是否定之否定的阶段，三段论其实体现了"易"的原则。

江恩强调"周期"和"点位"，周期可以用均线来表现，但是江恩更倾向于用时间本身来体现。他研究了修正走势所花的时间，这点与罗伯特·雷亚以及 J. L.的思路类似，他们都想要通过统计手段对修正走势的时间和幅度分布做出一个"正态分布曲线"，这样他们就能大概地预判出上涨趋势中的回调以及下跌趋势中的反弹什么时候会结束。这种思路其实是非常科学的，至少符合统计学的原理。虽然"黑天鹅事件"会让这种思路失效，但如果配合严格的止损，那么就可以在利用大概率事件的同时，限制小概率事件带来的负面冲击。

江恩注重从时间上去找规律，这种规律可以通过今天的"大数据挖掘"手段去实现，其实体现了技术分析统计化的科学进程。但是，我们在解读江恩理论的时候则更多地喜欢从玄学的角度出发，因此在理解时间周期的时候会偏离更加符合科学的路径。

早年在学习江恩理论的时候，更倾向于寻找"神奇的数字和日期"，这些做法会有一些收获，但是真正的交易实践和盈利是靠不了这些东西的，至少主要靠的不是这些东西，这就是一个理论大师和一个实践巨匠的鸿沟。在学习理论的时候，我们要从少到多，从无知到博学，这个过程是必然的；在实践理论的时候，我们要从博学到超能，这个过程也是必然的。**先做加法，再做减法，这是任何领域登顶者都要经历的两个阶段。**

在学习江恩理论的时候，我们喜欢做加法，这是正常的过程，我们会对江恩理论

的所有方面都感兴趣，都会花时间去钻研，从江恩的时间周期理论到市场几何学。

不过，当你落实到实践时，你可能会发现江恩在《华尔街选股术》当中提出"24条永恒的交易法则"是最有价值的部分，在这个部分他更加系统地表达了他自己的策略基础。

易者，变异者也！阴阳之变，不可计数！市场之变，也不可计数！市场体现了阴阳，体现了易的本质。交易者，与市场相交也！**交易者，与易相交也**！江恩理论的本质在于强调周期与点位的二元性，周期与点位就是阴阳。周期者，隐而不见则为阴！点位者，显而有形则为阳！

因此，**江恩者，交于易**。从周期和点位入手去解读江恩，可以真正落实到实践中，可以少走弯路。把握周期和点位，落实于"截断亏损，让利润奔腾"，这才是江恩理论与交易实践的最佳结合。

一家之言，偏颇之处还请大家斧正赐教！

魏强斌

2017 年 12 月 12 日初稿于内罗毕

2018 年 2 月 12 日二稿于仰光

原著前言
盈利需要方法

每一个踏入华尔街的交易者都怀着赚钱的目标，但是一个众所周知的事实就是，大部分交易者整体上都是亏损的。导致这种情况的原因有很多，最为重要的一个原因是他们不知道如何挑选恰当的股票，并在恰当的时机买卖。我希望给出一些经过检验的实用法则，帮助交易者选择恰当的个股，并且以最小的风险进行买卖。

我写本书的主要目的是为了更新《盘口真规则》(*Truth of the Stock Tape*) 的内容，以便与时俱进，将我最近 7 年的经验教训囊括进来，惠及大家。这些经验教训对我而言，极具价值。如果交易者能够利用我的经验获利，那就证明这些东西对他而言也是非常有价值的。

此生，我们必须具有清晰、明确的目标，追求真正的快乐。金钱并非万能，但是缺了钱我们常常也不能帮助他人。我所知道的帮助他人的最好办法就是教他们如何自助。因此，恰当地向他人传授知识和经验是我们增益彼此的最好方式。向成千上万受益于《盘口真规则》的读者来信表示感激之情。而我认为本书将带给你更多的技巧和知识，本书将帮助你在股市上获得更多利润，从而带来更多的快乐，其效用将超越其他任何相关书籍，我的努力也将因此而获益。

W. D. 江恩

1930 年 4 月

目　录

"正态分布思维"适合用来做高抛低吸，但是一旦遇到"黑天鹅事件"或者"肥尾事件"，那么这类思维的表现就会很糟糕，如果能够恪守止损的话，则会遭遇一连串令人沮丧的持续亏损；如果不止损的话，则会直接爆仓。趋势跟踪的思维与"正态分布思维"是相对的，这种思维在"黑天鹅事件"中表现良好。

金字塔加仓用在股价上行或者下行的趋势中都可以——如果你做多，则市场继续上行时，你可以加码买进；如果你做空，则市场继续下行时，你可以加码做空。具体而言，当价格向上突破到一个新的价格区间时，在突破创出新高时，你可以加码买入；当价格向下跌破到了一个新的价格区间时，在向下创出新低时，你可以加码做空。

第三章　华尔街是一所学校 …………………………………………… 037

如果交易者掌握了跟进止损单的使用方法，在获利后移动跟进止损单，那么就会在股价转势下跌的开始阶段就离场，从而保住大部分利润，那么结局就会更加完美。务必牢记一点：你的信念、想法和预期都是靠不住的，市场决定一切。因此，你一旦有了足够的浮动盈利则必须采取一些措施来保护这些利润，而我认为跟进止损单是最好的措施。

第四章　走势图与趋势变化 ……………………………………………… 053

研究月度内的股价波动特征和数据，关注月度高点和低点对应的点位和日期，这样你就会发现股价受到阻力和支撑的日期，以及突破阻力和支撑的时间规律。如果你投入大量时间来研究个股的时间和空间波动规律，则你交易成功的概率就会越来越高。另外，还应该重视成交量的研究，观察每个重要高点和低点的成交量规律，在这个过程中还要考虑流通股数量，这样就可以考虑多头和空头的力量对比。

第五章 制胜选股术 ··· 073

交易中，从自己经验引申出某一结论的智者，与鹦鹉学舌者的最关键区别是什么呢？有些主张是老生常谈，如果你觉得不能打动你，往往在于谈论者并没有什么个人体验，只不过是拾人牙慧而已。没有个人的体验，就很难打动受众。江恩是不是一个成功的交易者，众说纷纭，但是却很容易引起阅读者的赞赏，原因在于他给出了很多从个人经验得出的结论。这些结论或许在很多交易类书籍和文章中都有提及，但是却不及江恩的渲染力。

第六章　应该如何交易

当股价处于上涨态势时，投资者需要思考的最为重要的一点是"何时兑现利润"。基于我个人的交易法则，在卖出点的决策上需要关注股价启动最后一波飙升行情的时刻，这样的行情走势一般持续7~10周。

第七章　牛市不同阶段龙头股的挑选

如何抓龙头股？如何利用龙头股作为"风向标"判断大盘走势？如何利用龙头股作为"风向标"操作同一板块内其他个股？上述三个问题是关于龙头股最为重要的内容。江恩提到了其中一部分，其他部分还需要结合自己的A股实践予以了解。

第八章　未来股市的潜力股 ……………………………………… 213

　　股市中总有一些处于整理走势的低价股，这些股在未来将步入大幅上涨的走势。交易者应该密切关注这类低价股的走势，因为一旦它们整理完成开始向上突破，则大幅获利的时机就出现了。交易者应该关注类似于1915~1924年整理后向上突破的个股，如伯利恒钢铁（Bethehem Steel）、铸钢公司（Crucible Steel）、通用汽车、国际镍业（International Nickel）、宝茶公司（Jewel Tea）、蒙哥马利·沃德公司（Montgomery Ward）、美国铁管铸造公司（U. S. Cast Iron Pipe）和莱特航空（Wright Aeroplane）等。一旦这类个股向上突破整理区间，同时伴随着放量，那么交易者就应该毫不迟疑地买入。

第九章　展望未来 ………………………………………………… 219

　　大部分的银行家在经历长时间的经济繁荣和股市上涨之后会变得极端乐观，大量放贷；而在经历长时间的经济萧条和股市下跌之后会变得极端悲观，收缩贷款。当银行家变得惜贷时，他们不仅不发放新贷款，而且还催收此前的贷款，使得本来可以正常营运的公司遭遇资金流断裂之苦。

周期消失了吗

当大众认为一个新的纪元诞生时，其实只不过是历史的重演而已，好的光景并不会永远持续下去。

——W. D. 江恩

从凯恩斯经济学开始，所谓的"熨平经济周期"成了时髦，成了政治家为了赢得选票提出的主张，成了经济学家为了蛊惑大众提出的"灵丹妙药"。

——魏强斌

从 1927 年到 1929 年上半年，大众都在畅谈股市进入了一个新的纪元，因为美联储起到了防止风险传染和恐慌情绪的重大作用。许多经济学家、银行家以及大型金融机构的高管们，还有商界精英们都纷纷表示美联储的建立使得金融市场的恐慌消失不见。他们认为因为流动性衰竭导致的 1907 年和前些年出现的金融市场恐慌将不会出现。与此同时，他们乐意谈论所谓的金融市场新纪元，美好的黄金时代近在眼前。不过，人总是健忘的，他们已经完全将 1920~1921 年发生的事情抛诸脑后了。

1919 年的大牛市出现之后，股市在此后两年持续大跌。造成这种情况的原因在于银行惜贷和货币紧缩。此时，美联储已经建立了，也就是说可以防止流动性的衰竭，充当最后贷款人。即便如此，自由公债（Liberty Bonds）仍旧跌到了 85 美元左右。当股市股指持续下跌，一直跌到 1914 年以来最低

1913 年美国国会最终达成一致意见，通过了《联邦储备法案》。威尔逊总统签署了该法案，正式宣告美联储成立。

早在弗里德曼的货币主义理论建立起来之前，就有很多人认为一切经济危机的根源在于不恰当的货币政策。但是，在奥地利学派和马克思主义者看来，经济危机的根源在于生产过剩。同样的问题存在彼此迥异的解释，这使得经济学在金融投资上发挥的实际作用很小。至少，巴菲特是这样认为的。

第一次世界大战期间发行的用于支持美国盟国的公债，被称为自由公债。2001 年"9·11"事件之后，也发行了一种名为自由公债的债券。

点时，美联储系统对此也爱莫能助。

人们总是好了伤疤忘了疼，1927年11月28日某知名报纸的文章恰好能够说明这一点，这篇文章的标题是"再见，商业周期"，文章中提出了如下观点：

"这个曾经被污名化的商业周期在今天已经基本丧失了引发大众恐慌的影响力。现代科学的货币金融管理系统几乎已经熨平了商业周期带来的负面冲击。数年前，有关经济繁荣和萧条的周期论调总是萦绕耳旁。

现在继续这套陈词滥调的人只剩下那些自夸的经济学家和预言家，他们总是津津乐道于商业周期和经济景气循环，时不时发表耸人听闻的危机预警。这些腐儒宣称商业周期和经济循环就好比大海的波浪，波峰越高，则相应的波谷也越深。他们主张这才是经济和商业的本质。在相当长的一段时期内，他们依靠这种主张获得了功名利禄，同时也迷惑了大众。

然而，现在商业周期这个咒语已经不再灵验了，那些所谓经济大师的预言也将逐一落空。全社会各个行业的商业精英们基本上都不再被这一咒语所蛊惑，他们发现其实商业周期不过是放在田里用来吓唬麻雀的稻草人而已。只要自己的生意能够稳健地展开，那么危机根本不会落到自己的头上。现在，决定一门生意的关键不再是商业周期，而是自己的经营能力和业务素养，以及合作能力和商业决策能力。

不过，商业周期的观点在一小撮人那里仍旧有市场，他们竭力鼓吹自己的观点。即便如此，即便他们费尽力气地宣扬这种观点，但是经济仍旧欣欣向荣多年，并且将继续繁荣下去。周期并未出现，萧条的征兆都没有。商业一如既往地景气，繁荣的基础坚如磐石，因为商界精英们早已经学会了如何管理好自己的生意，而金融新体系则真正地熨平了商业周期。

简单地浏览上述段落你就能感受到这篇文章的作者是多么乐观而自信，文章的结尾处他坚信商业周期已经被熨平了，

从凯恩斯经济学开始，所谓的"熨平经济周期"成了时髦，成了政治家为了赢得选票提出的主张，成了经济学家为了蛊惑大众提出的"灵丹妙药"。凯恩斯经济学解决了短期问题，制造了更大的经济波动，从而为金融投机客带来了更大的机会。

格林斯潘主导了美联储很长一段时间，在这段时期内美国经济一片繁荣景象，以至于很多经济学家称之为"大缓和"，认为经济周期被熨平了，新时代到来了。但是，继任者伯南克很快就迎来了次贷危机和欧债危机，经济周期仍旧存在。在预测经济周期方面，公认比较有效的流派是奥地利派和马克思主义经济学，但是经济学界和政策圈的话语权基本上被货币主义和凯恩斯主义占据着。因此，没办法影响政策，那就只有到金融界发展了。这就是为什么最能预测经济发展的奥地利学派经济学者大多在金融界发展，而不是在政府部门。

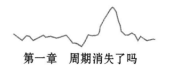

因为商业精英足够聪明而金融新体系足够科学。我不能批评这位作者不够尽责和诚实，问题在于他要么基于错误的资讯做出了上述判断，要么是因为他本身的专业素养有限。对于历史的回顾，他做得完全不够，以至于他完全不了解股市和商业历史上的轮回之道。

这篇乐观的文章发表后不久，1929 年秋天有史以来最惨烈的股灾爆发了，紧随而至的是商业和经济的大萧条。历史再度表明了商业周期和经济循环的亘古不变。当大众认为一个新的纪元诞生时，其实只不过是历史的重演而已，好的光景并不会永远持续下去。虽然在每次战争结束后的几年都会出现繁荣景象，但是这并不是永久的繁荣，衰退注定会接踵而至。

1. 交易者是如何被周期愚弄的

许多老股民虽然经验丰富，但是仍旧在 1921~1929 年的超级大牛市做出糟糕的决策，这些决策初看起来只有外行才会做出。原因在于许多交易者仅仅研究了 1901~1921 年这段时间的股市行情历史，还有不少交易者甚至连这段最近的历史也没有研究过，他们仅仅是根据股评的结论就认定任何牛市都没有超过两年。这种思维让许多交易者都遭到了重大损失。

这波牛市从 1921 年启动，第一波涨到了 1923 年，然后在 1924 年出现了回调。在柯立芝先生就任美国总统之后，股市重返上涨趋势，也就是说 1925 年股市继续上涨。但是，大多数交易者都受到了上述惯性思维的影响，他们认为这轮牛市从时间上来讲已经到头了，于是急不可耐地做空，最终遭受了巨大的损失。

这轮牛市气势如虹，以至于做空者们一次又一次地在市

客观来讲，江恩本人也习惯利用"正态分布思维"来分析行情持续时间。在《华尔街 45 年》这本后续之作中，江恩屡屡用熊市和牛市的平均持续时间来预判当下的走势。就我个人的交易经验而言，"正态分布思维"适合用来做高抛低吸，但是一旦遇到"黑天鹅事件"或者"肥尾事件"，那么这类思维的表现就会很糟糕，如果能够恪守止损的话，则会遭遇一连串令人沮丧的持续亏损；如果不止损的话，则会直接爆仓。趋势跟踪的思维与"正态分布思维"是相对的，这种思维在"黑天鹅事件"中表现良好。

场对弈中败下阵来，每一次市场创出新高都令他们认为这是牛市的顶部。许多股票根本不理会大众的这些主观意愿，持续上涨，一直涨到了 1929 年。市场一直上涨，让不少交易者开始改空为多，当市场最终在 1929 年见到牛市顶点的时候，他们却转而看多做多，大量买进股票，犯下了最大的一个错误。你可以想象在此后的暴跌之中，他们会面临多大的亏损。

现在有 1500 多只股票在纽约证券交易所（以下简称"纽交所"）挂牌交易，而 1924 年的挂牌交易数量只有这个数字的一半。与过去相比，新的股票板块陆续崛起，新的龙头股也不断涌现。股市常新，风水变换，一批新的股市富翁趁势崛起，而那些老富豪们则随着潮流的变化逝去，变得一文不名。长江后浪推前浪，前浪拍在沙滩上，之所以出现这样的情景，原因在于那些曾经叱咤风云的股市大佬们没有与时俱进，他们仍旧墨守成规，最终惨淡收场。有新闻报道指出杰西·利费摩尔（Jessie Livermore）在 1924~1925 年沿用此前的股市研判体系，基于此他认为股价普遍过高，所以屡屡做空，亏损巨大，于是他回补空头，离场观望。到了 1927 年，他忍不住再度进场做空，时机仍旧不成熟，于是他不得不再度止损离场。到了 1929 年，他又一次进场做空，此后股市暴跌，他大赚一笔。

现在我们对 J. L.的探讨大多浮于表面，基本上都是从"贪婪"这个角度去解释其惨淡人生。这种不可证伪的空洞解释并不能保证我们理解 J. L.的人生结局。江恩提出了一个更有意义的方向——J. L.的人生结局是由于他未能与时俱进，抱残守缺导致了他令人扼腕叹息的结局。那么，他究竟错失了什么重大潮流呢？美国建立证监会，开始严打投机坐庄，这恐怕是我们不得不重新审视的历史剧变。此后，以格雷厄姆为代表的价值投资流派趁势崛起。

2. 1814~1929 年的恐慌

在全面分析 1929 年这场史上最大的股市暴跌之前，我们有必要回顾一下华尔街历史上若干次暴跌和恐慌的情况和原因，这样的分析和回归非常有价值。

导致股市暴跌和恐慌的因素非常多，其中最为关键的原因是高利率。此前过度的信贷宽松使得信用扩展达到极致，投机行为盛行，由此导致利率不得不提高，最终形成高利率。

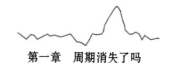

除了高利率这一因素之外，股市的暴跌和恐慌还有一些其他原因，例如，股票和债券的供给量过剩，以至于很难被市场消化；白银、铜和铁矿石等大宗商品的价格暴跌；投机泡沫破灭导致银行倒闭潮；汇率贬值；国际贸易走软等，这些因素也会导致股市暴跌和恐慌。

从经济周期的角度来讲，如果繁荣已经持续了很长一段时间，与此同时股票牛市也持续了好几年，这个时候大众无论对于实体经济还是虚拟经济都处在极端乐观的状态，于是疯狂涌入股市做多成了癫狂的显著表现。市场显得非常狂热，股价相对公司业绩显得过高，上市公司的利润已经无法支撑这么高的股价了。物极必反，股市继续上涨导致流动性不足，银行信贷的资金不断流入股市，多头后继乏力，空头实力相对见涨。

我们来看一下历史上那些股市暴跌的具体原因。1814 年，股市出现暴跌和恐慌，主要原因是出口贸易走弱，信贷过度膨胀导致利率走高。1818 年股市出现暴跌和恐慌，原因也是银行信贷扩张过猛，驱动利率走高。1825~1826 年出现的股市暴跌和恐慌则是由于英格兰银行紧缩货币，抬升利率和贴现率导致的，当然商品价格暴跌，特别是棉花价格暴跌加剧了股市的跌势。

1831 年导致股市暴跌和恐慌的关键因素还是利率升到太高的位置，而利率飙升的根源还是在于前期过度宽松的信贷和实体经济的过度扩张。1837~1839 年的股市暴跌和恐慌也是因为过度宽松的信贷导致投机盛行，当银行发现没有足够的贵金属来兑换货币时开始收紧信贷，最终导致整个经济的流动性紧缩，从而引发资产价格调整。

1848 年，金融创新导致银行数量猛增，流通中的纸币规模迅猛扩大，经济进入注水式的繁荣。此后，大宗商品严重供过于求，价格暴跌，特别是玉米、小麦和棉花，相关的国民经济支柱行业遭受重大损失，引发银行破产倒闭，股市作为实体经济的反映自然陷入到暴跌和恐慌之中。

股市要维持相同百分比的上涨，需要越来越多的资金。例如，如果股市要维持月度10%的涨幅，那么每月需要的流入资金量是成倍增长的，如果仅仅维持每月10%的资金流入增速，那么上涨很快就会停止，因为新流入的资金量不足，无法创造新的上涨，而且也无力维持如此高的既有价格和市值。简言之，股价的算术式上涨需要资金的股指式增加才能维持下去。这个机制本身就限制了股市的最大涨幅。也就是说，除非流动性永远加速增加，否则股市必然会见顶回落。但是，流动性不可能永远加速增加，因为那意味着货币加速贬值和信贷失控，最终的代价是法币失去信用，社会动荡，政治混乱。

股市能否作为整个宏观经济的"晴雨表"，一个重要前提是其中的上市公司结构是否与整个宏观经济的结构接近。为什么出口萧条会导致整个股市走软，为什么大宗商品价格暴跌会驱使整个股市下跌？大部分原因止于此。另外，利率为什么能够驱动股市走软？这是从流动性角度出发来分析股市的整体走势。江恩在本书中反复强调流动性对股市的巨大影响，那么如何落实到 A 股的分析中呢？请参考本书附录1《釜底之薪：A 股的流动性因素简析》。

1857 年股票市场出现了暴跌，这次市场恐慌是截至当时最为严重的一次。在市场发生暴跌之前，信贷过度宽松导致纸币滥发，1 美元的贵金属对应着 8 美元的纸币，也就是说，纸币背后缺乏足够的支撑。当这些过剩的纸币开始挤兑贵金属时，银行发现缺乏足够的黄金和白银。挤兑风潮下，银行大量倒闭。为了避免破产，部分银行决定推迟兑换。接着在 1861 年也出现了股市恐慌，这次则是因为"美国内战"爆发。

1864 年之前，股市曾经大幅度上涨，导致大量的资金涌入股市投机。到了 1864 年，战争持续、经济不振加上信贷紧缩使得股市暴跌。

1869 年，股市也出现了恐慌情绪，具体来讲是在 1869 年 9 月。在该月，"黑色星期五"股市暴跌，不过这次下跌仅仅是股市上的动荡，与实体经济关系不大，而与华尔街关系大。实际上，这次暴跌和恐慌的主要原因在于此前股价持续上涨伴随着投机风潮的兴起，整个股市的价格水平已经升到了"美国内战"之后的高位。随着利率升到 1857 年以来的最高水平，投机泡沫破灭了。

1873 年股市出现了暴跌，弥漫的恐慌情绪是"美国内战"以来最严重的一回。此前，由于"美国内战"持续导致财政赤字需要货币化融资，纸币由此滥发。纸币滥发导致恶性通胀，进而导致利率升到了 1857 年以来的高位，最终刺破了股市上的投机泡沫。

具体来谈一下这次股市恐慌的情况。1873 年 9 月 18 日，J. 库克金融公司（J. Cook），国家信托公司（National Trust Company）、联合信托公司（Union Trust Company）以及其他银行的破产带来了巨大的冲击。

金融公司破产引发全面的金融和经济危机，这与 2008 年次贷危机类似。

1873 年 9 月 20 日，纽交所破例休市，一直休市到了 9 月 30 日，一共休市了 10 天时间。银行贴现率高达 9%，为了应付纸币兑换贵金属的风潮，银行不得不推迟兑付业务。

1884 年股市出现恐慌性下跌。此前股市过度投机，随着黄金外流到欧洲，美国黄金储备下降，银根紧缩，限制了银

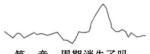

行信贷扩展能力，这导致股市暴跌之前几年的短期拆借利率高企——1882年为30%，1883年为25%，1884年为18%。这次股灾期间，破产频发，有几家大型企业也破产了，如格兰特—瓦得（Grant & Ward）公司就在此期间倒闭了。

1890年股市出现暴跌和恐慌，其原因基本上是雷同的，此前由于信贷宽松导致投机活动盛行。此后，伴随着利率提高——1889年短期拆借利率高达30%，1890年短期拆借利率涨到了35%，接着投机泡沫被刺破，接着股市大跌。另外，利率急剧升高，使得通胀急剧下降到"美国内战"以来最低水平，加上伦敦的巴林银行（Baring Brothers）倒闭，进一步导致经济和股市出现恐慌情绪。

1892年短期拆借利率高达35%，1893年短期拆借利率高达15%。利率急剧上升并且维持在高位使得大宗商品价格暴跌，特别是小麦、玉米和棉花价格暴跌，这直接导致大批相关企业破产倒闭。上述因素叠加使得1893年股市出现恐慌性下跌。

1896年股市出现了暴跌和恐慌，原因在于强有力的总统候选人威廉·詹宁斯·布莱恩（William Jennings Bryan）支持白银作为本位货币，而这将极大动摇美国的黄金本位制。另外，大宗商品的价格也在持续下跌，经济形势糟糕。短期拆借利率高达125%，这是"美国内战"以来最高的水平。股指在当年8月8日跌到了极端低点，随着支持黄金本位制的威廉·麦金莱（William Mckinley）当选总统，股市也步入了牛市之中。这轮牛市气势如虹，在当时堪称史上最大的牛市。

1901年5月9日，股票市场出现了暴跌和恐慌，导火索是北太平洋铁路公司（Northern Pacific Railway）的股票操纵事件。在这波暴跌之后，股市出现了一些反弹，但是整体上趋势仍旧是一路向下的。

1903年和1904年由于股票供给过剩以及政府对铁路公司的打压，使得股市出现了暴跌和恐慌。另外，1903年短期拆借利率为15%，但是到了1904年短期拆借利率却跌到了1%，

流动性过剩其实是两方面因素共同促成的：第一，实体经济进一步投资机会缺乏，导致实体经济对流动性吸收出现"瓶颈"；第二，金融系统没有意识到这一"瓶颈"，进一步扩大信贷，导致这部分资金流入到虚拟经济或者资产。

巴林银行（Baring Brothers Bank）始创于1763年，创始人为弗朗西斯·巴林公爵，是英国名声显赫的商人银行集团。除了1890年这次倒闭之外，另外一次著名的倒闭时间发生在1995年。1994年，理森是巴林银行新加坡分行负责人，年仅28岁，未经授权进行巨额头寸交易，最后出现巨大亏损。1995年2月27日，英国中央银行宣布，巴林银行因经营失误而倒闭。消息传出，立即在亚洲、欧洲和美洲地区的金融界引起一连串强烈的波动。东京股市英镑兑马克的汇率跌至近两年最低点，伦敦股市也出现暴跌，纽约道琼斯股指下降了29个百分点。此后，巴林银行以1英镑的象征性价格被荷兰国际集团收购。

麦金莱在竞选前半程其实是落后于布莱恩的。不过，此后随着经济有了起色，人们开始怀疑布莱恩关于黄金本位制导致经济萧条的主张。最终，麦金莱击败布莱恩，入主白宫。麦金莱执政后提高关税、稳定货币，加上其他措施，美国的经济有了很大起色，麦金莱从而获得"繁荣总统"的美名。对外发动美西战争。在布法罗被无政府主义者刺杀，享年58岁。麦金莱是美国成立后被刺身亡的第三位总统。

并且当年的短期拆借利率从未超过 6%。

西奥多·罗斯福（Theodore Roosevelt）在大选之后再度担任总统，经济形势也从 1904 年下半年开始好转。新的逆势开始启动，并且持续到了 1905~1906 年，股指涨到了"麦金莱繁荣"以来的新高。

此后，1907 年股市暴跌，这次暴跌被称为"有钱人的恐慌"，这是多重政策共同发酵的结果。西奥多·罗斯福采取了高压政策对付包括铁路公司在内的一些托拉斯行业，加上高利率和前期投机过度积累的泡沫，股市的暴跌一触即发。

1907 年 10 月的短期拆借利率高达 125%，这个时候金融市场的恐慌也是空前的。贵金属挤兑风潮出现，全国范围内的银行不得不想尽办法来延迟兑付，以避免破产。

此后，1910~1911 年经济处于衰退之中，金融市场也难以独善其身，再度处于恐慌之中。这期间，政府加大了反垄断的力度，强化了《谢尔曼反托拉斯法》（*Sherman Antitrust Act*）的执行，而这加剧了市场的不安和恐慌。其间，标准石油公司（Standard Oil Company）被强制分拆，美国钢铁公司（United States Steel Corporation）也遭到分拆诉讼，此诉讼后来失败了。

1910 年短期拆借利率为 12%，属于较高水平，而股指在当年 7 月跌到了底部。流动性状况在 1911 年有所改善，短期拆借利率跌到了 6%以下。

1914 年第一次世界大战导致纽交所从 7 月 31 日到 12 月 15 日一直休市，金融市场忧心忡忡。除了战争的直接影响之外，大宗商品持续下跌导致的通货紧缩以及低迷的经济增长都使得金融市场愁云密布。

早在 1912 年利率就开始显著走高，短期拆借利率高达 20%，而在 1913 年和 1914 年，短期拆借利率也维持在高位，大概为 10%。当第一次世界大战爆发的时候，美国的股票遭到欧洲持有者的大举抛售，因为这些持有者需要套现资金来应付艰难的生活，而这使得纽交所不得不采取休市措施避免

《谢尔曼反托拉斯法》是 1890 年美国国会制定的第一部也是最基本的一部反托拉斯法，还是美国历史上第一个授权联邦政府控制、干预经济的法案。该法因由参议员约翰·谢尔曼提出而得名，正式名称是《保护贸易及商业免受非法限制及垄断法》。该法规定：凡以托拉斯形式订立契约、实行合并或阴谋限制贸易的行为，均属违法，旨在垄断州际商业和贸易的任何一部分的垄断或试图垄断、联合或共谋犯罪。违反该法的个人或组织，将受到民事的或刑事的制裁。但是，该法对什么是垄断行为、什么是限制贸易活动没做出明确解释，为司法解释留下了广泛的空间，而且这种司法解释要受到经济背景的深刻影响。

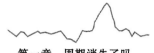

股市崩盘。**大量资本流入美国避险，大量商业也从欧洲转移到了美国**。这些因素叠加起来，使美国的通胀水平走高，经济增长强劲，而这也为股市带来了新的一轮繁荣。

股市在 1916 年见顶，此时投机泡沫已经非常明显了。短期拆借利率高达 15%，一些有先见之明的股票交易者开始卖出，甚至做空，这引发了 1917 年的暴跌。这次暴跌其实是经济繁荣期内大众过度投机导致的。

第一次世界大战之后的 1919 年出现新的一轮投机狂潮，这次股市上涨在当年的 11 月见顶，紧接着就是一轮暴跌。其间，10 月和 11 月，短期拆借利率都高达 30%。此后，利率水平仍旧在高位徘徊，1920 年秋季的短期拆借利率水平在 25% 左右。

1920~1921 年，股市持续下跌，直接原因有两个：**第一，贸易商前期高价囤积的商品现在却面临价格的持续下跌；第二，前期银行疯狂地进行信贷扩展，而现在却紧缩银根和信贷**。

1921 年萧条和恐慌之后，经济出现了一段持续时间很长的繁荣时期。其间，短期拆借利率 1922~1928 年都没有超过 6%。甚至 1924~1925 年，短期拆借利率一度低到了 2%。

1923~1924 年，股市曾经出现了短暂的回调。仅此而已，算不上恐慌性暴跌。经过调整之后，股市再度上涨，而这是一波波澜壮阔的大牛市。当柯立芝（John Calvin Coolidge）于 1924 年再次当选为美国总统时，经济也逐步繁荣起来。**商业繁荣加上持续宽松的流动性，共同创造了当时持续时间最长的大牛市**。这轮牛市的长度超过了 1869 年 9 月见顶的那波牛市，以及 1898~1906 年"麦金莱繁荣"的那轮牛市。

这轮超级牛市在 1929 年的华尔街大恐慌中谢幕。这次大恐慌的起因并非仅仅是因为美国人参与投机，外国人也参与了这场大赌博。全世界的玩家都在参与美国股市，都在其中参与博弈。大众根本不管股价高低和估值是否合理，蜂拥买进。账面上的浮动盈利持续看涨，这就迎来了更多疯狂的参

两次世界大战的主战场都在欧洲，而这促使了欧洲霸权的衰落，也为美国带来了大量的资本和技术移民。作为一个交易者，不能不研究大局势的变化，因为财富的再分配根本上是由大格局决定的。

经济周期的滞胀阶段，利率继续上涨，而价格却开始见顶回落，这个时候被动存货增加出现。经济周期的滞胀阶段，股市整体处于下跌趋势中。当然，原油很有可能存在最后一波上涨。经济周期与股市的关系可以参考本书附录的解释。

历史总是惊人的相似，2015 年的 A 股牛市中融资额也相当庞大，大量的场外配资公司涌现共同助推了牛市的产生。如何分析场外和场内的融资额，这成了投机客们不得不钻研的一门技术。

伯纳德·曼恩斯·巴鲁克（Bernard Mannes Baruch）是 1929 年曾经逃顶的投机大师，他的传记为 My Story，我曾经看过很多遍，有兴趣的读者可以找来看一下。他是极少数功成身退的投机大佬，如果按照一生的长度来评判，其成就超过了 J. L.。

与者，无论是餐厅伺者还是大富豪都一头扎进股市中。这次投机狂潮席卷了整个世界，空前绝后。股市交易中经纪行提供的融资额持续攀升，达到了 80 亿美元。即便是最保守数字也显示当时涉及股票交易的总融资额度高达 300 亿美元。当股市处于顶部时，纽交所上市股票的总市值高达 1000 多亿美元。

牛市行将结束的征兆出现了——债券价格早在 1928 年就开始下跌了，利率走高。1928 年短期拆借利率为 13%，到了 1929 年升到了 20%的高位。美联储对疯狂投机的行为发出了警告，但在狂热的氛围中大多数人均是充耳不闻。

另外，还有一个牛市见顶的特征，那就是 1929 年纽交所的成交量是截至当时**最大的成交量**，这么大的成交量需要大量的资金来承接卖盘。牛市最后的阶段是疯狂的，行情飙升，期间没有任何像样的回调和下跌。当人们蜂拥买入之后，所有人都满仓了，这个时候只有卖家而缺乏买家，一旦开始卖出股市就会暴跌。

1929 年见顶后的暴跌堪称有史以来最惨烈的一次，无论穷人还是富人都身处其中，谁也不能幸免。无论是身价不菲的投机大佬还是门外汉都因为股市的暴跌而叫苦连天，哀鸿遍野，在一个季度的时间内几百万元，上千万元，甚至上亿元的账面利润，甚至本金都消失不见了。无论是大佬还是散户都深陷其中无法自拔，一旦持有股票则根本没有接盘力量。

1929 年 9 月 3 日当日，股票市场见顶，整个市场的成交量为 450 万股左右。见顶后，股票指数（以下简称"股指"）从 9 月 5 日开始一路下行，恐慌性抛盘出现，成交量放大到了 550 万股，而在见顶之前市场的日成交量从来没有超过 500 万股。

10 月 4 日，大盘见到阶段性低点，日成交量为 550 股。接着，恐慌性暴跌再度出现，10 月 24 日成交量急剧放大到了 1289.4 万股。10 月 29 日，最惨烈的时刻来到了，杀跌盘蜂拥卖出，成交量达到了惊人的 1641 万股。10 月 28 日，成交量

回落到了 911.2 万股。10 月 30 日成交量为 1072.7 万股。11 月 12 日的成交量为 645.2 万股。11 月 13 日大盘到低点，成交量为 776.1 万股。构筑底部的时候，日成交量一直萎缩，并未超过 550 万股，到了 1929 年 4 月 3 日才再度逼近 600 万股的水平。

地量什么情况下是地价？

道琼斯 30 种工业股票指数在 9 月 3 日见顶后的走势也耐人寻味。该股指在 9 月 3 日见到顶部 381 点，第一波下跌于 10 月 4 日见到 325 点。一个月内跌了 56 个点，这是较大的跌幅。

此后，股指迅速反弹。于 10 月 11 日见到 363 点，上涨幅度为 38 个点。接着，股指恢复下跌态势，于 10 月 29 日见到 231 点。以 10 月 11 日作为起点，则此轮下跌的幅度为 132 个点；以 9 月 3 日作为起点，则此轮下跌的幅度为 150 个点。

接着，股指反弹了两日，见到 273 点，涨了 42 个点。11 月 13 日，股指见到极端低点 199 点，这个点位比 10 月 31 日的低点还要低 74 个点，而比起 9 月 3 日的点位则低了 181 个点。

阶段性低点出来之后，股指持续反弹，一直涨到了 12 月 9 日，股指重新回到了 263 点，反弹幅度为 64 个点。接着，股指恢复跌势，持续跌到了 12 月 20 日，见到低点 231 点。这轮下跌如果以 12 月 9 日为起点计算的话，跌幅为 32 个点。此后，股指偶有小幅反弹，逐渐走高，于 1930 年 4 月 17 日见到高点 294 点。以 1929 年 11 月 13 日的极端低点为起点计算，这波上涨的幅度为 95 个点。

江恩为什么不惜花费如此多的笔墨来叙述波段的幅度和持续时间？其实这就是最原始的"大数据统计"，在《华尔街45 年》这本书当中他透露了一些统计规律。当然，这些规律其实是基于"正态分布"的统计思想得出的，一旦遇到"黑天鹅事件"则不仅无用而且误事。在外汇市场上我曾经也按照相同的思路统计日内波幅和离散度，甚至还统计过每个小时的波幅规律，这种做法适合于"区间交易"，趋势交易则不能按照这一实践去操作。殊不知，"黑天鹅事件"恰好是趋势交易的暴利来源，如果按照"正态分布"的思路去操作则会错失最大的暴利来源。价值投资则基本上是基于"正态分布"进行操作，格雷厄姆的保险精算投资法是最典型的代表。

3. 周期重复的机制

1929 年的股市大恐慌基本上是由于货币流动性引发的。前期过度宽松的流动性遭遇突然紧缩，加上证券发行过剩，

一起触发了 1929 年的股市大恐慌。**对比"美国内战"之后的经济形势和股市走势，可以发现第一次世界大战之后的情况大同小异。**这波牛市在 1929 年 8 月结束，大众普遍认为这轮大牛市持续的时间是最长的，以至于超乎了许多老股民的预期，使他们错失了大段上涨行情带来的机会。其实，不仅是这些老练者被市场愚弄了，所有的参与者都在某种程度上遭到了市场的欺骗。人人都误读了这次牛市，确实如此。但是，如果说这是史上最长的一轮牛市，则未必完全正确。为了证明我的这一论断是恰当的，我在下面会回顾这一轮牛市的曲折历程。

我以铁路成分股平均股指为例来说明，为了回溯更长的历史，我自己编制了 1856~1896 年的铁路成分股平均股指。这样我们就不仅能够知晓"美国内战"前该股指的走势情况，也能够了解"美国内战"后该股指的变化。

股市是经济的最佳"晴雨表"，如果我们想要对比研究"美国内战"前后的经济形势，那么股指绝对是最好的工具之一。该股指的一轮牛市在 1856 年见顶，股指见到了高点 96 点。接着，股指在 1857 年出现了恐慌性下跌，见到了低点 37 点。1858 年股指见到高点 79 点，当年的低点为 59 点。1859 年股指见到高点 70 点，见到低点 53 点。1860 年股指见到高点 70 点，与此前一年的高点相同，见到低点 54，仅仅比 1859 年的低点高出 1 个点。

> 江恩非常注重每月和每年的高低点统计。

1861 年股指见到高点 65 点，同年 3 月见到新低点为 48。"美国内战"在同年 4 月爆发，不过股市已经对战争提前进行了反映。因此，当"美国内战"真正开始的时候，股市迅速回升。

1862 年 6 月，该股指向上突破了 70，这是一个关键点位，因为 1859 年和 1860 年的高点就是 70。接着，9 月股指向上突破了 79，这是 1858 年见到的一个高点。牛气冲天，一发不可收拾。到了 1863 年 1 月，股指向上突破了 1856 年的高点。牛市持续到了 1864 年 4 月，在该月见到顶点 154。接

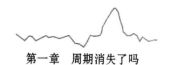

着，股指暴跌，跌到了 88。从顶部算起，下跌的幅度为 66 个点。

此后，股指反弹。股指在 1865 年 10 月见到高点 121。此后，股指恢复跌势，于 1866 年 2 月见到低点 100。此后股指上涨，在 10 月见到高点 125。然后，股指转而下跌，到了 1867 年 4 月，股指跌到了 104，这个点位仅仅比 1866 年的底部高一点。股指从这一点位开始回升，涨幅惊人，最终在 1869 年 7 月见到顶部 181。这个高点比 1867 年 4 月的低点要高 77 个点。1869 年是这轮牛市的最后疯狂阶段，成交量很大，涨势惊人，最后 3 个月的涨幅为 33 个点。

"美国内战"时的这波牛市的真正起点是 1861 年 3 月，持续到 1869 年 7 月结束。期间的走势与 1921~1929 年这波牛市如出一辙，也经常出现回调。1861~1869 年的牛市总共持续了 8 年 4 个月，而 1921~1929 年这波牛市的持续时间则为 8 年。从"美国内战"前后的股市记录你会发现，"美国内战"时那波牛市比 1921~1929 年的牛市持续时间还要更长一些。

1869 年 8 月，股市开始下挫，但是真正的恐慌性暴跌出现在 9 月。1869 年 9 月 24 日遭遇了"黑色星期五"的重挫。股指在当年 9 月下跌了 30 个点，该月见到低点 144。

当年 10 月，股指在超卖后快速反弹，涨到了 167，这个高点成了这波上涨的顶部。此后，股价逐步走低，一直跌到了 1873 年，见到低点 84。期间有一些小规模的反弹。从 1869 年的高点算起，到 1873 年的低点，跌幅为 97 个点。

此后，市场回升，于 1874 年 2 月见到高点 107。1874 年 9 月，股指跌至 95。此后反弹，于 1875 年 5 月见到高点 106。同年 10 月，股指跌回到 95。1876 年 3 月，股指重新回到 110。此后，股指恢复下跌。跌到同年 12 月，见到低点 81，与 1869 年 7 月的高点相比下跌了 100 个点。

见底后一波新的牛市开启，上涨持续到了 1879 年 11 月，股指的涨幅为 119 个点。此后，股指下跌，于 1880 年 6 月，股指见到了低点 73。阶段性低点出来以后，股指迅速反弹，

持续上涨后的加速拉升如果伴随着极端乐观的一致预期，那么往往就是"盛宴结束"的信号。2012~2017 年，我一直观察比特币为首的数字货币的走势，其中一个明显的特征就是比特币加速拉升伴随着媒体铺天盖地报道比特币的致富故事时，往往就是阶段性大顶部。比特币可以看作是一种"新的外汇"，作为交易者我们关注交易，因此研究比特币交易与研究其他交易没有什么两样。江恩的思路仍旧可以用来研究数字货币的交易。

在 1881 年 1 月见到高点 118，只比 1879 年 11 月的高点低了 1 个点。1881 年 5~6 月，股指两次来到同一高位。

此后，股指从上述高位开始一轮持续时间很长的熊市，直到 1884 年 6 月才见底。底部为 51，8 月时股指见到了 72。

1885 年 3 月、5 月和 6 月股指均在 52 见底获得支撑，这比一年前的极端低点要高出 1 个点。1885 年 11 月，股指重新涨回了 73，但是 1886 年 5 月又跌回到了 53，这个点位也是此轮下跌的底部。

股指从这个底部开始上涨趋势，涨势缓慢，一直到了 1890 年 5 月行情结束时，股指才来到了 89。接着，熊市来临了。其间，股市在 1893 年出现了杀跌性恐慌。同年 7 月，股指见到低点 61。同年 12 月，**股指再度跌到 61 获得支撑。在同一点位获得支撑后，股指开启一轮强劲的升势。**这波涨势一直持续到了 1895 年 9 月，最后见到高点 106 点。股指见顶后，因为布莱恩主张白银本位制导致股市恐慌，股指下跌，直到 1896 年才结束。

1896 年 8 月 8 日，股指跌到了内战以来的最低点位，也可以说是 1869 年 7 月顶部以来的最低点。而这个顶部其实是内战期间股市的一个高点。

由于经济低迷和股市持续下跌，到了 1896 年时很多股票都因为债务清算的原因被转移到了财产清算管理机构手中。大多数股票都跌得惨不忍睹，如纽约中央铁路公司（New York Central）这类股票，在 1869 年见顶之后持续下跌，一直到了 1896 年才见底。

道琼斯铁路股平均股指和工业股平均股指从 1896 年到现在都是可靠的股市趋势风向标。在《盘口真规则》这本书当中，我曾经对 1896~1922 年的股指走势历史进行了全面的回顾。

1928 年，**当股指突破了 1906 年这个历史顶部之后，你需要查看下股指成分个股的高点，要密切观察那些突破了 1906 年高点的个股。**例如，阿奇森铁路公司（Atchison）、纽约中

三重底部在江恩理论里面是非常重要的形态。

江恩对于双底的重视程度很高，不过他更注重日线级别以上的双底，而非日内级别的双底。

股指和股指成分股的对比分析是非常有价值的。历史高点和低点是一个很好的分析焦点。

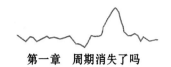

央铁路公司以及联合太平洋铁路公司（Union Pacific），这些铁路股指成分股都突破了 1906 年的历史高点，它们是铁路板块中涨幅最大的个股。与之相对的是圣保罗铁路公司（St. Paul）和其他铁路公司，它们的涨幅较小，当时尚未触及 1906 年的历史高点。

交易者应该明白一点，那就是历史会重演。你不应该抱着希望在市场中交易，如果出现了错误，那么止损是必然的选择。设定止损单，即便因为触发止损而赔钱，也应该及时离场。

无数的股市参与者迷失在 1929 年见顶的牛市中，他们抱着希望持有那些已经在 1929 年见顶的股票，而不知道这些股票的下跌还未结束。**股市交易中唯一的自保之道就是及时离场，这是唯一能够避免你出现重大亏损的方法。**盲目地坚守亏损的头寸并非理性处理问题的方法，对交易者而言丝毫没有帮助。真正能够在你犯错的时候起到正面影响的操作就是离场，然后耐心等待下一次交易机会，或者换一只股票交易。

> 止损是最后一道保护措施，记住"最后"两字！犯错是不可避免的，你必须有一道最后的保护措施，而不能寄希望于避免错误。

4. 牛市的若干阶段

牛市分为若干阶段，以波浪的方式曲折前行。我们以 1921~1929 年这轮牛市为例来说明，这轮牛市可以划分为如下几个阶段：道琼斯 20 种工业股票指数在 1921 年 8 月见底后，牛市启动。第一波上涨在 1923 年 3 月阶段性见顶，接着回调展开。这波回调可以看作是一波小熊市，部分股票在 1924 年 5 月见到阶段性底部，其他股票则在 1924 年 10 月见底。

经过这波回调之后，牛市第二波上涨启动了，股指持续上涨，一直到了 1925 年 11 月阶段性见顶。此后的回调不过是牛市中又一次短暂的修正而已。

此后大盘重新上涨，第三波上涨开始，这波涨势从 1926

年 4 月持续到了 8 月，然后股指回调了 2 个月时间，在 1926 年 10 月见底，接下来股市再度上涨。大盘在 1927 年 10 月阶段性见顶后出现了快速调整，持续时间很短，只有大约 1 个月时间。其间，许多股票都跟随股指下跌，一直跌到 1928 年 2 月，上涨行情重新启动。这波上涨速度极快，只 1929 年 1~2 月见到阶段性高点，这个高点可以看作是第三波上涨的终点。

此后，股指下跌，在 1929 年 3 月出现了恐慌下跌，但是在当月 26 日就见底了。接着，股指持续窄幅震荡了 2 个月，可以看作是蓄势待发。

1929 年 5 月，牛市第四波上涨开启。这是牛市的最后一波上涨，涨势非常迅猛，很多股票的上涨速率刷新了历史纪录。从 1929 年 5 月到 9 月 3 日，道琼斯 30 种工业股票指数的涨幅为 90 个点。一些主力运作的活跃股在拉升和维持股指，在股指处于高位的掩护下，抛盘大量涌出。在 2 个月多的时间内，道琼斯股指暴跌了 182 个点，创出到目前为止最大的跌幅。无论是大众投资者还是基金管理者都在这次暴跌中遭受了巨大的亏损，股票总市值被抹去了超过 400 亿美元。

接着，我再以道琼斯工业股票指数为例来说明牛市的阶段性。我在《盘口真规则》一书中回顾了该股指 1896~1922 年的历史走势，对其月度高低点和年度高低点做了统计和分析。

道琼斯工业股票指数于 1922 年 10 月见到高点 103，11 月见到低点 92。这个低点是新一轮涨势的起点，这轮涨势持续到 1923 年 3 月，于 105 见顶。这个顶部仅仅比 1922 年的高点高 2 个点，与 1920 年的高点比起来还低了 4 个点。只有当股指突破了 1920 年的高点之后才能表明存在进一步上涨的势头。

接着，股指回落，一直跌到了 1923 年 10 月，见到了低点 86。此后，股指在 86~88 点横盘整理了 5 个月时间。1924 年 1~2 月，股指多次上涨，但是回落到 100 点附近获得支撑。

一段时间后，股指继续下跌，直到 1924 年 5 月才在 88.5

江恩对牛市阶段的划分与波浪理论以及道氏理论有什么异同之处？

每次牛市和熊市都是财富分配的一次博弈，正如通胀和通缩一样。如果你不懂物价变化的周期，那么将在所有资产配置中处于劣势，这比股市上不懂牛熊市转换更惨。

根据江恩的规则，股指要突破高点 5 个点甚至更多才是有效突破，具体的规则可以参考我翻译的《华尔街 45 年》一书的相关旁注。

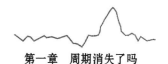

处见底。此后 3 个月，股指都在这一点位附近徘徊，但是也未能有效跌破 88.5 这一关键点位。**这个关键点位比 1923 年的低点要高 2 个点，这表明这里存在强劲的支撑力量，股指有上涨的趋势。**

1924 年 8 月，股指见到高点 105，这与 1923 年 3 月的高点一致。接着，一波温和的回调展开，股指此后在 1924 年 10 月见到低点 100 止跌。当年 10 月底股指有一波反弹，股指在 10 月末收在了 104 这个点位。11 月股指也在 104 开盘，然后在极短时间内向上突破了 105 点，这是两年多来股指的历史性高点。这一**历史性高点被有效突破意味着股指会继续上涨，这个时候你应该从成分股中选择那些强势股买入，因为这些**股票的上涨空间已经被完全打开了。

当柯立芝在 1924 年 11 月的总统大选中获胜时，股指开始快速上涨。11 月底之前，股指已经向上突破了 1920 年的高点 109。这一突破预示着股指上涨趋势还在。

到了同年 12 月，股指再度上行，突破了 120，这是 1919 年的高点，也是当时的历史最高点。股指向上突破继续确认了趋势向上。1925 年 3 月，股指见到高点 125，接着出现快速调整，在 3 月底见到低点 115。股指在这个点位上获得强劲支撑，随后上涨。

1925 年 5 月，股指向上突破了 3 月的高点 125。接下来的几个月当中，**股指的高点和低点都在不断抬高**，上涨态势持续到了 1926 年 2 月，股指在 162 阶段性见顶。这个顶部是所谓的尖顶形态，3 月出现的调整很陡峭，算得上一次恐慌暴挫，许多活跃股票都跌破了关键点位，跌幅在 75~100 点。股指在 3 月见到低点 135，这次暴跌与 1925 年 3 月的回调性质类似，持续时间也仅仅为 1 个月。

此后，市场在低迷中持续了 2 个月。盘整之后，股指在 6 月恢复上涨势头。1926 年 8 月，股指见到高点 166，这个点位刚好比 1926 年 2 月的高点高出 4 个点，这应该算是一个后市看涨的信号。

> 江恩此处的思路有两点：第一，股指趋势向上；第二，买入强势股。江恩利用历史性高点作为趋势判断的基准，这点容易为我们所借鉴。那么什么是有效突破呢？江恩习惯于利用 5 个点作为股指突破的过滤参数。

> 某种意义上讲，趋势可以通过高点和低点的相对位置来确认。但是这仅是确认而已，要预测几乎是不靠边的事情。

> 高点越来越高，江恩认为是趋势向上的信号。不过如果你是从事交易多年的人就会发现，光靠这一信号并不能确认趋势向上，因为许多见顶反转信号中也有此类信号，比如多头陷阱和扩散三角形。

接下来市场进入到了一个持续 2 个月的回调，在 10 月见到低点 146，然后重启升势。在上涨过程中，活跃的领涨股价涨量增。到了 1927 年 5 月，股指向上突破了 166。同年 10 月，股指见到高点 199。

潜在的卖出点和做空点基本上都是位于双零整数点位附近，如 100、200 或者 300。股指见顶后快速下跌，10 月底的时候就跌到了 179 这个低点。见底后迅速回升，到了 1928 年 1 月的时候股指就向上突破了 200 整数关口。通常而言，一旦股指站在整数关口之上，则牛市确立。

见到 203 点之后，市场出现小幅修正，回调低点在 192。股指在 3 月快速收复失地，并且突破了 203。这轮涨势在 1928 年 5~6 月见顶，顶部位于 220 附近。

1928 年 6 月，股指快速下跌到 202，但是并未跌破 200 这一整数关口。这一信号表明股指仍有上升的动量。果然，经过 7~8 月的横盘整理之后，市场获得上行动能，开始大幅上涨，这波猛涨行情一直持续到了 1929 年 2 月。股指在 222 点见顶，然后股指下跌。

股指在 3 月见到低点 196，企稳后上涨。涨势迅猛，在 4 月创下新高 227。接着，股指在 5 月初骤跌，到了 5 月下旬就跌到了 194，比 1929 年 3 月的低点仅仅低了 2 个点，这表明股指见底企稳。

接着，股指在 6 月开始上涨，领涨板块是公用事业行业。**股指持续上涨，月度的高点和低点渐次抬升。**一直涨到了 1929 年 9 月 3 日见到牛市大顶部 381，这是一个历史性高点。这一个尖顶，**伴随着巨大的成交量，许多活跃个股此时也放出天量来。**见顶后股指快速下跌，于 9 月 5 日见到低点 370。接着反弹，于 9 月 7 日见到次高点 377。9 月 9 日，股指跌到了 367 点，走势疲弱。9 月 11 日，股指反弹到 371，一天后跌到 366.5，**这是一个明确的看空信号。**

9 月 16 日股指小幅反弹到 372，仅比此前反弹高点高出 1 个点。9 月 19 日股指跌破了 366，低点被刷新，股指大幅下

按照江恩自己的规则，向下突破支撑点位必须至少 5 个点，否则就认为向下突破无效，相当于是空头陷阱，应该是买入或者做多时机。

N 字顶部不只出现在 1929 年的美股，也出现在 2007 年的 A 股，大家把股指走势图找出来看一下。我记得当时有一位大学同学想要重仓买入，我随手把上证股指走势图上的 N 字向下破位给圈了出来发给他看，想要让他清醒一点。

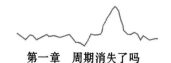

跌的空间被打开了。10 月 4 日股指见到低点 326，然后展开反弹。10 月 11 日，股指见到高点 362，但是这个高点要比前一个反弹高点低。

股指从 362 高点开始暴跌，恐慌情绪弥漫整个市场。跌到 10 月 29 日见到低点 231。然后，股指仅仅出现了 2 日的快速反弹，这波下跌趋势中的最后反弹于 10 月 31 日见到高点 273。接着，市场抛压沉重引发股指再度暴跌，并且在 11 月 13 日见到**大底 199**。至此，股指已经从 1929 年 9 月 3 日的大顶下跌了 182 个点。

199 靠近 200 整数关口。

这轮暴跌行情下跌幅度和速度都创历史之最，用"大恐慌"称呼它是"实至名归"，历史将永远记住这次暴跌。见到大底后，股指迅速上涨，在 12 月 9 日见到高点 263。接着又恢复下跌，于 12 月 20 日见到低点 231。有一点要引起我们的注意，那就是 10 月 29 日的时候，市场就曾经见到 231 这个低点。**这就构成了一个双底形态，这个点位比 1929 年 11 月的极端低点高出 32 个点**。这是股指即将拉开上涨序幕的信号。

点位和周期是江恩理论的两大主题。

从 231 开始，股指缓慢上涨，期间伴随一些幅度较小的回调。**1930 年 2 月 5 日和 14 日，股指均在 272 形成阶段性高点，这就构成了一个双顶形态**。接着，股指回落，于 2 月 24 日见到 263。此后，股指展开升势，并且在 4 月 17 日见到顶部 294。

活跃的个股总是跟随股指运动，因此道琼斯 30 种工业股票平均股指是很好的趋势度量指标。但是，仅仅观察股指是不够的，你还需要研究个股，与股指对比观察其走势。如果个股总是独立于股指，那么就按照个股趋势来操作。当市场交易清淡并且横盘整理时，要关注股指的成交量异常变化。**如果在高位或者低位附近出现成交量异常，那么就是股指变盘的时候**。

透露一个秘密，那就是股指在低位出现地量，如果股指升破该日最高价，则可以做多，特别是在股指期货上。跌破该日的最低价则止损。

【原著名言采撷】

1. The decline of 1920 and 1921 following the great bull campaign of 1919 was due to "frozen loans" and tight money.

2. Late in the fall of 1929 the worst stock market panic in history occurred and was followed by a slump in business, thus proving the theory that cycle do repeat, and while we may have been in a seeming new era, we were only repeating an old cycle or condition which always follows years after wars.

3. The old time leaders of the stock market, who failed to change with conditions and applied the old rules have gone broke.

4. The principal and most important cause of all panics in high money rates, which are due to overextended credit and over speculation.

5. If prosperity runs for a long time and stock market prices continue to advance over a period of years, the public becomes overconfident. Moves in the market and business reach the gambling stage. Everybody becomes optimistic and gets the gambling fever and continues to buy until everything is overdone and prices reach a level not warranted by business conditions or the earning of the corporations of the various industries. When this reached, money gets scarce, banks get loaded up with loans on stocks after a great rise and liquidation has to follow.

6. The only way to protect yourself against heavy losses is to get out before it is too late. Stubbornness will not help in the stock market. In fact, nothing helps you when you are wrong, except to get out and wait for another opportunity or to get right on some other stock.

24 条永恒的交易法则

将你的资金分为 10 等份，千万不要在任何一次交易中投入超过 10% 的资金，如果你违反了这条法则，那么就会让本金处于高度的风险暴露之中。

——**W. D. 江恩**

止损和加码应该算是交易暴利的不传之秘！至于日内的盈利目标计算、各类技术指标的优化等东西都只是细枝末节！

——**魏强斌**

想要在股票市场中获得持续的成功，你必须制定清晰的交易法则，并且恪守你自己的法则。下列这些法则是我基于自己的交易经验总结、提炼出来的，如果你能够遵守这些法则，努力践行它们，则可以成为真正的赢家。

第一条，每次交易动用的资金量要合理分配。具体而言，**将你的资金分为 10 等份，千万不要在任何一次交易中投入超过 10% 的资金，如果你违反了这条法则，那么就会让本金处于高度的风险暴露之中。**

第二条，坚持为交易设定止损单。一旦你开始交易，就务必在离你进场价位 3~5 个点的位置设定止损单，这样才能保证你的交易头寸。

第三条，绝不要过度交易，因为这会危害你的整个资金管理体系。

第四条，不要让浮动利润变成亏损。一旦你的头寸获得

止损单的设置存在很多具体的方法。在对赌交易中，你不能让对手看到你的止损单的位置。你的对手可能是黑平台，也可能是强大的对手盘。否则，你就亮出了自己的底牌。林广茂后来在棉花期货上大亏就是因为透露了自己的底牌，一旦对方知道你的头寸数量、潜在可动用资金、进场点位，而且你是市场上最大的空头或者多头，则你的资本就处于最大的危险之中，这个时候设定止损单也毫无用处。做交易要做到尽量让其他参与方不知道你的真正意图，不可贪慕虚名。

了 3 个点，甚至更高的浮动利润，则应该跟进止损单，这样你就会保护本金了。

第五条，不要逆势而为。当你无法基于股价走势图判断出趋势时，那么就保持观望，切忌盲目交易。

第六条，当你处于怀疑和迷惑时，离场观望，不要匆忙进场。

第七条，选择活跃的股票交易，不要介入那些走势沉闷、交易清淡的个股。

第八条，合理分散风险。尽可能将资金投入到 4~5 只股票上，分散风险，不要将全部资金投入到一只股票上。

第九条，永远不要利用限价单交易。如果你以一个固定的价格买卖，则有可能错过进场或者离场的时机。交易者应该采用市价单进行交易。

第十条，除非有恰当的理由，否则不随意离场。记住，一定要用设定止损单来保护你的浮动盈利。

第十一条，储备部分利润。当你在交易中取得一连串胜利、获利甚丰之后，要将一些盈利储备到你的银行账户中，这部分资金可以应急也可以提供充足的抄底资金。

第十二条，不要仅仅因为一只股票分红就去购买它。

> 人性倾向于使得我们在浮动亏损的时候加码，在浮动盈利的时候出场。我们想要成功就必须逆人性操作。

第十三条，不要在浮亏亏损时加码。想要通过加码来降低平均亏损是交易者最容易犯的错误之一。

第十四条，不要着急离场，不要着急入场，保持耐心，而不是焦躁不安。

第十五条，不要因小失大，见小利则大事不成。

第十六条，不要撤销你在进场时设置的止损单。

第十七条，不要过度频繁交易。

> 频繁交易其实是一个中性词汇，高频交易也属于频繁交易。关键什么是"过度"？没有按照规则采取一致性操作，操作策略不符合科学的资金管理法则，这就是过度。

第十八条，不要拘泥于买入和做多交易，也可以尝试做空交易，因为只要顺着趋势方向操作即可，而不是只采取买入这种单一方向策略。

第十九条，绝不要因为一只股票的绝对价格低廉就去购买它，更不要因为一只股票的绝对价格很高就去做空它。

第二十条，不要在错误的时机进行金字塔加码操作。只有那些活跃的股票在向上突破了关键点位之后你才能加码买入；当这些活跃的股票向下突破了关键点位之后你才能加码做空。

第二十一条，做多的时候优先选择小盘股，当它们持续上涨、不断向上突破阻力点位时采用金字塔加码买进；做空的时候优先选择大盘股，当它们持续下跌、不断向下跌破支撑点位时采用金字塔加码做空。

第二十二条，绝不要采用锁仓的方式。如果你做多某只股票，当这只股票下跌的时候，你不要采取做空另外一只股票的方式来锁定亏损。正确的做法应该一旦触发止损价位，应该立即卖出这只亏损的股票，离场等待下一次进场机会。

> 对冲交易是基于统计和逻辑，锁仓是因为受到情绪和人性的驱使。

第二十三条，在缺乏足够理由的时候，不要随意改变自己的交易观点。在你交易某只股票的时候，务必有足够充分的理由来支持，并且按照清晰的计划进场。最后，在没有明确离场信号的时候，不要匆忙离场。

第二十四条，不要在持续盈利之后或者连续成功之后盲目扩大交易规模。

当你进行股票交易的时候，务必遵守上述 24 条法则，因为它们是你制胜的关键所在。如果你出现了重大亏损和失误，则应该反躬自省，查看自己到底违反了上述法则的哪一条。同样的错误你不能犯第二次。随着你个人交易经验的累积，以及亲自的调查研究，你会变得对这些法则更有信心，深信其价值，并且恪守它们最终在华尔街上取得真正的成功。下面我会对上述法则中的一些要点进行更加全面深入的阐释。

1. 保护本金

当你展开交易时，需要牢记在心的第一条是想办法确保

本金的整体安全。如何做到这点呢？我能给你一个具体的方法来做到这点，前提是你能够矢志不渝地恪守它，不要在实践中出现任何偏离，这样就能从整体上确保你的本金安全，并且让你的账户每年都处于盈利状态。

> 保护本金是指本金整体上不出现重大亏损，而不是不亏损。

具体的方法是将本金分成 10 等份，在任何单笔交易中都不能动用超过 10% 的资金去承担风险。如果你的本金是 1000 美元，那么你在单笔交易中投入的资金不能超过 100 美元。为了进一步保证你的本金安全，你还需要设定止损单。

> 风险分散加上跟进止损，这就是江恩理论中的风险管理核心技术。

如果你买了 10 股，每股亏了 3 美元，总共亏了 30 美元。但如果你买了 100 股，每股亏了 3 美元，总共亏了 300 美元。前面的情况肯定比后面的情况强。只有你的本金整体上得到了保护，那么就能等到机会赚钱。如果在单笔交易中承担太大风险，那么你的本金整体就处于危险之中。过大的头寸会让你的情绪大幅波动，从而影响你的理性判断。如果你能够恪守上述方法，那么即便出现了亏损，也不足以伤筋动骨，更不会影响你的理性决策。

> 头寸影响情绪，情绪影响决策。

2. 止损单的运用

设定止损单的重要性无论如何强调都不过分，因为这是交易者的最后一道防线。你的止损单有 10% 的概率被触发在顶部或者底部。一旦遇到这种倒霉事，这个交易者对此会耿耿于怀，逢人便说："当我为自己的头寸设定止损单时，买入的股票会下跌，做空的股票会上涨，一旦止损被触及，行情马上掉头朝着我预期的方向前进。"他的经纪人也会附和他，并且怂恿他不再设定止损单。但是，交易者忘了剩下 90% 情况下止损都能起到积极的作用。当他持有的头寸与市场趋势背离时，止损单可以避免更大的损失出现。虽然止损单会在 10% 的情况下让你错失利润遭受亏损，但是在剩下的 90% 情

> 如果没有止损单，亏损可能无限大。止损单相当于是对付那些"不确定强，影响力大"的负面冲击事件。

况下它会保护你的本金和利润，并且让你在正确的时机出场。而这足以弥补那10%的不当止损情况，因此千万不要放弃止损单的运用。

3. 合理变换思维

智者会变化思维和决策，而愚者则冥顽不化。聪明的人会先进行调查和分析，然后才做出决定，但是愚昧的人则在没有调查的前提下直接下结论。在华尔街，如果一个人固执己见，不因势利导，则长久下来思维就变得更加僵硬。

当然，变化思维是需要充分理由的。如果你决定进行一笔交易，那么必然存在坚实的理由来支撑，如果缺乏这种理由则没有必要改变当前的决策。最大的错误就是市场走势不利于你的头寸时，你想要改变止损的幅度，甚至取消止损单，这种毫无理由的改变，其实是危险的。毕竟，你在进行交易时需要做的第一件要务就是设定止损单，这是对你本金的保护。

只有你设定了止损单，你的决策和行为才能维持理性。这个时候变化思维，做出新的决策就是愚蠢的。因为取消止损单的想法并非是基于理性决策，这仅仅是因为你心存侥幸，你期盼股价按照你的希望来运行。但是，这种侥幸心理往往导致你的账户遭受重大亏损。

如果你设定了止损单，并且不改变或者取消它，那么90%情况下都会证明它是非常有价值的，这是你在交易中所能做的最正确不过的事情。**恪守止损的交易者会在股市上获得经得起考验的成功。**

需要再次强调的一点是，除非你能够恪守这条法则，否则就不要进入投机这个行当，因为如果你不设定止损的话那么迟早会输掉所有的身家。在交易的时候，一定要设定止损

> "没有调查，就没有发言权"！没有调查就不能下结论、做决策！

> 巴菲特也遵循江恩的某些法则，当然这是客观规律，如分散和止损。只不过巴菲特是相对集中基础上的分散，其止损也才基于基本面和估值，而不是价格。巴菲特不会将全部资金压在一两只股票上，也不会放任某些基本面糟糕的股票一直亏损下去。投机和投资具有许多不同的地方，也有许多相同的地方，你可以试着去剖析其中的异同，这样才会成长得更快。

单，并且不要取消，这是需要你奉行不渝的法则之一。

4. 过度交易

人性的弱点使得历史不断重演，重蹈覆辙也是因为人性。醉心于暴富但却受制于人性，大众因此付出了不可计算的高昂代价。每一个交易者几乎都清楚过度交易的弊端，但是就是难以抵制这个恶魔的引诱，不断犯下同样的错误。如何治愈这个顽疾呢？止损单是最好的药方。如果你想要在交易上获得真正的成功，那么止损单是必不可少的东西，它也是治愈过度交易的良策。

> 过度交易是情绪化交易的另一种说法。要想冷静下来，止损单是良策。

5. 保护你的利润

保护你的利润与保护你的本金其实是一枚硬币的两面。当你的头寸有了足够的浮动利润，千万不要让它变成亏损。当然，具体多少算是"足够的"利润还需要更加准确的定义。盈利的具体幅度决定了跟进止损的幅度。我来介绍一下具体的方法，这是通常情况下最稳健的操作。

如果股价朝着对你持有头寸有利的方向运动了3个点，这个时候你就需要移动止损单到盈亏平衡点。这样即便股价反向运动，你也不会损失任何本金。对于活跃的高价股，你可以把这个幅度放大到4~5个点，一旦浮动盈利达到这个幅度你就可以将止损单移动到盈亏平衡点。即便最终股价触发了你的止损单，你的风险无非是损失浮动利润，但是本金毫发无损。一旦股价并未触及止损，而是继续朝着有利的方向运动，那么你的止损单就可以继续跟进，这就是利润奔腾的法宝。

> 盈亏平衡点止损，不仅是一个资金管理工具，也是一个心态管理工具。如果你还不能理解这句话，那么说明你还没怎么做过交易。

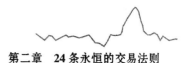

6. 进场时机

作为一个交易者，进场时机的把握非常重要。你需要掌握一些具体的方法，并且根据一些具体的信号进场。我们在顶部或者底部上的判断能力并不出色，当你认为股市见顶或者见底时，绝大多数情况下都是错误的。另外，股价短期走势如何和你认为行情该如何走对于判断趋势没有任何帮助，关键是市场发出的趋势信号是如何的。只有这种来自市场本身的趋势信号，不是主观判断，不是短期波动噪声，这才是我们把握进场时机的关键。

当股价达到低位或者高位时，你必须等待趋势转变的信号才能进场。有些情况下，你会因为等待而错过趋势的发轫，但是耐心在绝大多数时候会让你加入到真正的趋势中，而不是过早跳入市场反而逆势而为，最终累积下来，耐心比急躁更划算。

牢记一点，不要死死盯着盈利和亏损，你的目标是保证自己的头寸与趋势保持一致。要与趋势为友，分析和研判也要围绕趋势展开。**不要老是惦记着盈亏，只要你操作的方向与趋势方向一致，那么利润就是自然而然的东西，利润是顺势而为的副产品。**相反，如果你操作的方向与趋势背离，那么最值得信赖的保护者——止损单就应该履行其责任。

> 无论是道氏理论，还是江恩理论都非常强调趋势重于波动，关键如何确认趋势呢？江恩倾向于点位和周期来验证。突破的有效与无效其实告诉了我们趋势是怎样的，这就是江恩判断趋势的主要方法。

> 你判断的趋势与实际的趋势存在差别，这是人的认知局限造成的，这是不可克服的，因此必须要用止损单来补救！

7. 离场时机不当

交易者经常犯下出场过早的错误。如果他们此前持股时间较长，已经磨光了耐心，等到股价出现期望中的上涨时，

趋势交易者需要重点克服离场过早的问题；日内交易者需要重点克服离场过晚的问题。任何方法都是有漏洞的，止损是 B 计划。

止损单限制了你的最大风险，相对于应对负面"黑天鹅事件"的保险、期权或者 CDS。

他们往往会在第一波上涨中卖出全部股票。这种交易风格显然存在问题。

相反的问题就是某些交易者离场过晚。当股价已经出现了大幅上涨，交易者持股不动，希望股价还能继续上涨，不断刷新高点。但是，股价却不可能达到他的目标价位。股价出现了快速下跌，他不甘心就此出场，发誓只要价格回到此前的高点就出场。此后，股价虽然出现了反弹，但是并未达到前期的高点。等待股价再度恢复下跌时，跌破了此前反弹的起点，下跌到更低的点位。这个时候，交易者心中又出现了一个新的反弹价位，但是价格总是反弹得越来越低，因此总是达不到他不断调低的目标价位。当股价持续下跌，下跌幅度大到再也无法承受时，他才割肉。

在没有趋势改变信号之前，你持股等待卖出信号是正确的做法。但是，一旦你发现趋势确实发生了改变，就要毫不犹豫地离场。对于交易者而言，交易股票的时候，止损单必须一直伴随，即便 10~20 点的大幅度止损也比没有止损更强。

8. 致命的拖延和犹豫

虽有智慧，不如乘势；虽有镃基，不如待时。江恩反复强调的也是趋势与时机。点位与周期不仅与趋势相关，与时机也有关系。

要在华尔街抢钱，手慢了可不行！你要果断、干脆，犹豫和拖延是有害，甚至致命的。抱着希望在市场中侥幸而过，是毫无用处的。希望不能帮助你在游戏中获胜，依靠希望在市场中打拼的人迟早会破产。

要想在股市中站稳脚跟，你必须抛弃幻想，以理性为武器。有了全面而系统的分析和研判，你需要把握时机，及时采取行动，否则只不过是纸上谈兵而已。有了对趋势和时机的准确研判，但是却不能及时采取行动也等于零。

犹豫带来危险，当你因为空想而迟迟不采取行动时，当你在行动前犹豫不决时，你的行动力和判断力都会逐渐迟钝，

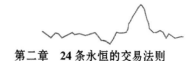

你犯的错误也就越来越多。拖延和犹豫意味着毁灭，而行动才与创造有关。无论你的判断是对是错，拖延和空想都不能给你带来利润，也不能为你限制风险。

牢记一点：犹豫不决在任何情况下都是有害的。空想未来的涨跌而不采取行动，不如果断行动。当然，如果你身体抱恙或者情绪低落，那么最好不要交易。在身心情况不佳的时候，判断力也会受到影响。一个成功的交易者务必让自己的身心状况处于良好的状态，这也是一条需要恪守的交易法则。毕竟，健康等于财富。

> 越是主观性的交易策略则越容易受到身心状况的影响。最好的交易策略几乎不受身心条件的制约，如何做到这点呢？

9. 金字塔加仓的时机

金字塔加仓用在股价上行或者下行的趋势中都可以，如果你做多，而且市场继续上行时，你可以加码买进；如果你做空，而且市场继续下行时，你可以加码做空。具体而言，当价格向上突破到一个新的价格区间时，在突破创出新高时，你可以加码买入；当价格向下跌破到了一个新的价格区间时，再向下创出新低时，你可以加码做空。

当行情快速发展的时候，只要其有利于你持有的头寸，那么就可以在每上涨或者下跌 3 个点、5 个点或者 10 个点的时候加码。具体间隔多少点加码，具体如何加码，具体在什么位置加码，这些都需要结合个股的具体情况以及你的加码策略。

> 止损和加码应该算是交易暴利的不传之秘！至于日内的盈利目标计算，各类技术指标的优化等东西都只是细枝末节！

我具体谈一下我的加码方法。我加码前会首先考察这只股票的回调历史数据，看其一般回调多少点。同时，我也会查看这只股票目前已经回调了多少点。我会从最近一个高点减去 3 个点、8 个点、10 个点和 12 个点，一旦股价跌到这四个预定点位，我就会加码。如果价格一直跌到 12 个点，那么我就会加码 4 次。在熊市做空则是同样的原理，只不过需要

江恩其实阐述了两种加码方法：第一种是突破加码法，这种方法被 J. L.所推崇；第二种是调整加码法，江恩推崇这种方法。不过江恩在本小节只是解释了加码的点位，并未讲解加码的仓位，这才是"金字塔"三字的含义所在。

点位加上周期，你对时机的把握将无往不胜。但是，落地到实践中你会发现周期比点位更难把握。

跟进止损是在市价发生有利头寸的运动时采取的，而且必须在这种运动幅度足够时采用。初始止损、盈亏平衡点止损与跟进止损的关系大家要厘清。

从低点减去上述点数，得到四个潜在的加码做空点位。如果你在 1924~1929 年按照上述方法来加码操作通用汽车（General Motors）的话，你会发现这比顺着趋势方向间隔加码更加安全。

我的时间周期法则也可以用在金字塔加码操作中，因为时间周期可以帮助你判断第一次重要调整走势出现的时间。例如，通用汽车从 1924 年的上涨开始，期间仅仅回调了 3 周。此后，每当其股价调 2~3 周都是非常好的买入时机。这种情况一直持续到见到趋势的顶部为止，在趋势转而向下后上述下跌的时间周期才发生改变。

价格回调或者反弹的时间可以通过上述方法来预判，这种方法可以显著提高你的盈利水平，并且让你与趋势为友。按照这样的方法，有时候花费几年的时间，你就能赚到一两百点的利润。这条有关时间周期的法则与其他交易法则一样，用在那些活跃股上的效果最显著，因此只适合于活跃的市场状况中。

采用金字塔加码时也要依靠止损单来保护头寸。事实上，无论你采用什么样的交易方法，都需要利用止损单来保护本金和盈利。你的浮动盈利越多，则越能容忍市场的波动，对回调和反弹的容忍度就越强。因为你的浮动盈利大，所以可以将跟进止损单放得更远一些，这样市场的波动就会影响到你的持仓。

我举一个具体的例子。如果你买入的股票已经有了 100 个点的利润，而此前这只股票曾经出现过 20 个点的回调，因此你将止损价设置在市价下方 20 个点的位置，这样你基于历史给了它 20 个点的回旋余地。即便最后股价触及了你的止损，你也不会损失任何本金，只不过亏掉了 20 个点的浮动利润而已。

当然，在加码的最初阶段，你不要将止损幅度放得太大，应该离市价更加合理，这样才能保护本金。只有当你有了足够丰厚的利润时，你才可以放大止损幅度。

10. 期望利润

大多数交易者都想要暴利，他们总是美滋滋地想着如何大赚一笔。他们其实可以思考一下如果每年盈利25%，那么10年、20年之后会赚到多少利润。从1000美元开始，如果每年获利25%，那么10年后就是9313.25美元；如果从1万美元起步，每年获利25%，10年后就是93132.7美元。因此，如果交易者能够更加稳健一些，不要急于暴富，按照正确的方法坚持足够长的时间也能赚到客观的财富。

在没有搞清楚复利之前，你不会明白加码有多么重要！

不过那些初来华尔街淘金的交易者都抱着一些不切实际的想法，如在一周或者一个月之内让资金翻一倍。当然，偶尔会有这样的机会，能够让你在一天、一周或者一个月内赚一大笔钱，但是这样的机会可遇不可求。或许你撞了大运，碰上这样的机会，但是要想持续走运是不可能的。你需要明白一点，那就是在绝大多数时间里市场的波动都处于正常范围之内，因为在绝大部分时间当中你也只能赚取正常的利润。

"正态分布"和"钟形曲线"的思维方式深深地刻印在江恩的脑海中，以至于你会怀疑他是否真的是一位趋势交易者。

大多数交易者在进行交易的时候并没有考虑过胜算率是多少，也没有考虑过风险报酬比。如果你认为潜在交易的盈利不会超过3~5个点，那么你就没必要去做这笔交易了，除非你的风险能够控制在1~2个点。也就是说除非你能将止损放置在距离成交价1~2个点的位置。恰当的风险报酬比应该成为你交易的原则之一。

你不能为了3~5个点的潜在利润去承担3~5个点的亏损。**只有胜算率足够高，且潜在利润超过潜在风险数倍的时候，你才值得去做这笔交易。**如果你认为一笔交易的潜在利润只是3~5个点，那么就没有必要参与其中，因为一旦你判断失误反倒亏掉3~5个点，这样的风险报酬率并不划算。

交易的最好时机是等待股价向上突破阻力点位或者向下

关键点位提供了更好的胜算率和风险报酬率。

跌破支撑点位，这时的胜算率往往更高，而且风险报酬率更加可观。赚取微利的短线交易者其实很难赚到多少钱，因为他们耗费大量精力和时间用于微薄的价差交易。请你务必牢记一点：如果想要在股市中持续成功，你就必须让盈利大于亏损。关于交易的一条颠扑不破的真理就是截短亏损，让利润奔腾。

11. 正确处理补充保证金通知

如果你为股票交易融资，那么就是保证金交易，你利用了经纪商提供的杠杆。你入场之后，过了一段时间股票走势与你持有的头寸相反，这个时候你的保证金或许到了警戒线。经纪商在这种情况下会打电话给你，要求你补充保证金。在大多数情况下，你都不应该这样将更多的钱打进账户补充保证金。正确的做法是卖出股票，如果你是在做空股票的话则应该立即回补空头头寸。除非你有足够的理由，并且清醒地判断出一次新的交易机会，否则没有必要补充保证金。

越亏损越加仓，这也是在运用复利原理，只不过是对自己最不利的用法而已。

90%的情况下，当一个交易者补充保证金之后，他会死守头寸不变，直到经纪商一而再、再而三地打电话要求补充保证金。通常情况下，只有这个交易者还有额外的资金可以动用，他就会倾向于继续增加保证金，直到在一次交易中赔掉所有本金。如果经纪商被迫要求你补充保证金，那么一定是因为你的交易出现了问题，最好的解决之道就是立即离场。

12. 避免共同操作联名账户

如果有条件的话绝不要与他人一同设定联名账户，或者共同操作同一个账户。当两个人共同拥有一个账户时，他们或许能够在进场上达成一致的正确决策。但是一旦决定离场时，他们往往很难达成一致，结果就会造成出场上的重大失误。通常情况是一个人认为应该离场，而另外一个人认为应该继续持有头寸，最后趋势反转，行情朝着不利于他们持有头寸的方向运动。这时候他们只能呆呆地持股，期望行情能够变得有利于头寸。最终的结局往往是亏损离场，其实本来还有丰厚的利润。

在股票市场中，一个人犯错的可能性已经很大了，现在两个人操作，相互掣肘，犯错的可能性更大。两个人要想共同在股票交易中取得成功，唯一可行的方式就是一个人负责买卖，另一个人只负责止损单设定。止损单能够在操作失误的情况下保护本金。即便两个人是夫妻关系，共同操作一个账户仍旧会存在很多问题，并不推荐这样开立和操作账户。

交易需要一个人决定，他需要学习如何实际操作，独立思考和决策，不要受到他人的影响。

13. 人性最大的弱点

普通交易者都不愿面对令人痛苦的真相，他们更喜欢听闻那些符合他们预期的观点和新闻。当他买入一只股票的时候，他会相信所有的利多新闻和观点。这个时候，即便有一些利空的消息和观点，他也充耳不闻。

但只有真相能够真正对他的决策有积极作用。真相是他最应该掌握的信息，是他最需要的东西。那些仅仅满足赚钱欲望的不实消息只能带来赔钱的结果。交易者总是在犯错之后发誓不再犯同样的错误，但结果往往是重蹈覆辙。老股民往往不过是领着新股民走上同一条亏损之路而已，但是亏损的真相却一直没有被他们发现。

小的时候很难理解"讳疾忌医"，等待近入社会，近入金融市场了，才明白"直面真相"是多么困难啊。战绩赫赫的对冲基金大佬达利欧将自己成功的最重要经验归结为"直面真相"，由此可见这一点多么重要，又多么难以做到。

华尔街选股术：顶级交易员深入解读

一入股市，深似海。

无论交易者的本事如何，他们总是喜欢高论成功的案例，吹嘘自己赚了多少利润，但是对亏钱之事却保持缄默。因此，那些不明就里的新手来到华尔街之后总是被这些表象所迷惑和误导，他们认为这就是一个轻松赚大钱的好地方。他们没有机会听到亏钱的案例和谨慎的忠告。要知道那些失败的案例才值得他们去学习，才能让他们不走失败者的老路。新手应该明白股市上 90% 的失败都是由于不采用止损以及过度交易导致的。为了成为股市的真正赢家，必须克服这些人性的弱点。

人性的弱点在股市表现得淋漓尽致，如当一个交易者赚了钱的时候，他会自信满满，觉得自己的判断能力超越常人，成功全靠自己一人之力。而当他亏钱的时候，他会为自己寻找"替罪羊"，他不愿意面对失败和挫折。他会找到很多借口来为自己的失败开脱，比如"黑天鹅事件"发生，比如某人的建议有问题，诸如此类等。这些借口总是以"如果""要是""假如"开头，他们可以找出千百条理由来解释亏损的结果，但是却没有一条是关于自己的。**不愿直面现实，这是他们不断重复错误的根本原因。**

交易者们必须要有解决之道，承担起自己的责任，找到问题的症结，不要怪罪他人，否则永远无法纠正自己的弱点。你要知道亏钱的结果是自己的行为导致的，在买入和卖出中，你必须找到其中的问题，然后解决问题，这样才能成功。在完成上述步骤之前，你不可能成为股市赢家。

股市属于零和博弈的游戏场，大多数人是亏钱的，少数人赚钱的。既然多数人都是亏钱的，你就没有必要听那些广泛传播的意见了。独立思考才能让你跻身于少数人的行列，而少数人往往意味着赢家行列。

交易者赔钱的另外一个主要原因是他们缺乏独立思考，他们让别人代替自己思考，用别人的意见代替自己的意见。事实上，他人的判断力未必比自己的判断力好。要想在股市上获得成功，你必须亲自进行调研分析。除非你愿意从一个新手成长为一个专家，积极主动地学习，独立地思考，否则你只会走失败者的老路，而大部分交易者都属于失败者之列。

我可以将最好的交易法则和盘托出，也可以告诉你判断趋势的最佳工具，但是如果你不能克服人性的最大弱点，那么赚钱仍旧是遥不可及的事情。人性的弱点让你无法恪守交易法则，你会任由情绪摆布，恐惧和贪婪驱使你，你无法直面事实和真相，自然无法做出有效的判断和决策，也无法执行它们。自我欺骗，怪罪他人和市场，犹豫不决，这些人性的弱点会持续影响着你。

请你记住，亏损是你的行为导致的，不是他人，不是市场，不是主力。因此，恪守交易法则，防范人性的弱点，要不就离股票投机远一点，这样你才不会走上失败者之路。

【原著名言采撷】

1. Divide your capital into 10 equal parts and never risk more than one-tenth of your capital on any one trade.

2. After you have made a series of successful trades, put some money into surplus account to be used only in emergency or in times of panic.

3. Never average a loss. This is one of the worst mistakes a trader can make.

4. Avoid taking small profits and big losses.

5. Never buy just because the price of a stock is low or sell short just because the price is high.

6. A wise man changes his mind, a fool never. A wise man investigates then decides, and a fool just decides.

7. The first thing to do when you make a trade is to place a stop loss order, which is for your own protection. Once you have placed a stop, you have acted wisely and used good judgment.

8. Your object should be to keep right on the market. Go with the trend of the market. Study all the time to determine the correct trend. Do not think about profits. If you are right on the market, the profits will come. If you are wrong, then use the old reliable protector, a stop loss order.

9. A pyramid should always be followed up with a stop loss order, no matter what method you use, because your profits must be protected. The more profit you have, the more room you can give the market to fluctuate, or have its reverse move.

10. It is better to wait until stocks cross resistance levels one way or other and get in

where the opportunities are for greater profits and longer swings. Scalpers do not make money，they simply get scalped. Remember that <u>to make a success your profits must always be greater than your losses</u>，and your rule must be to <u>cut losses short and let your profits run.</u>

11. The average trader does not want to hear a painful truth. They want something in accordance with what they hope for.

12. The new lamb should know that failing to place a stop loss order and overtrading have been the cause of over 90 percent of the failures in Wall Street.

华尔街是一所学校

任何人都要接受股市的持续教育。我们始终需要牢记一点：你是谁不重要，重要的是你永远无法从华尔街这所学校毕业。

——W. D. 江恩

前半生应该向杰西·利弗摩尔学习做投机巨擘，后半生应该向巴菲特学习做投资巨擘。

——魏强斌

1. 战胜市场日益艰难

普通交易者想要在股票市场赚钱变得日益困难。因为股票的数量在不断增加，现在纽约交易所的挂牌交易股票大约有 1500 只。同时，这些股票的走势不再那么一致，经常出现股票个股之间走势相反的情况。即便是同一板块的股票也会出现走势相反的情况。当某一个板块整体上涨时，其中某些个股却是下跌的。当某一个板块整体下跌时，其中某只个股却是上涨的。这些情况越来越多，以至于让交易者越发迷惑，不知道如何处理。

如果活跃股很少，而且其中大部分活跃股还是道琼斯工业股票指数和铁路股票指数的成分股，那么股指与个股的走

> 股票数目增加后，资金可以参与的标的增加。同时，随着监管趋严以及参与者机构化，资金会倾向于价值投资，而这会使部分缺乏业绩和题材的个股归于沉寂。在成熟市场上，如港股和美股市场，一只股票如果既没有业绩亮点，也无题材想象空间，则成变量会非常稀少，大多数缺乏题材的垃圾股都是这种情况。

势就会较为一致，这个时候股指就可以作为个股走势的可靠"风向标"。同时，股市中的一些主力倾向于参与活跃股，不同主力都参与其中而且几乎同时行动，这就使得股指可以很好地反映市场的整体动向。

但是，现在情况发生了变化。因为股票数量非常庞大，构成了许多板块，不同板块的特点不同，参与其中的主力也不同，因此要想得到一个可以指示个股走向的股指就必须查看板块股指，如石化板块股指、橡胶板块股指、钢铁板块股指以及制造业板块股指。你也不必太过在意板块股指，因为其中每只个股的走势是非常重要的。有时，你会发现在同一板块当中，部分个股走势疲弱，而另外部分个股则走势很强。这种情况会在下文中作进一步的分析。

在人寿保险行业中，保险精算师采用平均股指能够基于1000人的样本得出预期生命值，也就是年度死亡率是多少。但是，精算师却无法断定特定的某个人会在哪一年去世，他的寿命将会是多少。这些个体数据是无法经由平均股指来推断的。原因在于许多不同的样本个体被放在一起，虽然他们有着唯一一个平均值，但是却不能经由平均值来推断个体值。

股票平均股指的情形也类似，因为股票指数是由不同的上市公司股票价格构成的，这些公司成立的时间从5年到100年不等，存续时间相差很大。同时，这些公司分布在全国不同地区，所具备的地理因素和其他条件也各有不同，因此某些股票的走势与股指的走势完全背离也是情理之中的现象。

我们以石化行业和石化板块为例来说明吧。构成石化板块股指的石化公司成立于不同时间，经营管理层也具有不同的素养和风格，生产和经营活动分布在不同地区，所受到的约束条件也存在差异。为了准确判断石化股票的走势，我们必须对每一家石化上市公司及其股票走势进行逐一分析和预测，而不是笼统地一起分析和研判。以前存在这样的情况，那就是休斯敦石油（Houston Oil）的股票大幅上涨时，其他石化类个股却跌跌不休。为什么这只股票鹤立鸡群呢？其中一

江恩这里比较强调个股的个性化因素。但实际上有三方面的因素需要我们将板块放在个股之前：第一，一个行业的生命周期和景气程度对上市公司的影响往往超过单个公司的经营情况。当我们分析业绩的时候，行业的因素往往很关键。第二，题材很多时候以行业政策或者行业科技的形式出现，这个时候整个板块都会受到影响。分析题材时，往往是先找到受影响的板块，然后才是精选个股。例如，炒作镍矿行情时，首先是找出镍矿板块，然后才是精选龙一和龙二。第三，个股数量要比板块数量多出几十倍，因此从板块入手可以极大减小工作量。当然，某些题材或者业绩因素只与某只个股相关，这种情况下个股走势独立于大盘和板块也是正常的。这里要区分影响整个板块的业绩和题材因素与只影响单只股票的业绩和题材因素。

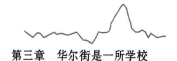

个重要原因是它的**流通盘很小**，更容易拉升，加上其他一些独有的利多条件则容易出现上涨走势。

现在走势纷乱，如果交易者想要在目前的股市中胜出，就必须下功夫去研究每一只个股，并且根据个股的走势而不是股指的走势趋操作。不要太在意同一板块其他个股的走势，也不要太在意大盘股指或者板块股指的走势。但是，人性中的某些东西让我们很难做到这点。因此，为了避免人性的弱点影响到我们的正常操作，制定并且恪守一套规则就显得非常必要了。另外，止损单也是不可或缺的，应该一以贯之。

美国的经济总量很大，与世界上其他国家都有频繁的贸易往来和金融联系，因此其他国家的政治经济形势变化都会对美国的经济和股市产生重大的影响。只想着通过道听途说，而不是全面系统分析就能战胜市场，只不过是痴人说梦而已，基本上不可能在这个市场生存下去，遑论战胜市场。

美国现在已经从早前的农业大国升级为一个工业大国了。此前有一个时期，铁路板块个股受到农业物收成的影响。倘若农作物的收成好，碰上了好年景，运输需求大，那么铁路板块就会上涨；相反情况下，农作物歉收，运输需求较小，那么铁路板块就会下跌。当美国从农业国转变成工业国之后，制造业对铁路运输的需求逐步占据了越来越大的比重，这个时候我们就不能根据农作物的歉收与否来判断铁路板块的涨跌，因为铁路上市公司的主要货运需求已经不是农产品了，照搬以前的规律是不起作用的。

美国的经济一日千里，社会变化迅速。此前，运输方式从富尔顿的蒸汽船舶转变到火车花费了很多时间，但是从汽车到飞机所花的时间就大为缩短了，因为追求便捷舒适的动机以及商业利润驱使了转变更快地发生。汽车的出现打破了铁路运输形成的格局。同样，就目前的形式来看，飞机的出现和使用也将打破汽车和铁路运输形成的格局。**行业的变化也导致相关公司的兴衰沉浮**。那些大型的汽车制造公司目前都在力图进入飞机制造行业，因为他们认为飞机将很快替代

为什么新股和次新股经常受到市场的青睐？从流通筹码和题材的角度去思考一下。

为什么火车完全颠覆了蒸汽船舶，但是飞机却很难颠覆汽车呢？因为替代率是不同的。蒸汽船舶和火车都是长途大宗运输的主要方式，因此替代性很强。但是，汽车与飞机却存在很大的不可替代性。飞机不能作为市区出行等短途出行的主要方式，虽然巴西的超级富豪出于安全和便捷考虑，会采用直升机在市区穿梭，但是那毕竟是极少数的情况。

汽车，飞机将成为未来运输的主要方式。那些只从事汽车生产的公司会发现，自己的利润日益衰减。

只有走在时代科技潮流的前沿，你才能获得成功。想要成为一个成功的股票交易者，你必须时刻关注那些新兴产业中的龙头股。不要老是被过气的股票所牵绊，不要寄希望于昔日的荣耀之星能够再度崛起。如果它们开始显示出下行趋势，则做空它们。例如，1909~1927 年的铁路股就属于这种情况，你应该顺势做空它们。当然，如果上行趋势出现，你也要顺势买入。例如，此前走势颓废的铁路股在 1921 年拐头向上，那么你就应该买入做多。告诉大家一个经验，那就是在超级牛市期间，工业股在大多数时候都比铁路股有更多的机会，自然会带来更丰厚的利润。

2. 一个人能从事高风险投机的人生阶段

一个人在 20~50 岁这个阶段必须敢于承担一些风险去把握某些重大的机会，但是承担风险之前必须合理地判断其风险和收益，同时基于一些科学知识去挑选股票标的。

一个人快要到 50 岁的时候，基本的生活问题已经解决了。如果此前在投机和投资活动中发现并且恪守了有用的法则，并且获得了成功，那么他也就没有必要去冒太大的风险去捕捉所谓的重大机会了。即便到了这个年龄还没有积累到足够的财富，也不能冒太大的风险去抓住大机会。

毕竟，如果一个人在 50 岁后破产或者生意遭受重大的挫折，则很少有人能够从头再来。倘若某人在 50 岁时还是华尔街上的失败者，那么最好还是离开这个行当。倘若某人在这个年纪已经是华尔街上的成功者，那么也无须担心未来的人生了。

但是，我们在交易上遭受重大亏损之后，往往急于捞回

投机和投资对应的生命周期阶段是不同的，风险和收益率特征存在的差异的金融标的侧重于在不同人生阶段配置。

前半生应该向 J. L. 学习做投机巨擘，后半生应该向巴菲特学习做投资巨擘。

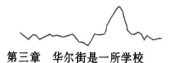

损失，因而将剩下不多的资金继续拿去乱操作一气，结果可想而知。许多年过半百的投机客或者商人都会犯下同样的大错。当然，凡事并不绝对，另外一些人年龄甚至超过了 60 岁仍旧在股市上稳健操作，甚至一些年龄超过 70 岁的交易者仍旧持续在这个市场上成功。因此，并非所有人都无法克服人性的弱点。

想要在投机或者商业领域出人头地，你就必须在 20 岁左右开始进行实践。只有这样你才能逐步积累起足够的经验。**倘若他投入 10 年的时间来努力钻研和践行，那么等到 30 岁的时候就会具备在未来 10 年或者 20 年成功所要求的能力。**但是，如果他就此罢手不再研习，认为自己具备的经验和能力已经足以应付一切变化，那么在未来 20 年的某个时刻，他仍旧会遭受重大挫折。

交易这个行当要求参与者持续不断地学习和研究，除了关注老股票的走势，还要研究新股票的走势。**不要因为缺乏研究而落后于形势变化，要与时俱进。**很多时候，此前经验导致的习惯性思维会愚弄我们的分析和判断。例如，许多交易者在 1921~1929 年的大牛市期间就是用老经验套在新形势上，以至于被市场所误导。在这轮牛市中，许多交易者在 1924~1929 年都认为按照此前牛市的规律来看，这轮牛市持续的时间已经足够长了，应该结束了，因此过早进场做空，或者过早结束了持有的多头头寸。

任何人都要接受股市的持续教育。我们始终需要牢记一点：你是谁不重要，重要的是你永远无法从华尔街这所学校毕业。即便你已经学有所成，每年也都要接受股市研究生进修课程，这样才能与时俱进。**现实是你要想持续在股市取胜，那么就必须始终走在时代曲线之前。**

1 万小时天才理论是刻意练习理论的通俗版，而 10 年天才理论则是 1 万小时天才理论的简单版。

初入行时，一位中国香港外汇盘房的资深操盘手跟我说："交易是一场永不落幕的球赛。"

3. 赔掉 1 亿美元

普通人都有一种类似的想法：当自己拥有了百万美元或者更多的资金之后，就不会再亏掉它们了。或许你不能很好地理解这种思维，我换个方式来表述这种想法。这些人的想法其实是他们认为如果自己的资金足够雄厚，则可以作为庄家操纵走势，难道有不胜之理吗？

事实真的如此吗？我们看一下 J. O. 阿默（J. O. Armour）的案例就会知道事实到底如何。这个大佬曾经在股市上将 3 亿美元资产亏掉了，且听我从头说起。阿默是包装行业的巨子，同时大力参与股市。在第一次世界大战快要结束时他已经拥有了 3 亿美元的财富。随着战争形势的变化，他的资产开始缩水。当时他在股市上亏损了 2000 万美元，但是他不愿坐看财富减少，于是他冒失地将剩下的 2.8 亿美元悉数投入股市，想要把此前亏损的 2000 万美元捞回来。

不过，行情并不通人情，继续朝着不利于他持有头寸的方向运行。情况越来越糟糕，但是他继续逆势加码，直到倾家荡产。最终，他在贫病交加下离开这个世界。本来投入的第一笔钱并无关痛痒，因为这是一笔闲钱，并没有其他用途，但是一旦他决定投入自己的全部身家之后，他就走上了不归路。

快速破产的方法就是重仓或者逆势加码。反过来讲快速致富的方法是什么呢？

再来看另外一个例子，W. C. 杜兰特（W. C. Durant）在 1919 年牛市高点的时候已经达到了 1.2 亿美元的身家，风光一时无限。但好运不长，他最终亏掉了全部家当，他持有的通用汽车股票也不得不以低于市价的水平协议卖给了摩根和杜邦财团。

许多人在股市里面赚了不少钱，但是最终却又将这些钱拱手还给了市场。例如，丹尼尔·德鲁（Daniel Drew）的身家

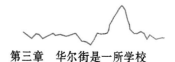

曾经高达 1300 万美元，但是最终却是竹篮打水一场空，最后连命也搭上了。

托马斯·W. 劳生（Thomas W. Lawson）的情况也好不了多少。他的身家一度高达 3000 万~5000 万美元，最后赔光了，离世的时候穷困潦倒。此外，还有一些大名鼎鼎的交易者也晚景凄凉，如丹尼尔·J. 苏力（Daniel J. Sully）、尤金·思客（Eugene Scales）、杰西·利弗摩尔（Jesse Livermore）等，他们赔掉了 500 万美元，甚至多得多。

1929 年的股市大恐慌中，大佬们在短短 3 个月的时间内亏掉了 1000 万~1 亿美元不等的资金。据说还有不少人亏掉了 2 亿~3 亿美元。如果大佬们都亏掉了这么大数额的资金，那么作为一个普通的交易者不可能比他们过得更好。

如果一个本金为 1 亿美元的人犯了错误，那么他比那些本金为 100 美元也犯了同样错误的人还糟糕。**资金量或者头寸很大的玩家想要迅速退出市场是很难的**，因此处境更加糟糕，亏损更加迅速。在很多情况下，投入 100 美元的玩家可以迅速退出，但是投入 1 亿美元的玩家却做不到。

也许你仍旧会好奇地问：为什么一个身家为 500 万~1 亿美元的交易者会将全部资产亏掉呢？原因在于他们在亏钱的时候丧失了此前挣钱时的良好判断力。从市场中挣得利润是一回事，但是在市场中保住利润又是另外一回事了。

> 江恩的说法有点含混不清。真正的问题在于这些人或许没有形成系统而清晰的操作系统，以至于很容易受到情绪的干扰。

人的一生也如股票走势一样浮沉起落，其中也有周期波动。当一个人不知道在巅峰时期功成身退，不知道在好光景快完了的时候及时收手，而是妄想着更多的财富。

一个人的运气应该也存在周期性，或许可以通过科学的地量手段来分析其阶段性。如果一个人没有顺应自己的运气，悖逆对抗，那么他就会被趋势碾压。就个人而言，最要紧的事情就是明白急流勇退的时机。当一个人赚了钱以后，他必须知道恰好与过度的临界点，及时停手，这样才能保住到手的钱财。

> 江恩的说法与中国易学中的四柱预测不谋而合。

一些嗅觉灵敏的跟风交易者经常会犯下特定的错误，他

们会追随市场上那些一度风头正劲的投机大佬交易股票。但是，当这个风云人物开始走霉运的时候，他们的判断开始变得糟糕，或许还比不上跟风者自身的判断。但是，跟风者却并未觉察到运势的变化，仍旧执迷不悟地跟随走下坡路的大佬。

例如，从1915~1919年，**杜兰特的判断精准无比，赚取了巨额财富，以至于无数的人痴迷于追随他的操作**。但是，到了1920~1921年，杜兰特的运势不佳，操作上失误不断。不明就里的跟风者们仍旧痴心不改，继续跟随杜兰特操作，结果不仅将此前的利润赔进去了，连本金都赔进去了。

杜兰特的跟风者能否避免这样的霉运呢？如果他们能够敏锐地注意到杜兰特开始走下坡路了，有一些自己的独立判断，能够大致判断出汽车股票趋势拐头向下，那么就会停止继续买入，卖出多头，转而建立空头头寸做空汽车股票。

如果任何交易者能够按照我给出的交易法则去研判股票价格走势图，则可以从通用汽车等汽车类个股的走势图上发现1919年这个板块的趋势已经转而下跌了。更进一步还会发现汽车板块将在1920~1921年继续下行。

为什么还是有如此多的交易者会无视趋势的变化，执迷不悟地追随杜兰特买入并且持有汽车股呢？即便他们输光了自己的身家仍旧如此。

我们不要迷信任何股市上的风云人物，不要盲目地一直跟随他们的操作。特立独行的猎人或者渔夫才是真正收获丰富的赢家。**如果追随操作者众多，则会影响被追随者本身的操作成败**。

大佬们也同大众一样经常犯错，但是整体上他们还是更加精明一些。通常情况下，如果他们发现自己犯了错误，就会迅速改正。但是，大众却往往抱残守缺，持有错误头寸，寄希望于市场的变化符合自己的期望。

有一位投机大佬跟我反复提到过很多次去中国澳门赌博的经验，那就是如果自己手气不好，就一定要跟随其他手气最好的一位，或者与手气最差的一位相反操作。由此看来，运气这个东西或许是一个经验层面的事物，可以感受，不可捉磨。

"过度拥挤的交易"是危险的交易。

如何及时发现错误？一个比较容易上手的方法是先设定合理止损。

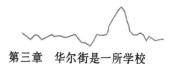

4. 何时转运

一个人的运气也如同股市一样有周期性的变化，好运与霉运交替出现，循环更替。通过交易记录你可以发现自己的运势变化。 我曾经创造了 200 次持续盈利的交易纪录。当时，我操作这波行情的开始阶段并不认为自己可以创造 50 次连续交易不亏的纪录。但是，我的手气相当好，我一直做到了第 200 笔交易都未出现亏损。

但是好手气总有到头的时候，运气上升势头总有结束的一天。如果我不能主观地预测到这一时点，那么有没有什么客观的征兆可以提醒我呢？ 有什么信号可以让我在运势的巅峰离场观望呢？最开始出现的征兆是我在连续 200 次盈利后第一次出现了亏损，亏得不多，大概 200 美元。但是，在此后的一笔交易中我亏了 500 多美元。

这一信号表明无论是什么原因，或许是研判能力下降，或者是身心状况不佳，总之现在我的运气开始步入下降阶段，手气变差了。倘若我足够明智的话，现在就应该离场观望，保存胜利果实。 但是，我并未就此罢手，而是做了第三笔交易。如同大多数交易者的情况，我竟然还在第三笔交易中增加了规模。这笔交易使我的浮亏达到了 5000 美元，但是我并未汲取教训立即认赔离场。于是，我继续不服输地进行着持续亏钱的交易。直到 1907 年 11 月，银行停止营业使得我无法取出资金投入股市中。由于无法补充保证金，我不得不让经纪人平掉了股票上的所有仓位，赔了不少钱。搞不清楚自己的运势，逆势而为，是造成这样结局的关键。

其实，当阶段性好运结束时，我应该选择休养生息，娱乐和学习才是明智的选择。但是我却仍旧想要乘胜追击，继续勉强地交易，想着赚更多的钱，但是自己却并不是很需要

如何利用运势？其实，还是那句话："截短亏损，让利润奔跑。"如果你感觉到迷茫，可以试一下加入均线进行判断。均线就是运势！

这些钱。

吃了亏之后，银行也连着歇业了几个月，因此也无法从银行提取资金补充保证金。闲着无事，于是我开始静下心来研究股市的走势，同时复盘此前的操作，找出自己所犯的错误。

没有复盘，就没有进步。

我在 1908 年春季再度进场交易。此时，我已经形成了一些交易法则，可以让我清楚自己的运势什么时候处于最佳状态。最初阶段我交易的是小麦期货，前 3 笔交易我都赚钱了，这表明我的运气开始转好了。顺着好运进行操作的时机来了，使劲风帆好借力。此后我开始在期货市场做多棉花，并且随着价格走高，在 7 月采用金字塔加码方式操作，此时利弗摩尔也在棉花上加码做多。这一战，我大赚一笔。

关于赚钱和赔钱的经历我能举出一大堆，不过可以简单地归结为一条永恒的法则，那就是经过连续的盈利之后，只要出现 2~3 次亏钱的交易，交易者就应该离场了。离场观望，休养生息，可以给你充足的时间来整理思路。当你发现自己又能够跟随市场趋势时，就可以先建立较小头寸进行尝试。

交易者的运势往往与价格的趋势有关。

如果试探仓位的绩效并不理想，则可以再度离场观望。过段时间后，再度入场试探。如果开始两三笔交易能够获利则要把握住好运势，继续交易。直到趋势变得对自己不利，这个时候就需要离场了。

我在股票市场上大有斩获的时候，基本上都是离场观望较长一段时间后再度进场后赚到的。当然，如果我持续在股市中不知进退，一味在市场中坚守，最终也会输得很惨。无人能够持续在股市上频繁交易而不伤神。当他身心疲倦时，他的研判准确度就会下降，这个时候霉运就来了，交易往往持续赔钱。当格局变得对你持有的头寸不利时，你却还在股市中坚守，苦苦哀求市场照顾你的期望，这些都是毫无用处的做法。有效的做法是赶紧认赔离场。

具体的离场点如果没有系统地规划好，则所谓的"及时认赔"是无法落地地实施的。因为一个人的交易者不可能在价格稍微不利于自己头寸的情况下就出场，这里有个度的问题。一方面要给市场合理的回调空间，过滤掉噪声；另一方面又要避免与市场趋势作对，要尽早悖逆趋势的信号，截短亏损。简言之，让利润奔腾与截短亏损在某种程度上是反比关系。要让利润奔腾，则跟进止损就要远离市价；要截短亏损，则跟进止损就要接近市价。

不顺的时候应该离场等待时机。当市场形势变得有利时，你的身心也恢复过来了，身心都处于最佳状态，这个时候再

进场就容易赚到钱。想要战胜市场，靠的是智慧。你必须让自己的心智处于敏锐的状态，你要随机应变，看得准、下手狠。如果你觉察到自己的心智迟钝，不能果断地采取行动，那么你就不能继续在市场中停留。

我与经纪商很熟，因此知道很多交易者的习惯和情况。我发现当市场走势持续朝着不利于交易者持有头寸的方向运动时，这种走势持续时间从几天到几周。刚开始的时候，少部分交易者会离场，但是还剩一些人则固执地继续持有这些头寸，他们死守亏损的头寸。我认为这是顽固不化，但是他们却自我标榜为勇敢。然而，当行情极端不利于头寸时，还紧握着头寸不放，这并非有胆有识者所为。

这些人之所以如此理智，根源在于他们心中还有侥幸心理，说到底不过是非理性的固执而已。**真正的胆量不是持有那些亏损不断扩大的头寸。**即便你想要彰显出勇敢的美德，但是你的荷包却无力承担这种不明智行为的后果。

交易者通常会在证券公司的营业厅里面闲谈交流。如果大多数交易者都离场了，整个营业部只有两三个人还在坚守头寸，那么几个人就会简单地认为拐点不远了，因此他们会追加保证金，以便坚持到底。行情继续不利于他们的头寸，于是只剩下一个人还在坚守。这个人说自己不会在如此低的价格上抛售，要孤军奋战到底。但是，行情继续朝着不利方向前行，最后的坚守伴随着绝望的到来。他开始恐惧了，准备趁着价格短暂修正的机会平仓。但是股价并未修正到他想要的价位，于是他不得不降低自己的预期，但是市场却一直不领情。在费了九牛二虎之力后终于平仓出场了，他松了一口气。**最后一个多头离场之时往往就是买入之时。**我会抓住这样的机会买进，这个时候以市价买入几乎能够百分之百地赚钱。

上面这个例子说明，一个身心健康、资金充沛、胆识过人的交易者只要耐心等待最佳的入场机会，那么挣到大钱是早晚的事情。

多头不死，空头不止。无论是诸如邓普顿这样的投资大师，还是诸如巴鲁克这样的投机大师，他们都深谙"最后一个空头"与"最后一个多头"的心理分析艺术。

一位曾经大起大落的赌马高手写下了如下诗句：

> 别人沮丧和疲乏之时
>
> 正是进场下注的好时机
>
> 真正胜利的战斗
>
> 发生在
>
> 冲刺终点的阶段
>
> 赢的喜悦
>
> 与彩旗和终点线交相辉映

邓普顿提出了"最大悲观点"的概念，其实这个概念也帮助了巴菲特"择时"。投资大师也是会揣摩市场心理的，只有在市场情绪极端悲观时，足够的安全空间才会出现。如何通过技术指标定义"最大悲观点"？思考一下这个问题，可以从成交量的角度展开。

敢于在别人绝望时进场的能力是帮助你投机制胜的关键能力。**当一切都非常悲观时，当每一个人眼中都充满绝望时，这恰巧是最佳的股票买入时机。**相反情况下，如果每个人都非常乐观，积极情绪在整个市场弥漫，这往往就是**卖出股票的最佳时机。**

在乐观的时候，希望会让人们变得非理性，以至于无法准确判断风险；在悲观的时候，恐惧也会让人变得非理性，从而在底部附近割肉，甚至多翻空。后面这种情况出现时，就是聪明者的机会，只有那些敢于在极端悲观时入**场做多的**交易者才会赚到大笔的利润。

因此，在场外冷静观察且资金充沛的交易者，通过持续跟踪和分析行情走势图，就能够敏锐地发现上面的大机会，并且把握这些机会。

5. 知识战胜恐惧

当你迷茫时，关于真相的知识会让你开窍。

不合时宜的恐惧是导致交易者在华尔街上亏大钱的主要原因之一。不仅如此，它也是许多人人生不幸的主要原因之一。引发恐惧的原因究竟是什么呢？归根结底是**知识匮乏**，严重地说是无知。

其实，无论是什么类型的知识，只有一个人有了知识的

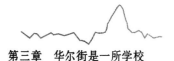

指引，他就增强了认知能力，从而可以更加容易看出表象后的真相，而这会减轻甚至消除恐惧。有了知识的辅助，他不会妄加揣测，因为他可以依靠知识更好地评估未来，因此变得不那么恐惧，也不会抱着侥幸心理。

一个交易者为什么会在底部附近卖出股票呢？因为他恐惧股价进一步下跌。倘若他在当时就能大概推断出股价在底部附近，那么就不会受到恐惧的摆布。他一旦能够保持理性，不仅不会在底部附近割肉，甚至还会加仓买入。

同样的做法也适合股票见顶的情形。为什么交易者会在股价见顶的时候疯狂买入，或者在最高价附近回补空头头寸呢？因为他们恐惧价格进一步上涨。如果他们具备股价顶部的鉴定知识，就不会非理性地恐惧，就能够凭借知识提供的良好判断力准确地解读股价走势。一个交易者想要获得成功就务必要克服贪婪与恐惧对自己的消极影响，而要做到这点需要努力去掌握更多的有用知识。

> 知识增强了确定性，可以帮助我们更好地管理风险与收益。

> 江恩的这段话如果站在投资的角度来看是对的，如果站在投机的角度来看是错的。你能找出其中的理由吗？

6. 为什么交易者不能在高位及时卖出股票

每一轮牛市当中，有许多交易者积累了巨大的浮动盈利，但是却未能在顶部附近离场，以至于不过纸上富贵罢了。此后，他们看着股价持续下跌却呆若木鸡。等他们卖出股票的时候，已经损失了50~100个点的浮动盈利。

凡事必有因果。关于投机心理学的观点耳熟能详，有些撰稿人认为1929年华尔街的大恐慌是因为"羊群心理"导致的。笼统来讲，这话也没有错。但是，牛市上涨也是因为"羊群心理"导致的，如果没有"羊群心理"，那么也没有大牛市，没有了大牛市，大暴跌的前提也就不存在了。

我们来看一个真实的案例。从这个案例中，我们可以看到为什么交易者在浮动盈利丰厚时不及时获利了结。这个案

> 简单地将"周期"归结为心理因素，这是很肤浅的分析。江恩也是很鄙视那种将一切市场趋势和周期简单地归结为心理因素的做法。但是，他在具体解释很多交易者行为时又不可避免地陷入到"情绪决定论"中。

例的主角是我的一位熟人，他在 1921 年以 80 美元的价格买进了美国钢铁的股票。此后，他一直持股，到了 1927 年他还从这只股票上获得了高达 40% 的红利。

此后，除权后的股价达到了 111.25 美元，他在股价反弹到 115 美元的时候又加码买入。此后一直持股到 1929 年 9 月，这时的股价为 261.75 美元。此前，当股价突破 175 美元之前他就信誓旦旦地说如果股价升到 200 美元，他就会卖出。

当美国钢铁的股票真的向上突破 200 美元的时候，他改变了主意。因为他认为股价会继续上涨到 250 美元，于是他决定等到 250 美元的时候再卖出。此后，当这只股票触及 250 美元的时候，他碰到了我的另外一位朋友，并向他询问我的看法，我的这位朋友回答道："江恩认为市场将在 8 月底左右见到顶部，他要做空这只股票。"听罢，他自信地说道："我认为这只股票会涨到 300 美元，然后 1 股分拆成 4 股，我准备在那时卖出。"

1929 年 11 月，美国钢铁的股价已经跌到了 150 美元，这个人来到了我那位朋友的办公室。我的朋友询问他："你在美国钢铁的股票达到 250 美元以上时卖出了吗？"

"没有，我那时没有卖出，现在还捏着这只股票呢！"他如实回答道。

"你当时已经有丰厚的账面利润了，为什么不卖呢？"我的朋友追问到。

"我也不知道怎么回事，当股价见顶时，我就好像被催眠了似的。迷迷糊糊地，等到股价跌得稀里哗啦，快要见底的时候我才清醒过来。但是，一切都已经太晚了。"

从上面这个案例和对话，我们可以发现交易者之所以未能在顶部附近卖出股票，原因在于他们身处其中被市场彻底催眠了，以至于完全未能觉察市场形势的变化。等到他们清醒过来的时候，股价已经跌得惨不忍睹了。

如果交易者掌握了跟进止损单的使用方法，在获利后移动跟进止损单，那么就会在股价转势下跌的开始阶段离场，

没有明确的离场信号，要么离场太早，要么离场太晚。没有明确离场标准时，情绪就会主导你。而情绪是变化多端、毫无章法的。

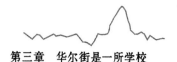

从而保住大部分利润，那么结局就会更加完美。案例中的这个人在正确的时点买入了美国钢铁的股票，但是放任利润跌去 100 多个点却不采取任何行动，竹篮打水一场空。

当美国钢铁的股票跌了 20 个点之后，他不相信还会再跌 80 个点，如果他能预判到这一切则不会袖手旁观。**务必牢记一点：你的信念、想法和预期都是靠不住的，市场决定一切。因此，你一旦有了足够的浮动盈利则必须采取一些措施来保护这些利润，而我认为跟进止损单是最好的措施。**

跟进止损，易学难精！

7. 貌似聪明的交易者

盲目自信的交易者总是认为自己无所不知，但却习惯于按照小道消息和谣传进行操作。他们总是批判和轻视那些自己无法理解的东西，这样的人永远也无法取得进步，因为他们的无知与自大扼杀了一切进步的苗头。他们同样看不起那些严谨的交易者，因为后者总是恪守合乎逻辑的策略，并且密切关注行情走势图。盲目自信的交易者是"貌似聪明的交易者"，而那些被他们看不起的严谨交易者则是"大智若愚者"。

普通人认为将科学思维和方法用在股票市场上是愚昧的做法，同时因为不知道如何有效地解读走势图表而认为这些东西毫无价值。走势图表在他们眼里毫无用处，是傻子才会用的东西，因为他们其实不懂走势图表的实质。这些人缺乏足够的股市经验，也没有接受过相应的专业训练。

相反，**真正成功的交易者内心明白自己的认知存在局限性，因此总是求知若渴。**但一个人认为自己无所不知时，那么失败就离他不远了。同理，当一个人不思进取时，他就会原地踏步，甚至退步，想要成功，就必须有一套系统的交易法则和策略，并且恪守它们进行操作。

能力圈的概念不光是在巴菲特那里有，在江恩这里也有。

【原著名言采撷】

1. To make a success, you must keep ahead of the times and not behind them. You must watch for the best stocks in the new industries. Do not hold on to old stocks and hope for them to come back.

2. Every man must get his stock market education and must remember that one never graduate from the Wall Street school. You must take post-graduate courses every year to keep up with the times.

3. The big men are just as often wrong as the little fellow, but most of them are smart enough to change quickly when they find they are wrong and do not hold on and hope, as the public does.

4. I put in my time studying and figuring on the market and found out what caused my mistake and the losses.

5. No man can trade heavily in the market without having a strain on his nervous system, and when his nerves begin to give way and his health is below normal, his judgment gets bad and he begins to make losses. There is no use staying in, holding on and hoping, when things start going against you. Take your loss quickly and get out.

6. The successful trader is the man who knows that he does not know it all and who is always trying to learn more. When once a man decides he knows it all about the stock market, he is doomed to failure.

第四章

走势图与趋势变化

通过观察历史行情数据，你可以发现未来的行情只不过是历史的轮回而已。从历史中我们发现未来的走势，因此你可以根据时间周期以及当时的特征找出驱动行情的原因。在某些情况下，你甚至要回顾非常久远的历史才能找到当下这轮行情的原因。

——W. D. 江恩

股票资深玩家与新手的一个重大差别在于对待成交量的态度，以及关于成交量的经验。

——魏强斌

1. 解读股票盘口的新方法

以前交易者解读盘口的常见方法就是观察股票行情报价机给出的数据，当一只股票的成交量放大且突破时往往就会出现大行情，跟随买入或者做空即可。这种方法在过去的市场条件下是非常有效的，因为那个时候活跃的龙头股不过3~4只。今天这种方法已经有点过时了，现在股市中可交易的活跃股高达800多只。

当太多股票可供交易之后，股票的走势开始出现分化。现在的市况是一些股票走低时，另外一些股票却走高。那些抱残守缺的交易者仍旧寄希望于守在股票行情报价机旁就能

A股的资深投机客往往观察量比和换手率来选择短线爆发股。成交量急剧放大代表着主力介入或者是游资接力，又或者是大众蜂拥而至。如何观察量比和换手率呢？第一要务是要看看是否有消息，如果没有消息则这种迹象更值得重视；如果存在题材，首先要查看题材的性质，一次性利多或者利空题材容易误导人，其次是最后一次利多或者利空题材容易导致经验不足的交易者追高在顶部或者杀跌在底部。关于题材性质更加全面和深入的讨论，请参考《题材投机：追逐暴利的热点操作法》一书的第五章"识格局者得投机天下：题材生命力"。

取胜。然而，实际情况却是这些人自 1921 年以来就再也没能战胜过市场了，以后也不会重新拥有昔日荣光了。

现在，我要提出一个解读股票盘口的新方法。这个方法不仅在过去有效，在未来任何一个市况下也将是有效的。当然，它真正带来利润的前提是使用者必须克服人性的弱点。交易者只有理性、客观地对待行情数据，在决策时摒弃贪婪与恐惧。在《盘口真规则》这本书当中我就强调过正确的盘口解读方法是在开盘运行期间远离股票行情报价机，转而在收盘后才去分析股票的交易数据。

本职工作比较忙的交易者应该在收盘之后去买一张财经报纸，查看一下感兴趣股票的**当日高点和低点**。另外，也要浏览一下所有股票的**成交量情况**，特别是那些单日成交量在 10 万股以上的个股。这些股票要么已经是龙头股，要么即将成为龙头股。如果交易者持续几周甚至几个月追踪某只个股，但其成交量从未超过 1 万股，则这并不是合适的操作对象。此后，某日收盘之后交易者从月度报告，突然发现这只股票的当日成交量达到了 2.5 万股，这就意味着大行情就要启动了。大行情或者是向上的，或者是向下的。**当成交量显著放大之后，交易者就可以着手参与这只股票了。如果某只股票此前一直处于窄幅波动的状态，突然某日的成交量显著放大，当价格波动幅度变大后就有买入或者做空的机会了，你应该顺着突破的方向操作，这也是一条重要的交易法则。**你应该基于这条法则绘制股票的日高低点、周高低点、月高低点和年高低点走势图。通过比较市价与这些高低点的相对位置，你可以判断出股票的趋势，这才是持续有效的股价解读新方法。

> 股票资深玩家与新手的一个重大差别在于对待成交量的态度，以及关于成交量的经验。

> 许多突破交易法都是基于高低点展开的，无论是尼古拉斯的箱体交易法，还是理查德·丹尼斯的海龟交易法都是如此。

2. 历史行情数据证明因果关系

通过观察历史行情数据，你可以发现未来的行情只不过是历史的轮回而已。从历史中我们发现未来的走势，因此你可以根据时间周期以及当时的特征找出驱动行情的原因。在某些情况下，你甚至要回顾非常久远的历史才能找到当下这轮行情的原因。例如，要想找到目前这轮行情的成因，你必须追溯到第一次世界大战之前，分析开战前和开战后的情况。

普通人总是健忘的，他们只会对那些符合他们意愿的历史保持记忆，那些符合他们内心恐惧和贪婪的事物才能被他们记住。普通交易者总是缺乏独立思考的习惯，过分依赖其他人。因此，他们最需要做的应该是记录历史行情数据，据此绘制成图表，温故知新。以史为鉴，可以知未来。**已有之事，后必再有。**此外，不应该让自己的情绪压倒了理性的判断，不要在期望与恐惧的驱使下采取贸然的行动。

只要世界仍存在一天，那么周期就不可避免，恐慌和狂躁就会继续发生。人类的天性使得物极必反。当人满怀希望时，就会乐极生悲；当人心怀恐惧时，就会走到另外一个极端。

例如，普通交易者在 1929 年的操作失误主要在于要么卖得太早，或者买入太迟。**倘若这些交易者能够坚持绘制个股和股指的高低价图，则这些失误其实是可以很好避免的。**如果他们照此操作，那么就会在上升趋势阶段看到个股和股指的低点和高点在渐次抬升，特别是那些领涨股。绝不要做空这些强势领涨股。

当道琼斯股指向上突破了 1919 年的高点，并且创下历史新高时，就已经确定无疑地表明了上涨趋势还会持续一段时间，因为上涨空间已经被打开了。此时，美国人的实际购买

如果你真的想要在股市中有所斩获，那么勤奋高效地记日记是不可或缺的。有些时候可以直接在行情走势图上标注，然后打印出来贴在日记本上。

现在是 2018 年 1 月，未来 A 股突破 2007 年的股指高点非常关键！2007 年的高点是中国作为出口型经济体的顶点，如果能够突破这个点位，则意味着中国经济转型成功，前途不可斗量！

力水平已经显著提高了，同时流通中的货币也超过了历史水平。受到鼓动而参与股市投机的人数也超过历史水平，而这一态势推动个股普遍持续上涨，远远超过其内在价值。

走势图表很好地展示了个股上行的趋势，如果交易者能够很好地解读这些走势图表，并且基于个股趋势操作，那么就不会出现明显的失误了。受到内心期望和恐惧驱使进行股票交易的行为是极其外行的行为。任何一个合格的交易者都必须基于充足而恰当的理由进行买卖，同时他还应该留下出错的余地，设定止损单作为最后的安全阀。

你需要持续关注自己感兴趣的股票，在决策前应该获得历史行情数据。倘若这只股票在几年前一度出现大幅波动的情况，而目前处于横向整理之中，那么就应该先把这只股票放到观察行列中，等到出现放量突破信号时再考虑介入。

如果某只股票在此前一轮牛市中是龙头股，那么在接下来的一轮牛市中再度成为龙头股的可能性极小；如果某只股票在此前一轮熊市中是领跌股，那么在接下来的一轮熊市中再度成为领跌股的可能性也极小。除非这些昔日的领头股的走势图显示出领先股指看涨或者看跌的苗头。

深入观察每只股票和每个板块的走势图，分析它们的价格走势处于修正阶段时的调整如何，这样你就判断它们是否仍旧处于上涨趋势中，回调结束后继续上涨，或者是继续处于下跌趋势中，反弹结束后继续下跌。你要明白一点，下跌趋势不会一蹴而就，熊市往往要经过3~4个阶段才能见底。

持续关注走势图，你就会发现无论是板块还是个股，如果处于熊市中，则基本要经过3~4个阶段才能真正见底。第一阶段，股价出现暴跌，接着出现一轮反弹；第二阶段，股价再度下跌，然后短暂企稳反弹；第三阶段，股价第三波下跌，然后反弹一波；第四阶段，股价最后一波大幅下跌，跌破许多关键位置，引发市场恐慌，认为股市彻底崩盘了，股价上涨遥不可及，恐慌杀跌盘蜂拥而出。当最后的抛盘出现时，买入的良机就来临了。此后，一轮新的牛市诞生了。

缩量横盘整理，突然放量突破的股票是非常值得关注的。

一波三折有深意。

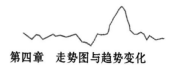

倘若股市出现持续 5~7 周的下跌，那么你持仓多年累积的浮动盈利就会化为乌有，竹篮打水一场空。例如，1929 年 9~11 月的恐慌性下跌就导致了这样的结局。交易者之所以会遭受这种重大的挫折，根源在于他没有运用止损单来保护自己的盈利。止损单对于交易者而言是最佳的保护工具，因为一旦价格触及止损单就会触发自动帮助机制。在实际交易时，交易者可能有一个心理价位作为止损点，但当价格真正触发这一点位时，他却很可能并不执行。这个交易者很可能已经习惯于 10~20 点的正常回调，因此当大跌来临时他们仍旧认为这只不过是 10~20 点的正常回调而已。既然股价已经跌够了，那么就不用担心更糟糕的事情了，这就是惯性思维。但是，如果碰上 1929 年时的情况，则股价并不会就此止步，而是会出现超乎预期的大跌。在恐慌蔓延的形势下，股价会下跌 100~300 个点。在这种局势下，除非交易者设定了止损单或者眼看形势不妙就赶紧清仓，否则是不可能保住利润和本金的。

> 庄家横行的时代，"养套杀"是其运作个股的原则之一。首先要养成散户们的习惯性思维，其次利用这种习惯性思维套住散户以便于大举出货。

3. 图表的最佳使用方法

那些对行情图持有一概否定态度的交易者其实并不知道什么图是最有效的。他们在查看各种行情图时才采用固定不变的机械模式和法则。第一种误导交易者的行情图表莫过于股价波动区间图，这种图可以灵敏地显示 2 个点、3 个点或者 5 个点的小幅波动，但是却完全没有将时间因素纳入其中考虑。

第二种误导交易者的行情走势图是股价的日高低点图。由于这类图只能体现股价的小幅波动，不能用来判断趋势，因此出错概率很高。这种图的研判效力很低，因为它只能反映股价的小幅波动，而这些小波动就好比扔进大海的小石子

> 四度空间图（TPO）和点数图（OX）都属于忽略了时间因素的行情走势图，但是两者在对待趋势的态度上却是天壤之别。四度空间图侧重于日内的区间波动金，而点数图则侧重于大的趋势运动。江恩从写作这本书开始就比较反对日内波动的研究，他更重视周以上时间单位的高低点价位。

激起的涟漪而已。这些小幅波动并不能决定股价的主要趋势。但是，绝大多数交易者都倾向于采用这种行情走势图。

最有效的行情图显示周度高低点、月度高低点、年度高低点。股价的周度高低点比日度高低点有价值得多，因为前者涉及的时间长度是后者的 7 倍。而月度高低点比周度高低点的价值大得多，前者是更好的趋势测度手段，因为它截取的时间长度是周度高低点示意图的 4 倍，是日度高低点示意图的 30 倍。

股价的年度高低点行情图则是判断大趋势的最佳指标，如果与月度高低点示意图结合起来运用的话，则是最有效的工具。年度高低点行情图的时间跨度是月度高低点行情图的 12 倍，是周度高低点行情图的 52 倍，是日度高低点行情图的 365 倍。

当成交活跃、价格高度波动时，日度和周度高低点行情图对于高价股的研判而言非常有用，因为这些个股正处于最后一波上升极端，而这两种图能够更加敏锐地观察到趋势的第一次变化。

这两种图在波动比较快速的顶部比缓慢变化的底部更加有效。当然，如果底部出现伴随着快速的恐慌性暴跌，则这两种图的效果也是明显的。但是，如果想要判断长期的趋势性行情，则年度和月度高低点行情图的价值最大，是效果最好的指标。

> 江恩强烈推荐采用年度和月度高低点作为观察趋势的基准，当价格突破这些点位时意味着趋势性变化的展开或者持续。

4. 走势图上的趋势

当一个市场持续 20 天、20 周、20 月和 20 年的区间运动之后，走势图能够向你展示接下来将会如何运动。所有走势图看上去的股价波动区间几乎没有太大差别，都是从一个盘整区间突破。但是为什么盘整 20 年的股价能够产生大幅度的

上涨呢？因为股价花了 20 年来积蓄力量，这是 20 天到 20 个月的盘整无法比拟的。忽略掉盘整所花费的时间，只看到此后的突破，这是许多看图交易者被市场愚弄的重要因素之一。

如果你跟踪的对象是一只新股，或者只是一波新行情开始，同时吸筹和派发的区间盘整时间也仅仅是短短几天，那么你就不能期待此后有多大的单边行情。一只股票出现假突破的频率较高。在筹码洗盘的过程中，股价通常会多次回到区间底部或者顶部的点位，但是一旦整理蓄势完成，则该股会突破区间整理，然后快速展开行情。整理区间的时间长度差异往往决定了此后行情的幅度，这点交易者要牢记，否则会被短期内的区间突破所误导，因为时间越短的整理其突破的可靠性越差，突破后的幅度也越小。

在 A 股流行操作次新股，主要原因有这几点：①次新股的流通筹码相对较少，因此容易运作；②次新股的流通筹码比较分散；③次新股几乎没有套牢盘，获利筹码少，换手充分，平均持仓成本较为一致，抛压不重；④进出的主力和游资比较透明，没有老庄，便于运作；⑤新股新题材，想象空间更大，有题材可以运作。

5. 如何研究各种时间框架下的走势图

要想获得对趋势的准确认知，交易者必须对股价每天的波动进行分析，而不管股价处于哪一个具体的阶段。如果股价第一波上涨，而且有了一定幅度，那么接下来就会修正，处于犹豫不决的状态，也就是所谓的横盘整理走势，接着又继续上涨突破。接下来，你就需要观察股价第二波、第三波和第四波修正之后是如何运行的。当股价出现第三波或者第四波上涨后，你就要留意趋势是否发生了变化，因为**股价很可能在第三波或者第四波上涨后见顶。**

上述股价波动的阶段模型也可以应用在周度和月度高低点走势图上，因为这一法则不仅适用于小幅的波动，也适用于较大幅度的波动。

不仅上涨趋势中存在波动的阶段模型，下跌趋势中也存在波动的阶段模型。当股指或者个股进入下跌趋势后，在最终触底之前通常会经历 2~4 个下跌波段。如果下跌趋势较短，

下跌趋势中寻找底部，至少应该等到两波显著下跌；上涨趋势中寻找顶部，至少应该等待两波显著上涨。根据周线上的背离确认顶部或者底部是比较有效的方法，通过背离叠加如流动性等因素确认股指顶部和顶部可以参考《股票短线交易的 24 堂精品课》的第九课——"股指动量背离法则：股指顶底背离提供参考信号"。另外，也可以通过斐波那契黄金谱确认个股和股指的顶底部，具体可以参考《高抛低吸——斐波那契四度操作法》。

则可能会在 2 波下跌之后反转，然后重新步入上涨趋势。如果下跌趋势较长，经过长时间下跌后你应该观察底部是否已经出现了，因为趋势改变的信号近在眼前。

6. 日线图法则

日线图上存在一个很好的图表交易法则，这个法则对于短期交易非常适合，能够用来研判短期整理走势。具体而言，交易者可以等到股价在顶部或者底部附近横盘整理两三天之后再进场交易，因为这表明多头或者多头的力量已经足以阻止市场继续下跌或者继续上涨。接下来，当你进场买入或者做空的同时还需要设定止损单。买入的止损单设定在最低价下方 3 个点的位置，做空的止损单设定在整理期间最高价上方 3 个点的位置。

然而这条法则并不适用于恐慌性下跌或者是狂躁性上涨的走势中。在行情波动较为剧烈，且成交量非常大的情况下，股价可能出现 V 形反转，行情在构筑底部或者顶部的时间不会达到两三天。

因此，当股价出现恐慌性暴跌的时候，如果你持有空头头寸，那么应该在出现快速反弹那天及时获利了结，然后离场观望。如 1929 年 3 月 25 日，成交量创造了历史纪录，达到了 800 万多股，同时股价的缺口非常大。这时候交易者就应该及时回补空头头寸，离场观望或者是买入做多几个短线，因为至少会有一个短线反弹。相同的情况出现在 1929 年 10 月 24 日、29 日和 11 月 13 日，当时也出现了恐慌性暴跌，伴随着成交量异常放大，紧接着出现了急速反弹。

不要妄想通过交易波动缓慢的股票战胜大盘，这种想法是错误的。你需要等到一只股票已经出现趋势启动信号之后，等一波新行情展开后介入。对个股进行判断的时候，不要期

A 股交易的实际是在大多数情况下个股与板块的运动趋势较为一致。除非是只涉及个股的驱动因素出现导致个股独立于板块运动。

待其与所在板块的走势一致，主要依据个股的走势来判断趋势。

如果你观察通用汽车（General Motos）1921~1924 年的高低点行情图，你会发现当克莱斯勒（Chrysler）、哈德逊汽车（Hudson Motos）和许多其他汽车类个股在上涨时，通用汽车的股票交易清淡，价格窄幅波动。此后，通用汽车的股价呈现出趋势向上的信号，在 1928~1929 年持续上涨，直到见到大顶部后趋势才转而向下。

1921~1925 年，通用汽车的股价处于上涨趋势，而怀特汽车（White Motors）的股价则处于下跌趋势，下跌幅度达到了100 个点左右。从怀特汽车股价高低点的走势你可以发现趋势向下，因此你应该做空这只股票，同时做多通用汽车。无论做空还是做多，都是顺势而为的需要。

交易者务必要记住一点，我的个人观点是**周度和月度高低点走势图在判断股价大趋势时最有价值。日度高低点走势图则很难过滤市场噪声，容易给出错误的趋势信息，因此你很容易受到它的误导**，毕竟它给出的所谓趋势信号只不过是次级波动而已。

> 股票投机交易要注意横向对比，个股与大盘比强弱，个股与板块股指比强弱，个股与板块内其他个股比强弱。

7. 周线图法则

就周度高低点走势图而言，最好的运用法则之一是等到上涨趋势回调持续了 2~3 周后再行买入。这个法则特别适合交易活跃的强势个股，因为这类股票绝不会在重回主要趋势之前回调超过 3~4 周。

在熊市行情中，交易者应该考虑反弹的情形。一旦股价在下跌趋势中反弹持续了 2~3 周，则你需要考虑趋势是否延续下跌。

如果股价连续出现上涨或者下跌，相应的操作交易法则

> 新股和次新股的回调买入法则可以参考江恩此处的观点。

是留意股价是否在第 6 周或者第 7 周见顶或者见底。并且持续观察第 6 周或者第 7 周的日度高低点走势图。一旦确认股价见顶则做空，止损放在阻力之上；一旦确认股价见底则做多，止损放在支撑之下。

8. 月线图法则

就处于上涨趋势的强势个股而言，极少会在第二个月出现显著回调。因此，你应该及时买入，并且在第一个月的低点之下设定止损单。无论是第一个起涨点，还是此后逐渐抬高的第二、第三或第四个起涨点，你都需要关注。因为这些起涨点都是具有价值的卖点。当你在这些点位附近买入时，一定不要忘记在这些点位下方 3 个点的位置设定止损单。

倘若某只股票在见顶或者见底后，股价出现了下跌或者上涨，而且这样的态势持续到了第二个月，那么你需要关注的趋势转折点将出现在第 3 个月或者第 4 个月。

上述这些策略都用在活跃股上，要求这些股成交量较大，波动较大，这样效果才最佳。你需要研究那些活跃股的月度高低点、周度高低点和日度高低点走势图，然后你就会发现上述这些法则的效力巨大。

9. 周线图和月线图的变盘时间

外汇市场也存在较为明显的日内、月内和年内变盘时间，这些时间与各大外汇市场运行时间、贸易结算季节性、货币政策会议召开时间等因素有关。

月线图上的变盘时间要比周线图上的变盘时间更为重要。另外，关于变盘时间的法则只适用于活跃市场。

周一的第一个小时是较为重要的变盘时间。假设某只股票在星期一早上低开，但是股价在 12 点之前都再也没有低于这一开盘价，那么这是一个看多的信号。特别是如果下午该股继续保持强势，收盘于更高价位，则这表明该股将继续走高。

　　为什么星期一具有如此重要的意义呢？因为大众在这一天第一个小时里面的交易比较集中，成交量比较大，容易驱动行情波动，这一天的波动具有"风向标"的意义。同时，庄家也会利用这一天来完成某些重要的布局。如果大众在这一时间段内卖出股票，而庄家想要运作股票上涨，则趁机吸纳筹码，然后推动行情低开高走；如果大众在这一时间段内买入股票，而庄家认为上涨行情已经结束，则趁机抛出筹码，然后推动行情高开低走。

　　周三是第二个变盘重要日期，特别是该日的下午更为重要。如果市场行情之前一直在上涨或者下跌，那么经常会在周三午盘或者周四早盘后的第一个小时内见到走势高点或者低点。

　　第三个比较重要的变盘日期是周五。这天之所以重要，是因为"黑色星期五"的暴跌阴影一直笼罩在大众头上。交易者总是会迷信并且犹豫，因为他们任由期望和恐惧主导决策。星期五被认为与刽子手有关，因为许多国家都在这一天对犯人实施绞刑。那些与13日碰上的星期五则更是让交易者们忌惮。但实际上这些日子本身并无什么魔力，当天的实际走势往往取决于具体的市况。

　　当然，周度高点或者低点容易出现在星期五的早盘。造成这种走势的重要原因是获利的主力通常选择在星期五平仓。星期六的交易时间较短，这些主力会选择观望。第二个原因是星期四收盘之后，美联储会公布对经纪商的贷款数据，而这会影响整个股市。

　　如果股市在星期五之前持续走弱，也就是一周都下跌，那么交易者往往就会受不了这种持续下跌，倾向于在星期五离场观望。因此，下跌行情经常在星期五见底，多头恐慌性离场加上空头回补头寸。

　　除电子盘之外，一周一共也就5个交易日，江恩就列出了三个比较重要的变盘日，有点让我们这些做交易的无从下手的感觉。

10. 月内重要变盘日期

股票在每个月最初几天的表现具有"风向标"意义，因此值得我们重点关注。一般而言，每个月的 1~3 日经常是重要的变盘日。造成这种情况的原因之一是股票持有者会在每月 1 日收到经纪商的账户月结单，他们会知道自己的盈亏情况。为了保住盈利，他们会选择马上卖出；当亏损让他们承受不了时，他们也会选择马上卖出。

任何变盘日期都有驱动面和心理面的因素制约。

每月 10 日是另外一个重要的变盘日期，当然 15 日也是一个变盘日期，但是没有 10 日那么重要。另外，20~23 日也是需要关注的重点变盘日期，因为月度高点或者低点往往在这期间产生。

就我个人经验而言，上述这些变盘日期对于交易者而言都是非常重要的，可以帮助他们预判股价的顶部或者底部。

我们来回顾一下美国钢铁（U. S. Steel）股票的月度波动情况。作为交易者，你需要留意月度高点和低点对应的日期，这点我此前已经告诉大家了。通过这种方法，你可以更好地掌握特定股票的波动特征，你会发现股价在一个月的哪些日期见到高点或者低点。以美国钢铁股票为例，你不仅可以看到这只股票月度高点和低点对应的日期，也会发现该股波幅狭窄出现的日期，如表 4-1~表 4-4 所示。

表 4-1 美国钢铁股票 1927 年月度高低点

月度	美国钢铁股票的月度高点和低点
1	4 日和 5 日出现低点；11 日出现极端高点；28 日出现极端低点
2	2 日出现低点；15 日出现高点；20 日出现回调后的低点；24 日和 28 日出现月度极端高点
3	2 日出现低点；17 日和 18 日出现反弹顶部；22 日出现回调低点；30 日和 31 日出现极端高点
4	9 日出现第一个月度高点；12 日和 13 日出现低点；18 日和 19 日出现反弹顶部；22 日出现回调低点；25 日和 26 日出现反弹顶部；28 日和 29 日出现极端低点

续表

月度	美国钢铁股票的月度高点和低点
5	2 日和 3 日出现低点，11 日出现高点；16 日和 17 日出现回调低点；21 日出现反弹顶部；25 日出现低点；26 日出现极端高点
6	1 日和 2 日出现月度极端高点；14 日和 15 日出现回调低点；20 日出现反弹顶部；30 日出现极端低点
7	1 日和 2 日出现极端低点；14 日和 15 日时反弹顶部；18 日和 19 日时回调底部；29 日出现极端高点
8	3 日出现月度极端高点；8 日和 9 日出现低点；10 日出现快速反弹；12 日出现低点；30 日出现极端高点
9	1 日和 2 日出现极端低点；15 日和 16 日出现极端高点；19 日出现回调低点；26 日出现反弹顶部；29 日出现回调低点
10	4 日出现高点；10 日出现低点；14 日出现反弹顶部；29 日出现极端低点
11	1 日出现极端低点；15 日出现反弹顶部；17 日出现回调低点；19 日出现反弹高点；21 日和 22 日出现回调底部；26 日和 29 日出现极端高点
12	1 日和 2 日出现高点；9 日出现回调低点；16 日和 20 日见到反弹高点；21 日回调；24 日出现极端高点，接着下跌；30 日出现底部

表 4-2　美国钢铁股票 1928 年月度高低点

月度	美国钢铁股票的月度高点和低点
1	3 日和 4 日出现反弹高点；下跌后在 10 日和 11 日出现底部；14 日出现反弹顶部；18 日出现回调底部；27 日出现最高点
2	4 日出现低点；9 日出现反弹顶部；20 日出现回调底部；23 日出现反弹高点；接着下跌，并且在 27 日出现极端低点
3	2 日出现极端低点；17 日出现反弹顶部；24 日出现回调低点；26 日出现反弹的高点；27 日出现回调低点；31 日出现极端高点
4	从 4 月开始，该股的交投变得活跃起来。2 日和 3 日出现低点；12 日出现月度极端高点；24 日出现月度极端低点；30 日的收盘价在极端低点附近
5	3 日出现低点；11 日出现极端高点；22 日出现极端低点；25 日出现反弹高点；29 日以接近月度低点的收盘价结束
6	1 日出现月度高点；极端低点出现在 25 日；此后价格上涨在 29 日见顶
7	2 日出现低点；9 日出现反弹高点；接下来持续下跌到 12 日和 17 日，见到极端低点；28 日出现极端高点；该月的收盘价较此极端高点低了 3 个点
8	3 日和 8 日出现极端低点；29 日出现极端高点；本月的收盘价在这个极端高点附近
9	5 日出现极端低点；22 日出现月度高点；月度收盘价也在该高点附近
10	3 日出现极端低点；15 日和 24 日出现高点；月度收盘价在低于该高点 6 个点
11	1 日到 3 日期间出现了极端低点；16 日到 17 日期间出现极端高点；月度收盘价比该高点低 6 个点
12	4 日出现极端高点；接着出现大幅下跌走势，在 8 日和 14 日出现低点；月度收盘价比这一低点高出 11 个点

表 4–3　美国钢铁股票 1929 年月度高低点

月度	美国钢铁股票的月度高点和低点
1	3 日出现第一个月度高点；8 日出现极端低点；25 日出现极端高点；此后下跌到 30 日，跌幅为 13 个点；月度收盘价比月度最高点低 9 个点
2	2 日出现上半月的高点；16 日出现回调走势的极端低点，此波下跌的幅度为 20 个点；接着，反弹持续到了 26 日见到顶部；月度收盘价比月度高点低了 5 个点，同时比月度极端低点高出了 16 个点
3	1 日出现月度高点；6 日和 11 日出现小双底；15 日出现反弹的顶部；26 日出现极端低点；月度收盘价比这个低点高出 12 个点
4	12 日出现极端高点；17 日出现回调低点；30 日出现月度高点；月度收盘价比这个高点低 3 个点
5	1 日出现月度高点；31 日出现极端低点，价格为 162.5 美元，这是趋势性大幅上涨前的最后一个低点
6	3 日出现极端低点；28 日出现极端高点；月度收盘价在极端高点附近
7	1 日出现极端低点；24 日出现极端高点；月度收盘价比这个高点低了 4 个点
8	1 日出现极端低点；14 日出现反弹高点；反弹持续 10 日，跌幅为 10 个点；24 日出现反弹极端高点；月度收盘价比这个高点低了 4 个点
9	3 日出现历史最高点，当然也是本月极端高点，股价达到 261.5 美元；13 日到 16 日出现回调的底部，跌幅为 31 个点；19 日出现大幅反弹后的顶部，此轮反弹的幅度为 17 个点；30 日出现本月的极端低点
10	4 日出现低点，股价为 206.5 美元；11 日出现高点，股价为 234 美元；24 日出现第一波恐慌性下跌，股价最低点为 193.5 美元；25 日出现高点，股价为 207 美元；29 日出现极度恐慌性暴跌，股价跌到了 166.5 美元，也是月度极端低点；31 日股价反弹到了 193.5 美元，月度收盘价为 193 美元
11	恐慌性下跌在这个月停止了，股价在 13 日出现了极端低点，股价跌到了 150 美元；21 日股价反弹到了 171.75 美元；27 日股价又下跌到了 160.75 美元，月度收盘价为 162 美元
12	2 日出现了低点，股价为 159.25 美元；10 日出现高点，股价为 189 美元；23 日出现低点，股价为 156.75 美元；月度收盘价为 166.5 美元

表 4–4　美国钢铁股票 1930 年月度高低点

月度	美国钢铁股票的月度高点和低点
1	2 日出现极端低点，股价为 166 美元；反弹在 10 日见顶，股价最高为 173.25 美元；接着股价回调到 167.25 美元；月度收盘价为 184 美元
2	14 日和 18 日出现月度高点，构成小双顶，顶部在 189.5 美元；25 日出现极端低点，股价见到最低点 177 美元
3	13 日出现极端低点，股价为 177.75 美元；接着股价出现一波急剧反弹，31 日出现月度极端高点，股价为 195 美元；月度收盘价为 194 美元
4	3 日出现低点，股价为 192.75 美元；7 日出现高点，股价为 198.75 美元；接着，股价回落，14 日出现底部，股价为 192.25 美元

时间规律主要是关键转折日期和波段运行平均长度的概率分布，下一小节江恩会探讨这一主题；空间规律则主要是关键点位的确定，主要方法有前期高低点透射法、斐波那契点位法、百分比点位法等。

研究月度内的股价波动特征和数据，关注月度高点和低点对应的点位和日期，这样你就会发现股价受到阻力和支撑的日期，以及突破阻力和支撑的时间规律。**如果你投入大量时间来研究个股的时间和空间波动规律，则你交易成功的概**

率就会越来越高。另外，还应该重视成交量的研究，观察每个重要高点和低点的成交量规律，在这个过程中还要考虑流通股数量，这样就可以考虑多头和空头的力量对比。

11. 季节性变盘点

研究股票的历史波动数据，有助于我们搞清楚个股完成一波行情所需要时间的规律。股价运行的一波行情可以划分为几个阶段。每只股票在一年当中都会出现季节性变化，你需要留意这一变化。需要特别关注 3 月、6 月、9 月和 12 月这几个月度变盘点，最为重要的季节性变盘点为 12 月，你需要特别关注这个月是否出现变盘。

当然，我所指的一年，并不是时间长度，而是日历上的刻度。举例而言，如果股票在今年 8 月见到底部，此后转而上涨。此后，你需要重点关注的一个时间段就是下一年的 8 月，或者说再下一年的 8 月。到时候，至少会出现短期的价格转折，可能会持续 1~3 个月，甚至更长的时间。

我反复强调一点，**个股跟人一样，都有自己的个性和脾气，存在一些习惯性行为。**因此，交易者在判定任何个股的走势时，必须单独研究每只股票，而不是将若干只股票放在一起笼统地研究。你对个股的行情历史回顾得越长，投入的研究精力和时间越多，则你对其未来的波动就会更加清楚，从而对个股价格什么时候见顶和见底就会判断得更加精确。

还是以美国钢铁股票为例来说明。回顾美国钢铁股票 1901~1930 年的行情图，可以看出该股重要顶部和底部的形成过程和特征，以及不同年度中的变盘月份规律。数据显示，该股股价在 1 月、2 月、5 月、6 月、10 月和 11 月见到顶部和底部的频率最高。其中，该股股价在 2 月见底的频率最高。因此，交易者可以基于上述数据，关注那些最有可能出现变

分析和交易龙头股是需要关注其个性的。人的精力有限，不可能对几千只个股都去分析其个性。

盘点的月份。

美国钢铁股价在 1901 年的低点出现在 5 月；1902 年的高点出现在 1 月；1903 年的低点出现在 5 月；1904 年的低点出现在 5 月，这是一个极端低点；1905 年下跌后的低点出现在 5 月；1906 年股价在 2 月见顶；1907 年股价则在 1 月见顶，然后在 10 月见底；1908 年股价的高点出现在 11 月；1909 年股价在 2 月见底，在 10 月见顶；1910 年股价回落后的低点出现在 2 月，此后股价回升，并且在 11 月见顶。1911 年股价的高点出现在 2 月，第二个高点则出现在 5 月，年度低点出现在 11 月；1912 年股价的高点出现在 2 月，股价回落后的底部出现在 5 月，年度高点出现在 10 月；1913 年股价的低点出现在 6 月，高点出现在 8 月，此后在 10 月出现另外一个回落后的年度低点；1914 年股价的高点出现在 2 月，接着股价回落，然后反弹，最后一个高点出现在 5 月。证券交易所在 1914 年 7~11 月关闭，不过美国钢铁股票在场外交易中于该年 11 月见底。

第一次世界大战从 1914 年 7 月 28 日持续到 1918 年 11 月 11 日，开战之初影响了美国证券市场的正常运营。

美国钢铁股价在 1915 年 2 月见到极端低点；1916 年该股价在 11 月出现极端高点；1917 年该股价的低点出现在 2 月，年度高点则出现在 5 月；1918 年该股价在 2 月出现一个高点，5 月则出现另外一个高点，该股价回落后在 6 月出现低点，年度高点出现在 8 月；1919 年该股价在 2 月出现年度低点，回升后的高点则出现在 10 月；1920 年该股价在 2 月出现上涨前的低点；1921 年该股价在 6 月出现年度极端低点；1922 年该股价在 10 月出现年度高点，下跌后的低点出现在 11 月；1923 年该股价在 10 月出现当年最后一个低点，此后展开一轮波澜壮阔的行情；1924 年该股价在 2 月出现高点，年度低点则出现在 5 月；1925 年该股价在 1 月出现高点，年度高点则出现在 11 月；1926 年该股价在 1 月出现高点，显著下跌后在 10 月出现低点；1927 年该股价在 1 月出现极端低点，在 9 月出现极端高点，此后回落后在 10 月见到底部；1928 年该股价在 1 月见到顶部，此后下跌，2 月是下跌后的一个低点，5 月

出现年度最后一个低点，然后一波大涨拉开序幕；1929 年该
股价在 1 月出现第一个高点，接着回调在 2 月出现低点，5 月
出现年度最后一个低点，然后该股价开始显著上涨，这波上
涨在当年 9 月 3 日见顶，该股价见到了历史最高价 261.75 美
元，10 月股价破位下挫，11 月出现年度极端低点；1930 年股
价在 1 月上旬出现低点，2 月 18 日见到回升后的顶部，回落
12 个点后在 2 月 25 日见到低点，4 月 7 日见到高点 198.75 美
元，这是到写作本书为止该股的最高价。

　　从上面的历史数据可以看出，如果你能够对美国钢铁这
只股票 8~10 年的行情数据进行研究，具体而言就是研究
1901~1911 年的行情数据，那么你就会发现该股股价在 1 月、
2 月、5 月、6 月、10 月和 11 月容易出现变盘。当你发现并
且掌握这一规律之后，加上仔细研究行情走势图，就容易发
现该股股价见底和见顶的时间点。

　　我们再以通用汽车为例。研究通用汽车这只股票从 1911
年在纽交所挂牌开始到现在的行情数据是非常有价值的。因
为通过这样的回顾我们会发现这只股票容易在什么月份变盘，
具体来讲就是哪些月份容易见顶，哪些月份容易见底。

　　1911 年 8 月该股股价见到年度高点 52 美元；1912 年该
股价在 1 月和 2 月见到年度低点 30 美元，8 月和 9 月则见到
年度高点 42 美元；1913 年该股价在 6 月见到低点 25 美元；
1914 年该股价在 5 月见到顶部 99 美元，7 月出现底部，对应
股价为 55 美元；1915 年该股价在 1 月见到底部 73 美元，在
12 月见到顶部；1916 年该股价在 4 月见到低点，10 月见到极
端高点。接着该股宣布分红除权后继续上市交易。

　　1917 年该股价在 1 月出现高点，在 4 月出现低点，7 月
该股价出现另一个高点，10 月则出现年度极端低点。1918 年
该股价在 2 月见到高点，3 月见到低点，8 月见到另外一个高
点，**9 月和 10 月见到同一低点 111 美元。**

　　1919 年该股价在 11 月见到顶部；1920 年该股价在 2 月
见到底部，3 月见到顶部。接着，该股进行了分拆，1 股拆为

双顶和双底在江恩的形态理论中具有非常重要的价值。

10 股。1921 年该股价在 1 月见到高点，8 月见到低点。1922 年通用汽车表现不佳，处在持续横盘震荡的行情，期间 3 月见到极端低点 8.25 美元。

1923 年该股价在 4 月和 5 月同时见到顶部 17 美元，当年该股走势窄幅整理。1924 年该股价在 4 月和 5 月同时见到低点 12.75 美元。此后，通用电气进行了缩股操作，具体而言是 10 股变成 4 股，此后交投开始活络起来。1924 年该股价在 5 月和 6 月见到低点 52 美元；1925 年该股价在 11 月见到高点 149 美元，回调三周后于 12 月见到低点 106 美元，在创出新高之前股价再未跌破这一低点；1926 年该股价在 8 月见到高点 225 美元，而公司也在此时宣布分红；1927 年该股价在 10 月见到高点 282 美元，公司又选择宣布分红。

1928 年该股价在 5 月见到高点 210 美元，6 月见到低点 169 美元，10 月和 11 月两次来到 225 美元，公司再度宣布分红。分红除权后于 12 月继续交易，当月的该股价高点是 90 美元，低点是 78 美元。1929 年该股价在 3 月见到高点 91.75 美元，7 月见到低点 67 美元，9 月是最后一次反弹的高点 79.75 美元，全年低点 33.5 美元出现在 10 月；截至我写作本书的 1930 年 4 月时，通用汽车股票已经涨到了 54 美元。

从上面的数据可以发现通用汽车股票最重要的高点和低点频繁出现在 3 月、4 月、5 月、8 月、9 月和 10 月。通过查阅多年的历史记录，你就会发现股票股价的重要高点和低点在上述月份是如何分布的。因此，如果你能够认真研究一只股票的历史数据，关注该股的顶部和底部出现的月份，并且在未来的走势中留意这些月份，那么你就能很好地预判出该股未来的顶部和底部。

我再梳理一下，1911 年该股股价在 8 月出现高点；1912 年的高点出现在 9 月；1913 年该股股价横盘整理，年度低点出现在 6 月；1914 年年度高点出现在 5 月；1915 年年度低点出现在 1 月，高点出现在 12 月；1916 年年度低点出现在 4 月，年度高点出现在 10 月；1917 年年度高点出现在 1 月，4

股市持续上涨后出现分红消息，你认为就短期而言这属于"一次性利多"还是"最后一次利多"？

月是一个低点，年度低点出现在 10 月；1918 年年度低点出现
在 3 月，高点出现在 8 月；1919 年年度高点出现在 11 月；
1920 年年度高点出现在 3 月；1921 年年度低点在 8 月出现，
年度高点在 10 月出现；1922 年年度低点出现在 3 月，8 月和
10 月则构筑了一个双顶；1923 年该股股价在 4 月和 5 月构筑
另外一个双顶；1924 年该股股价在 4 月和 5 月构筑一个双底；
1925 年年度高点出现在 11 月，低点在 12 月；1926 年年度高
点在 8 月出现，低点在 11 月出现；1927 年该股股价在 8 月见
底，在 10 月见顶；1928 年第一个高点出现在 5 月，低点出现
在 6 月，此后在 10 月和 11 月构筑双顶；1929 年该股股价在
3 月见顶，7 月出现一个低点，9 月是当年最后一个高点，10
月则出现了当年极端低点。

　　从上述数据你可以看出 3 月、4 月、5 月、8 月、9 月和
10 月是通用汽车股票的重要季节性变盘点。

A 股中的一些股票具有较
为显著的季节性，如白酒股。

【原著名言采撷】

1. The best charts to use are the weekly, monthly and yearly
charts. The weekly high and low chart is much more valuable than
the daily chart because it contains 7 times as much time.

2. When markets have a quick, sharp, panicky decline,
then the daily and weekly charts will help, but the best guides
in long pull trading and determining the main trend are the yearly
and monthly high and low charts.

3. Remember that I put the greatest value on the weekly and
monthly high and low charts for determining the change in the
major trend. The daily high and low charts make false moves and
will often fool you, because the change that they show is only of
minor importance in many cases.

4. I have repeatedly stated that stocks, like individuals,
have habits and that to determine the position of any stock, you

must study it individually and not collectively. The farther back you have a record of a stock and the more you study it, the more you will understand its actions and know when it is making tops and bottoms.

制胜选股术

无论是你感兴趣的个股还是正在交易的个股，你都应该仔细研究它们每天、每周和每月的平均波幅。知晓个股的正常波动是非常重要的，知道了正常波动，才能判断出异常波动。

——W. D. 江恩

什么突破是假突破，是多头陷阱？什么突破是真突破，需要顺势而为？可以从技术面去区分，可以从基本面去区分，但是我个人的经验是市场情绪和共识预期更为重要。

——魏强斌

1. 全额保证金交易的宜忌

许多交易者会从文章或者谈话中断章取义地得出结论，他们认为以全额保证金的方式买入股票是股市制胜的法宝。但事实上，这种买入股票的操作方式也具有不少缺点，其程度并不弱于其他方式。在恰当的时机以全额保证金买入股票是明智的做法，交易者会因此获利，但是前提是能够辨识出恰当的时机。

> 不借助外部融资，完全以自有资金买卖股票，就是全额保证金股票交易。

不过，如果你能够辨识出恰当的时机，则采用25%~50%比例的保证金买入与全额保证金买入是同等安全的，这是一条规律。因为倘若你在恰当的时机买入股票后股价上涨，那

么 25%~50%的保证金足以提供充足的缓冲空间，同时又不会承担太大的融资利息支出负担。

许多交易者之所以在股市上赔得精光，或者损失惨重，其中一个重要原因在于他们单纯地认为只利用自己的资金买入股票是安全的。当股票持续下跌时，他们因为有分红收益而安心，以至于股票跌到破产清算、变得一文不值时才猛然醒悟。回头来看，如果他们利用一定比例的融资来买入股票，反而会很早就被强制止损了，或者是虽然完全采用自由资金交易，但是设定了止损单。无论是上述哪种情况，一旦趋势出现预期外的变化，他们都能避免遭受巨大的损失。

我认为按照百分之百的保证金交易，只在一种情况下是完全安全的。那就是买入股票的价格在 12 元以下，而且**只动用你本金的 10%买入这只股票**。这相当于是风险投资的打算，因为这只股票可能会跌到一钱不值，被交易所强制退市。最大的亏损不过如此，但是盈利的潜力却非常大。

查看一下历史数据可以发现那些最终涨幅惊人，并且经常发放红利的股票中有相当大的比例曾经在过去某个时段在 10 元以下交易，其中一些个股甚至在 3~4 元的价位交易过。因此，如果股价在 12 元以下的时候，你完全以自有资金买入这只股票，就算全赔了每股赔的钱也不超过 12 元。

倘若你在超过 12 元的价格买入，而且没有设定止损单，则很容易赔光，至少会亏掉大部分资金。历史上那些大牛股都会给你机会在低位买入。当某些个股达到历史性高点之后，很难第二次触及这一高点，而且其他一些股票可能要花上 20~30 年才能重返这一历史性高点。

> 江恩这里的思路与格雷厄姆的保险精算思路类似。通过将资金分散到足够多的标的上，博取大概率收益。

> "如果股价在 12 元以下的时候，你完全以自有资金买入这只股票，就算全赔了每股赔的钱也不超过 12 元。"江恩这里的逻辑完全是错误的，如果你将 100 万元投入到一只股票，无论你买入时是 100 元一股还是 6 元一股，如果股价此后下跌了 90%，那么亏损是一样的。年迈的江恩开始偏爱低价股，开始转向格雷厄姆的思路。

2. 正常波动

无论是你感兴趣的个股还是正在交易的个股，你都应该

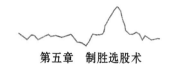

仔细研究它们每天、每周和每月的平均波幅。**知晓个股的正常波动是非常重要的，知道了正常波动，才能判断出异常波动。**异常波动不会接连出现，更不会持续很长时间。

假设你正在买卖美国钢铁这只股票，那么你就应该仔细研究这只股票的历史数据，你需要了解该股的日均波幅、周均波幅和月均波幅。当你决定参与这只个股时，你至少需要回顾过去 1~2 年的行情数据，并且得出平均波幅，这就是正常波动。一旦该股变得活跃起来，无论向上还是向下大幅波动突破正常波动范围，你就能立马觉察到异常。**除了观察波幅异常与否，你还需要关注个股在高点或者低点附近的成交量变化。**

许多交易者在股价正常波动的时候能够赚些小钱，一旦股价进入异常波动状态，他们就开始赔大钱了。你务必记住一点——止损单总是能够在你进场时机错误的情况下保护你的本金免遭重大损失，让你及时离场。倘若你在错误的时机进场，又在错误的时机离场，那无疑是财务上的自杀行为。换言之，交易者本来可以在小亏的情况下离场，但是却持续拖延，死守头寸，等到小亏变成了大亏才不情愿地离场。

平均波幅可以通过 ATR 这个指标跟踪，股票软件上基本都有。当然，你也可以利用布林带来观察波动情况。布林带较长时间收缩往往是最值得跟踪的情况，这表明市场正在蓄力，一旦突破利润可观。

异常造成大赚大亏，异常值就是一把"双刃剑"。如何只让异常值对自己有利？如何限制异常值的危害呢？

3. 更高的底部和更低的顶部

你要持续关注股价出现趋势转折的迹象，也就是顶部或者底部出现的信号。不要急于跳入市场中进行勉强的操作，要等到市场上其他参与者为你开辟道路，等到市场已经显示出趋势转折的时候再入场操作。具体来说，如果你在等待进场做空的机会，那么就应该等待股价出现一两次顶部信号或者底部被跌破的信号之后再进场做空，这样进场做空的胜算率就更高了，因为表明趋势转折的信号出现了。

如果你在等待进场做多的机会，上述谨慎的建议也是有

效的。你应该等到股价低点和高点渐次抬高的信号出现后再进场做多。倘若某只股票的低点并没有渐次抬高，而是横盘整理多日，甚至一周以上，那么这就是该股趋势走弱的信号。

某些情况下，一只股票的低点或者说底部在抬升，但是高点或者说顶部却没有抬升。换言之，股价不能向上突破最近的高点，这表明多头力量仍旧不够强大，难以战胜导致前一次下跌的空头头寸。

交易者应该做的是顺应趋势进行操作，而不是与趋势为敌。就长期而言，耐心等待市场给出确切的趋势信号之后再进场操作是有价值的。

股价见顶和见底的一个重要特征是成交量的异常变化。如果股价在大幅上涨或者下跌后持续数日**窄幅整理，期间成交量萎缩，**那么就是趋势转变的信号。具体来讲，在上升趋势中如果股票价涨量增后，骤然下跌，接着股价反弹，但是相应的成交量出现萎缩，反弹并没有触及此前的极端高点，而是在高位之下缩量窄幅波动。这一信号表明多头力量不足，股价继续上涨无力。交易者可以等待股价下跌几日后进场做空，也可以在股价刚好跌破窄幅缩量整理区时进场做空。做空的止损单设定在前期极端高价之上一点。

上述交易法则也可以套用在股价见底的情况。具体来讲，在下跌趋势中如果股价放量恐慌性暴跌后出现快速反弹，这是空头回补的迹象。接着，股价再度下跌，接近但是并未跌破前期极端低点，并且在此低点之上**窄幅缩量**整理，期间成交量萎缩，这是空头力量逐渐被市场消化的迹象，继续下行的力量已经不足了。这个时候，交易者应该选择进场做多，其中一个具体进场时机是股价向上突破窄幅整理区域的时候，这意味着趋势转而向上了。进场时要在前期极端低点之下设定止损单。

交易中，从自己经验引申出某一结论的智者，与鹦鹉学舌者的最关键区别是什么呢？有些主张是老生常谈，如果你觉得不能打动你，往往在于谈论者并没有什么个人体验，只不过是拾人牙慧而已。没有个人的体验，就很难打动受众。江恩是不是一个成功的交易者，众说纷纭，但是却很容易引起阅读者赞赏，原因在于他给出了很多从个人经验得出的结论。这些结论或许在很多交易类书籍和文章中都有提及，但是却不及江恩的渲染力。

4. 大众高度认可的交易价位

人群在大多数时候的想法都趋向于一致。在交易中，他们会倾向于在某些类型的点位数字上买卖，通常他们会选择 5 和 0 结尾的点位进行交易。因此，比较常见的成交价是 25 美元、40 美元、50 美元、60 美元、75 美元、100 美元、150 美元、175 美元、200 美元、210 美元、225 美元、240 美元、250 美元、275 美元、300 美元、325 美元、350 美元、375 美元以及 400 美元等。**市场大众在参与买卖时几乎总是倾向于上述数字，正因为这个原因反而使得这些价位不容易被触及。**因此，你应该对自己感兴趣或者正在交易的股票保持关注，注意其动向，当股价处于上述类型的价位附近几个点以内时，在尚未触及这些价位时买入或者卖出。

我给大家举一个具体的实例，倘若每个人都想要在 50 美元的点位卖出股票，那么它的股价可能会涨到 48 美元或者 49 美元，甚至触及 49.75 美元，但是往往很难触及 50 美元。聪明的交易者在查看行情走势图的时候会预判出该股股价在 50 美元这个价位是如何交易的，他会及时卖出该股，而不是继续持有该股达到每个交易者都认为会触及的价位。

再来看另外一个例子，当股价涨到 100 美元上方之后，很多人认为股价会回调到 100 美元，于是很多人准备在回调到 100 美元时买入。不过，实际情况往往是股价会回调到 102 美元，甚至 101 美元，但却不会如大众预期一样回调到 100 美元。真正明智的交易者不会斤斤计较，他们会在走势图上出现支撑点位，同时股价确实在此获得支撑时买入。

第三个例子是大众在同一价位设定止损单会导致这些止损更容易被触发。比如很多交易者会在 100 美元附近买入后选择在这附近设定止损单，他们认为股价不容易跌破 100 美

大众一致预期某种情况的时候，转折点就出现了。江恩深谙此道，因为他认为一旦某一点位被市场一致预期的时候，这些点位就会成为强大的支撑或者阻力点位，准确来讲是市场转折点。

外汇市场这样的情况也比较普遍，一些场内交易者与经纪商关系密切，因此可以查看订单簿，进而故意先反向触发止损单，然后再顺势运作。这种情况在英镑上比较普遍，也有针对性的交易方法。在《外汇交易圣经》第五章的"英镑择时交易法"有详细的介绍。另外，在A股交易中也有类似的情况。有一位资金过亿元的大户朋友就喜欢故意用单子打破一些关键点位，然后再行定夺。

在外汇市场中，我比较重视"00"和"50"结尾的点位，你稍加复盘就会发现大多数日内波动的极端值都在上述点位正负5个点的范围内。A股市场上的短线客也会选择在一些整数价位卖出，期货市场上的情况也差不多。因此，江恩的这些知识非常有用，并未过时。

巴菲特持有股票是为了什么？买入或者卖出都是为了获利，买入并不是为了卖出，而是为了获利。有时候，持有就是在增加利润；有时候卖出才能保住利润。

元这样的整数关口。但是，很多场内交易者非常清楚这样的内情，他们知道有大量的止损单设定在100美元附近。他们会故意操纵股价的短期波动，让价格快速回落到96~98美元，这样所有的止损单都会被触发成交。这会让普通交易者非常沮丧，从而放弃自己此前的观点。接着，股价快速上涨。这里还有一点需要补充，如果这只股票是真正的强势股，趋势向上，那么股价站到100美元之上后，就不会深幅回调到95美元这样的点位，这是一个具有普遍性的法则。

如果交易者想要在这类点位附近买入股票，那么就应该等待股价突破这些点位之后再买入。如果你想要在200美元买入某只股票，那么就应该预计到这只股票在达到202~203美元之后会自然回调7~10美元，然后会一到两次再度触及202~203美元附近，在这种情况下你应该关注股价突破200美元，触及202~203美元的成交量情况。如果股价突破时伴随着成交量放大，则应该买入。因为在这种情况下，股价可能会很快涨到210美元，甚至225美元。如果该股很快触及210美元，则下一个价格目标则为225美元。因为225美元是一个强有力的阻力点位，股价可能会突破这个点位，也可能无法触及这个点位就回落到215美元。然而，只要股价在第二次或者第三次向上突破225美元，你就应该选择买入这只股票，而下一个目标价位则是240美元，甚至250美元。

上述法则也适用于股价触及300美元的个股，在这个点位附近股价也会遭受到强大的抛售压力。不过，一旦股价突破这个点位之后，往往会迅速涨到325美元、350美元甚至375美元。我个人的看法是**如果股价向上突破300美元，那么在355~360美元之间的阻力是最大的**。当一只股票的价格超过400美元的时候，则散户基本就不会买这只股票了，因此上市公司会选择分拆自己的股票，以便维持大众的参与热情。

我们不要忘记一点：股票本来就是用来交易的，因此不管他是谁，无论他拥有多少股份，他的最终目标都是在足够高的价位上卖出自己持有的股份。过高的股价让公众心存畏惧，不敢进行买卖，因此拆分变得有必要性。

公众倾向于交易那些 50~100 美元的个股，而职业交易者们则喜欢交易 100~200 美元的个股。因为职业交易者明白只有交易 150~300 美元的股票才能挣到大钱。当个股进行拆分或者分红之后大多数情况下是在 25~75 美元之间交易，而主力明白这是大众最喜欢参与的价位区域。

明白了上述这些情况之后，交易者应该交易活跃股，也就是那些波动快速的个股，但是不要忘记设定止损单，这样你才能赚到最丰厚的利润。

江恩在另外一些时候又强调买入低价股具有"安全空间"，你如何看待这两种截然不同的主张？

5. 高价股快速波动的原因

百美元股比 50 美元股的赚钱效应更加明显，而两百美元股和三百美元股则比百美元股的波动更大。股价能够达到如此的高位都是有原因的，但是大众却很少去碰那些 200 美元以上的个股。当个股的价位达到这样的区间时，其大多数筹码都集中在资金雄厚的交易者手中，而这些交易者的交易量都非常大，这会引发股价在短时间内的大幅波动。因此，活跃的高价股能够给交易者带来更大的赚钱效应，交易 100 美元以上的股票能够带来丰厚的利润，而交易 200 美元以上的股票则能够带来最丰厚的利润。

相对于高价股而言，那些在 50 美元交易的个股则会出现很多噪声波动，从而误导你的判断。这种类型股票在上涨中回调得更频繁，因为这类股票的筹码大多集中在散户手中，而散户也尚未对其建立起足够的信心，多头的力量尚不足以支持股价进行迅速波动。

股价在两种情况下会呈现出活跃状态。

第一种情况是创立不久的公司第一次发行股票上市后。承销商会想办法聚集人气，推动股价走强。不过，一旦承销

任务彻底完成，承销商不再有任何利害关系，那么他们就不会绞尽脑汁、花费力气去维护股价和人气，他们会立即将风险转嫁给大众，而这个时候股价往往会从高位下跌。

第二种情况是上市公司经营时间不短，业绩良好，长期分红。这类公司往往被投资者们青睐，他们会逐步吸纳筹码，大多数筹码会逐步集中到坚定的持股者手中。虽然股价持续上涨，但是投资者们并不急于卖出。在这种情况下大多数筹码就被锁定了，想要操纵股价的主力就很容易推高股价，因为他们只需要花费很少的资金就能控制浮动的筹码。

> 哪些类型股票的浮动筹码较少？小盘股、新股和次新股等。新股和次新股在上市初期有一个锁定期，这使得大股东无法卖出，而这给了大资金机会控盘运作。

6. 历史顶部和底部

股票行情图的最大价值就是可以看到 10 年之前甚至更久的历史走势，前提是这只股票也有相当长的上市时间了。股票行情图能够让交易者清楚历史的顶部和底部在什么点位形成，股价在什么时候突破了这些关键点位。这些内容我在《盘口真规则》一书中有系统的论述。

如果某只股票在数月甚至数年前曾经在 100 美元附近见顶。当这只股票现在突破 100 美元时，我们完全有信心认为它会涨到 110 美元、125 美元，甚至 150 美元。因此，当它突破 100 美元的时候，你就应该买入。此后，股价涨到了 103 美元，如果趋势向上的话，那么此后股价就不会在触及 103 美元后回调到 97 美元。因此，你的止损单应该设定在 97 美元。如果股价真的回调到 97 美元甚至更低，那么趋势就已经发生变化了，那么股价至少在短期内不会上涨了，最明智的做法是先离场观望。

> 为什么触及 103 美元后回调到 97 美元就意味着趋势改变？江恩晚年的著作中非常注重 5 点或者说 5 美元过滤，关键点位加上或者减去 5 美元作为过滤假突破的手段。但是，在本书中他却有不同的过滤参数值，这就是 3 美元。

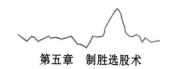

7. 第一波上涨或者第一波下跌

在上涨趋势形成之后，关注其第一波下跌是十分重要的。对于大多数股票而言，回调的幅度大概为 5~7 个点。对于交易活跃的高价股而言，回调的幅度一般为 10~12 个点。就回调而言，无论发生在什么价位，重要的是，是否会出现相同幅度的回调。以美国钢铁（U. S. Steel）股票为例来说明，从1907~1909 年，以及 1914~1919 年的历史行情中你会发现，当股价从任意高点回调 5~7 个点后你买入都能挣钱。但是，如果回调幅度超过 10 个点的话，那么就意味着趋势转变的信号，对于多头而言这是一个危险的信号，你应该及时离场，甚至选择在下一次反弹的时候做空。

上涨趋势中股价出现回调是非常正常的，这不过是继续上涨前的修正而已，是为了进一步上涨积蓄力量。下跌趋势中股价也会出现反弹，这也是正常的修正而已。这些反弹是部分空头回补的结果，但是并非趋势转变的信号。某些交易者会被反弹误导，认为股价已经跌得很深了，因此买入。

在恰当的时机买入和卖出是非常重要的，不要拖延，但也不要鲁莽行动。但是，**整体而言离场过早要比离场过晚风险更小**。就离场而言，交易者需要关注股价顶部之后的顶部，或者是底部之后的底部。如果后面的一个顶部没有达到此前顶部的高度，或者是后面一个底部没有比此前一个底部更低，那么做多的交易者就要离场观望了。

以历史高点或者低点作为参照来判断趋势是江恩方法的特征之一。

8. 股价记账表

交易者可以用类似于会计记账的方式来记录股票价格。通过类似于会计账目的盈亏记录，你可以看到股票每日收盘后的账面盈亏情况。如果收盘时出现新增亏损，或者说收盘价低于前一日收盘价的情况在持续，则意味着趋势向下。在出现浮动盈余之前，也即是收盘价走高之前，你没有任何理由去买入这只股票。当一只股票的收盘价走高或者走低时，你要观察这种走势是否具有持续性，这需要耗费数日、数周，甚至数月的时间。

当某只股票在 3 日甚至更长时间内的收盘价几乎持平时，这是一个特别值得注意的信号。一旦这只股票的收盘价高于或者低于这一价位，这就表明股价朝着收高或者收低的方向运动。特别是当交易活跃时，收高日或者收低日伴随着放量时，这时候信号有效性最高。**在分析股价走势的时候，你要密切关注成交量的变化，因为成交量显示了市场运动的能量。**

江恩介绍的这种方法其实在期货市场上已经被广泛采用，保证金结算中心和期货公司都在利用类似的方法记录逐日盈亏，你也可以查看逐笔盈亏。当然，这是针对你持有头寸的记账方式，江恩这里提到的方法是针对股价波动本身的。

9. 三日法则

我发现的这一法则可以帮你在活跃股上快速挣到大钱。我利用这个方法已经赚到了不少利润，一些交易者为了学习这个方法支付给我的学费高达 1000 美元。现在，我在本书中公布这个方法，但愿你能从中获益。

三日法则的具体内容是：如果一只股票处于强劲的上涨趋势中，则其收盘价不会连续三日持续走低。如果真的出现连续三日持续收低的情况，则表明上涨趋势已经反转了，至

A 股上的资深短线客都习惯于在 3 日内进出，与此法则有些关系。

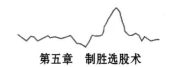

少是短期内反转了。在出现三日持续收低的情况之前，股价上涨的时间越长，那么这波上涨行情结束的可能性就越大，信号就越有效。

三日法则也适用于下跌趋势中：在股价下跌走势中，只要趋势向下则绝不会出现收盘价连续三日持续走高的情况，如果出现则表明下跌趋势反转了，至少是暂时性的反转，接着也许有巨大的涨幅出现。

股票日内的涨跌其实并没有多大的价值，重点在于当日收盘价相对于前日收盘价是否出现了盈利。上述三日法则是针对活跃高价股的最有价值操作策略之一，这一策略可以帮助你从股价的快速显著波动中获利，同时也能让你敏锐地觉察到趋势的细微变化。三日法则也可以用在周高低点行情走势图上，甚至月高低点行情走势图上，这个时候就是三周法则或者三月法则了。

> 江恩的方法基本都用在日线级别之上。

10. 成交量因素的考量

成交量是交易者必须考虑的一个重要因素。分析纽交所1921~1929年的总成交量，并将其与之前时期的数据对比时，必须要考虑到上市公司数目增加、股票分拆和分红除权等因素的影响。1921~1929年这段时期中，股市走高也导致成交量不断增加。同时，牛市的热情也使得新股发行数量急剧增加。

> 牛市的成交量显著多于熊市的成交量。

成交量就像大坝拦截的洪水。如果成交量较均值放大了2~3倍，则必然推动价格到达一个新的区间，这就好比洪水冲击，甚至冲垮大坝的情况。牛市中积累的巨大能量会在华尔街开闸泄洪时带来巨大的冲击，无数的投机者和投资者争相抛售手中的股票时，所有的历史纪录都会被打破。巨大的抛盘如洪水猛兽一般蜂拥而出，即便是最乐观的人也会被吓到腿软。

绝大多数的股票交易类书籍都忽略了成交量的关键价值，对于成交量的分析习惯于简单化，基本都是股价的配角，殊不知成交量往往才是主角。

当股价上涨时，成交量会随之放大。这一规则无论是在日线走势图上，还是周线走势图上，甚至月线和年线走势图上都是有效的。股价下跌时，成交量会萎缩，逐渐衰竭。**熊市中成交量整体萎缩，牛市中成交量整体放大。**

对于交易者而言，研究纽交所的年度成交量非常重要。以 1875~1929 年这段时期为例，你可以发现从 1875~1878 年，纽交所的年度成交量只有 4000 万~5000 万股，1878 年是成交量低到 4000 万股的最后一年。当牛市在 1882 年见顶时，纽交所的整体成交量达到了 1.2 亿股。1894~1896 年漫漫熊市的底部区域，这期间成交量萎缩到了 5000 万股。

此后，"麦金利繁荣"（Mckinley Boom）来临，成交量随之逐步放大，到了 1902 年的时候年度总成交量高达 2.66 亿股。从这轮牛市的顶部开始，价跌量缩，这与每轮熊市的情况一样，成交量萎缩，到了 1903 年的时候成交量已经降低到了 1.6 亿股。

高位的天量代表着狂热的情绪，一旦共识预期高度一致地乐观，则顶部出现；低位的地量代表着悲观的情绪，一旦共识预期高度一致地绝望，则底部出现。股市投机高手普遍都重视天量和地量的意义。无论是在股指还是个股价格的研判上，这两种成交量形态都非常有价值。当然，能够结合题材性质来分析则效果更高。

接着的一轮牛市在 1906 年构筑顶部，当年的总成交量再次创造历史纪录，高达 2.84 亿股。见顶后的几年成交量逐年下降，直到 1914 年降到了 4.8 千万股，这是 1896 年以来的地量。不过，成交量低迷不仅仅是市场情绪造成的，还由于第一次世界大战爆发后纽交所关闭了 4 个月的时间。

上述实例表明在**熊市中，成交量在构筑底部的最后一年会非常小，这表明抛压接近枯竭。**1914 年，整体成交量开始回升，股市一路走高，到了 1919 年成交量刷新历史纪录，整体成交量高达 3.1 亿股。

接下来，股市走低，步入熊市。**到了 1921 年 12 月，熊市构筑底部，年度成交量萎缩到了 1.71 亿股。**接下来几年，价涨量增，成交量逐渐增加，**到了 1929 年刷新历史纪录，达到了 11.24 亿股的历史纪录。**1929 年 11.24 亿的天量与 1921 年 1.71 亿的地量形成鲜明的对比。

1929 年 11 月 2 日所在的这一周，纽交所的累计成交量 4.350 千万股，几乎相当于 1914 年全年成交量。而 1928 年的

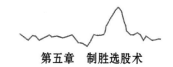

总成交量是 9.25 亿股，几乎接近 10 亿股。年度成交量如此之
大，意味着大众购买股票的规模巨大，情绪亢奋。从另外一
个角度讲，主力在牛市最后两年的时间中抛售了 20 亿股左右
的筹码。

> 当出现天量的时候，我们
> 要追问一句：谁在买？谁在卖？

1929 年 9~11 月的总成交量是 3.0323 亿股，这比 1929 年
全年成交量的 1/4 还要多一点。此后，尽管放量暴跌，但是与
之前两年的成交量规模相去甚远。抛盘的力量并未充分释放，
这意味着许多股票在接下来的几年中仍将处于熊市中。**只有
长期下跌后出现非常低迷的成交量才意味着新的一轮牛市处
于酝酿之中。**

上述法则不仅可用在股指的研究上，也可以用在个股的
研究上，通过研究个股的周度、月度和年度成交量，你将发
现许多有价值的信息。

11. 美国钢铁股票的成交量数据和特征

交易者要关注个股每日、每周和每月的成交量变化，同
时要考虑个股的流通股数量，这些都是非常重要的因素。我
现在以美国钢铁（U. S. Steel）股票为例进行说明，该股在
1929 年 5 月 31 日的价格为 162.5 美元，此前该股从 3 月 1 日
的高点下跌了 30 点。当该股此前处于 192~193 美元的顶部区
域时，日成交量为 12.5 万~25 万股。当股价跌到 162.5 美元的
时候，该股的日成交量为 2.5 万~7.5 万股，成交量萎缩，价格
企稳，这表明抛压减轻了，不再沉重，股价处于整理之中。

> 投机客更喜欢参考换手率
> 这个指标，因为这个指标不仅
> 考虑到了成交量，还考虑到了
> 流通盘。

当美国钢铁股票于 1929 年 6 月 21 日向上突破 180 美元
的时候，其日成交量放大超过 10 万股。此后，该股股价于 7
月 8 日向上突破了 193 美元，进入到了新高的区间，成交量
为 19.4 万股，当日收盘价为 209.5 美元，这是收盘价的历史
新高。

1929 年 8 月 8 日的成交量为 29.5 万股，9 日的成交量为 26.3 万股，12 日的成交量为 33.7 万股；**13 日的成交量为 48.87 万股，这个数字是 1929 年的天量。**8 月 14 日的成交量为 29.6 万股。

天量中，谁在买？谁在卖？

上述数据需要注意的一点是：从 8 月 12~14 日这三个交易日的总成交量为 112.18 万股，在这期间股价上涨到了 245 美元。也就是说该股价在三个交易日内从 219 美元涨到了 245 美元，上涨了 26 美元。另外，从 8 月 19~24 日，该股价见到高点 260.5 美元。也就是从 238 美元一直涨到 260.5 美元，跨越了 6 天，总成交量为 81.42 万股，涨幅为 22.5 美元。

接着，该股价从高点 260.5 美元开始下跌，趋势转而向下。这只股票从 8 月 26~29 日一共下跌了 9 美元，总成交量为 24.74 万股。成交量一般，不足以推动股价大幅波动，不过连续 4 日的收盘价都在走低，这表明趋势向下，应该在股价反弹时进场做空。

江恩此前提到过 3 日法则，可以结合起来理解这段。

该股只反弹了两日便继续下跌走势，该股股价在 8 月 30 日和 9 月 3 日两个交易日出现了短暂反弹，上涨幅度为 10 个点，见到高点 261.75 美元。这两个交易日的总成交量为 24.02 万股，**反弹期间的成交量还不如下跌途中的水平**，这表明多头力量虚弱，可以看出主力在卖出，而散户在买入。反弹的成交量要逊色于上涨趋势中的成交量，散户在反弹中仍旧在买入，但是多头整体的力度大不如前。

从 1929 年 9 月 3 日开始，伴随着股价下跌，成交量是逐渐放大的。9 月 19 日见到反弹的高点，从这天开始到 10 月 4 日，期间的总成交量为 210.58 万股。9 月 19 日高点为 247.5 美元，10 月 4 日低点为 206.5 美元，下跌幅度为 41.5 美元。总成交量超过 200 万股就表明抛压沉重，趋势仍旧向下。

此后，该股从 10 月 5~11 日反弹了 6 天，该股价从 206.5 美元上涨到了 234 美元，幅度为 27.5 美元，总成交量为 84.65 万股。这个水平的成交量已经不错了，但是空头力量仍旧占优，多头力量主要来自空头回补和散户买入，主力并未加入

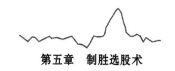

到买入的行列中。散户习惯性地认为已经跌了 50 美元了，股价已经非常便宜了，于是开始买入。但是，他们的看法和做法都是错误的。

此后，该股继续下跌，在 10 月 11 日出现暴跌，沉重的抛压一直持续到 10 月 29 日，股价从 234 美元跌到了 166.5 美元，跌了 67.5 美元，期间的总成交量为 277.61 万股。需要注意的一点是 10 月 23 日和 24 日这两天的成交量为 66.8 万股，而出现恐慌性暴跌的 10 月 28 日和 29 日的总成交量为 59.2 万股，成交量并未明显萎缩，这表明下跌趋势还未结束。

接下来的 10 月 29 日和 31 日，该股反弹了两天，涨幅为 27 美元，总成交量为 20.44 万股，这样的成交量水平表明多头力量仍旧不够强大，难以推动股价持续上涨。这波短暂的反弹不过是空头暂时回补和散户买入的结果而已，而主力或许利用反弹出货或者做空。

从 10 月 31 日到 11 月 13 日，美国钢铁股票价格从 193.5 美元跌到了 150 美元，跌幅为 43.5 美元，总成交量为 73.24 万股。成交量水平较低，这表明空头力量接近衰竭，**这比美国钢铁股票价格跌到 166.5 美元时的缩量更厉害。**

从 11 月 13 日开始，成交量继续萎缩，有些天的日成交量还不到 5 万股，这表明抛压大大减轻了，而主力也并没有大举拉高买入。从 12 月 6 日到 9 日，该股股价上涨了 29.5 美元，成交量为 59.96 万股，这是空头暂时回补造成的。反弹在 12 月 9 日见顶，成交量为 35.55 万股，收盘价比最高价低了 9 美元。如果收盘价接近最高价，这是一个买点，但是现实却是大幅收低。

从 12 月 9 日到 23 日，该股持续下跌，从 189 美元跌到了 156.75 美元，跌幅为 32.25 美元，总成交量为 126 万股。从价量特征上来看，这可能是最后一轮抛售。第一波上涨后出现了回调，大众已经被此前的持续下跌吓坏了，认为股价会跌破 150 美元，于是他们急忙卖出。

然而，回调并未创出新低，**底部抬高了，**这表明多头力

> 主力是否加入其中主要看成交大单和倍量的数量及质量。

> 威科夫在分析成交量的时候与江恩的方法有一些共同之处，可以结合起来理解和运用。

> 与历史低点和高点的成交量水平进行比较，可以甄别多空力度强弱，这个方法威科夫也在运用。

第二底部抬高，然后创出新高，则形成一个N字底部。这类底部无论是在股指上，还是个股上都有重要的意义。

量增强了，股价回落后获得了强大的支撑。该股股价在12月23日见到高点156.75美元，对应的日成交量为11.18万股。与之相比的是，该股股价在11月13日见到低点时的成交量仅为9.75万股，这是大幅下跌后的极端低点，成交量极度萎缩，这表明抛压已经衰竭，浮动筹码显著减少。

交易者应该对个股从极端低点涨到极端高点的成交量进行累计，这样做的意义重大。1928年12月22日，美国钢铁股票价格于149.75美元见到低点，此后持续上涨，一直涨到次年9月3日才于261.75美元见顶，这波涨势的累计成交量为1889.5万股，相比之下其流通盘只不过800万股。换言之，在这轮上涨之中，所有流通股都换手了差不多两次。

我们再来看这波涨势中的一段：1929年5月31日，该股最后一次触及162.5美元，这个高点比3月的高点低了30美元。市场此后从这个低点一路上扬，于9月3日见到高点261.75美元，这段涨势的幅度差不多100美元，期间总成交量为761.51万股，这个数值接近流通盘。

此后，该股价从9月3日的高点下跌，于11月13日见到低点150美元，期间的总成交量为736.53万股。可以发现**上述两个阶段的总成交量都非常接近，上涨阶段的总成交量为761.51万股，下跌阶段的总成交量为736.53万股。如果股价下跌阶段的成交量与此前上涨阶段的成交量接近，则该股票价格就快要见底了。**

如果股价下跌阶段的成交量与此前上涨阶段的成交量接近，则意味着上涨阶段即买入的人现在基本上已经离场了，抛盘差不多了，底部也就不远了，这是江恩的推理之一。

但是，如果我们考察该股从149.75美元涨到261.75美元，再下跌到150美元的过程，则会发现上涨阶段与下跌阶段的总成交量相差巨大。上涨阶段的总成交量为1889.5万股，下跌阶段的总成交量为736.53万股。上涨幅度与下跌幅度几乎一样，但是成交量却差别巨大，这表明股价上涨时存在大规模的主力对倒行为，以便吸引公众跟风参与。而当股价下跌时，对倒行为就大为下降，这个阶段重要是真实的交易，对于许多股票都存在类似的情形。为了吸引公众的积极参与，需要活跃的成交量来推升股价，而当主力决定抛售时，他们

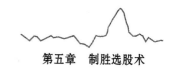

就不会耗费不必要的力气来对倒了，这个时候市场就呈现出自然交易的状态。

如果交易者能够下功夫去研究每只股票在顶部时的日成交量、周成交量和月成交量，就能大概率地判断出股价在未来的转折点。

> 股价的顶部具有一些共同的技术特征，如天量和顶背离，也有一些共同的心理特征，比如大众一致看好的舆情，还有一些共同的基本面特征，如个股刚刚发布一次性重大利好等。

12. 股票处于极端弱势或者强势状态时

我经常说某只股票处于强势状态，因此不会回调。当我这样说的时候，这只股票刚好突破多年前的历史高点。此前已经持股多年的交易者会迫不及待地卖出，而另外一些对股价有信心的交易者则会接过筹码，这就造成浮动筹码再度被锁定，接着股价会出现一轮飙升走势。

第一个实例是 1925 年的美国罐头（American Can），当时该股向上突破了历史高点 68 美元，股价稍微修整后继续上涨。

第二个实例是 1925 年的美国精炼（American Smelting），该股曾经在 1906 年创下历史高点 174.5 美元，但在 1925 年该股向上突破了这一历史高点，大众惧怕转而向下，于是大举卖出，甚至于一些职业交易者也开始做空。但是，该股的走势非常强劲，以至于并没有出现回调，而是继续上涨了 100 个点。如果某只股票处于这样的强势中，那么绝不要去做空它，在突破时买入比在低位买入更加安全。在较高的价位上买入股票需要足够的勇气，但是可以帮助你赚到足够多的利润。

当然，之所以有交易者敢于在历史高点附近买入美国精炼，是因为他们经过理性分析认为该股的合理价位超过 175 美元，否则他们怎么会有这么大的勇气在如此高的价位上大举买入，一举解放大量被套的筹码。在突破这一历史高点之前，该股已经盘整多年，而这也预示着突破后的涨幅将是巨

> 什么情况下可以在历史高点附近做空，什么情况下在历史高点附近做多？什么突破是假突破，是多头陷阱？什么突破是真突破，需要顺势而为？这可以从技术面去区分，可以从基本面去区分，但是我个人的经验是市场情绪和共识预期更为重要。如果股价突破某个历史高点，但是大众都不看好，都采取观望的态度，甚至多空分歧严重，那么真突破的可能性较大；如果在突破时媒体一致看好，大众都在追风买入，那么假突破的可能性很大，即便是真突破也会在大幅调整洗盘后才展开升势。如何观察市场情绪呢？各种网络媒体、财经电视节目和论坛、群组都是观察的好地方。当大家都敢追高时，往往就是顶部；当大家都不追高时，那么顶部就还远！江恩认为大众不敢追高，其实并非如此，大众在某些情况下是非常敢于追高的，比如 2007 年 6000 点附近的 A 股，当时大量散户在顶部附近入市。

大的。

当一只股票长期上涨之后，大众就会对这只股票具有很强的信心，每当股价回落时就会尝试买入，直到股价进入超买区域。但是，一旦这只股票进入弱势状态，则仅仅会出现一些规模较小的反弹。在下跌趋势中，缺乏有力的多头支持，反弹越来越弱，随着抛售力度增加，反复幅度也越来越小。

第三个实例是方德兴公司（Foundation Company），该股股价在1925年出现了显著的上涨，并在当年11月见到顶部183.75美元。此后，该股经历一个较长时间的派发阶段，当股价最终跌破这一派发区间后正式的下跌拉开了序幕。当其他股票都在上涨时，这只股票却在持续下跌。但是，许多投资者和投机客却持股等待走势反转，其中一些交易者是在下跌过程中买入的。但是，当该股最终跌破75美元的时候，恐慌性卖盘蜂拥而至，希望破灭了，大众感到绝望。

在跌了100多美元之后，股价仍旧显得疲弱，毫无反弹之力，这就是极端弱势的状态。这是一个做空的安全点位，这个时候做空与在180美元做空一样安全，获利的速度也一样快，很快该股股价在1929年11月跌到了13美元。

第四个实例是领先拉姆利（Advance Rumely），在联合坐庄失败后，该股处于弱势状态，根本没有像样的反弹，股价一路下跌。

第五个实例是国际内燃机（International Combustion Engineering），这只股票在极端超买之后下跌了50美元，技术面疲弱，处于极端弱势状态，此时的股价反弹幅度明显逊色于暴跌50美元的反弹。

是不是良好的追空时机，最好看大众的共识预期，如果大众认为这就是底部了，那么可以继续做空，如果大众一致非常悲观，认为底部还未探明，则底部往往就在这附近了，不应该追空。不能机械地认为大幅下跌后就一定是做空良机，要看市场情绪和持仓变化。

交易者往往不敢在大幅下跌后做空，其实大幅下跌后反而是做空的大好良机，因为这个时候股票走势更弱，这个时候做空的安全度比高位做空更有利。

13. 选择正确的卖出时机

许多交易者能够很好地把握买入时机，却拙于卖出时机的抉择。他们进场买入的时机是恰当的，但是却不知道如何离场，不知道基于什么样的法则判断股票见顶。假设你买入了一只长时间横盘吸筹的股票，如美国铁管铸造公司（US Cast Iron Pipe）、铸钢公司（Crucible Steel）和莱特航空（Wright Aero）等个股，一旦你在这类个股上选好了进场时机，则想要最大化利润，那么何时卖出就成了最为关键的问题，你必须知道一些离场的有效信号。

在上涨趋势的早期阶段，股价总是逐步上涨的，或者说上涨节奏很慢，而且回调次数很多，但是一旦股价进入最后的冲刺阶段则会出现飙升，这就是行情最狂热的阶段。正确的离场法则是：**只有股价朝着有利于你持仓的方向发展，你就应该坚定持仓，同时采用跟进止损，直到行情最狂热点出现后再离场。**

在牛市的尾声，大多数活跃股都会出现飙升，这样行情会持续 6~7 周，有时候会长达 10 周，在这个阶段股价波幅巨大，上涨速率很快。期间成交火爆，异常大的成交量表明交易热情高涨。巨大的成交量也为主力派发提供了良机。可以这样归纳：一般而言，上涨趋势中，如果某只个股经过了 6~7 周的飙升，则意味着股价已经到达了顶部；同样，下跌趋势中，如果股价几乎垂直暴跌了 6~7 周，则意味着下跌趋势结束，做空的交易者应该及时回补空头头寸，并且等待新的买入时机。

我们还是以美国钢铁这只股票为例来说明。该股股价在 1929 年 5 月 31 日见到底部 162.5 美元。接着，股价大幅拉升，一直涨到了 8 月 14 日。在这波上涨中，该股价没有出现

如何甄别"行情最狂热点"一定是天量？但是天量也可能是第一波上涨的起点。天量如果叠加高度一致的极端乐观共识预期，则可以确认为"最狂热点"。

7 美元以上幅度的回调走势。这波涨势的幅度为 82.5 美元，一直涨到了 245 美元。接着，该股价回落到了 235 美元，跌了 10 美元。在回落之前，该股价的飙升已经持续了 10 周，而这次回落预示着上涨趋势已经到了尾声阶段。不过，该股价恢复上涨后见到了高点 261.75 美元，在这期间并未出现连续三日收盘走低的情况。该股价在 3 个月内的时间段内上涨了 100 美元。由此引申出我的另外一条法则：如果某只股票在短时间内上涨了 85~100 美元，或者是下跌了 85~100 美元，则交易者需要密切关注该股是否见顶或者见底，一旦有明确信号就要及时离场。

倘若交易者在低位买入了美国钢铁，随着上涨不断跟进止损，止损幅度为 10 美元。那么，直到价格从 261.75 美元下跌超过 10 美元之前该止损都不会被触发。

如果交易者在顶部附近顺利离场，那么在该股价下跌 10 美元之后可以开始做空该股，那么也能大赚一笔。该股从 9 月 3 日开始暴跌，下跌速度之快堪比之前的上涨速度。从 9 月 3 日到 11 月 13 日，该股价在不到 3 个月的时间内跌了 111 美元。从 10 月 11 日最后一波反弹结束到 11 月 13 日见底，这只股票从 234 美元跌到了 150 美元，在不到 5 周的时间内下跌了 84 美元。短期内的快速暴跌提醒你应该及时回补空头头寸，因为显著的反弹接踵而至。前面已经提到了这一情形，那就是在长期下跌后的暴跌或者长期上涨后的飙升都意味着趋势的尾声。

钒钢公司（Vanadium Steel）是另外一个股价飙升的例子。该股价于 1930 年 2 月 25 日见到底部，此后一路上涨，于 3 月 25 日见到高点 124.5 美元，在短短 4 周的时间内上涨了 59 美元。如果从 1929 年 11 月 13 日的低点开始计算，则该股价涨幅为 87 美元。股市见到顶部时成交量急剧放大，这表明接下来会有回调，特别是在如此短的时间内飙升了 87 美元。此前该股价长得太快，最后一波拉升其实是空头爆仓或者绝望回补的结果。因此，一旦涨势完成，回调就迅速展开了。这

固定幅度的跟进止损是一种选择，逐渐放大幅度的跟进止损也是一种选择，还有逐渐缩小幅度的跟进止损，你觉得它们的优劣各有哪些呢？

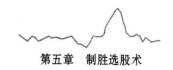

只股票在几天之内就跌到了 104 美元，下跌幅度超过了 20 美元。务必记住一点：**当股价长期上涨之后出现飙升，那么这次飙升之后就是急速下跌；同样，当股价长期下跌之后出现暴跌，那么这次暴跌之后就是急速上涨。**暴跌后的急速上涨非常快，涨幅也非常大，随后就是次级修正和盘整时期。因此，如果交易者介入这波急速上涨，那么一定要在上涨后及时获利了结；同样，如果交易者介入了飙升后的急速下跌，则一定要在下跌后及时回补空头。一定不要逆势而为，一定要设定止损单，一旦情况不妙就要迅速脱身。在这种快速波动的行情中，如果走势对自己的头寸不利则应该快速离场，而不能想着去追加保证金以保持头寸，这样做就太愚蠢了。快速而犀利的行情是顺势金字塔加码操作的好时机，切不要与趋势对抗，更不要持有那些逆势的头寸。

> 艾略特波浪理论中的第五浪有一个"翻越上升通道上边界"的动作，这其实就是加速赶顶的表现。

14. 震荡行情

经常听闻交易者这样说道：股价其实只有两种走法，要么上涨，要么下跌，因此做好股票交易并不困难。其实，这样的说法并不完全正确。**倘若股价持续上涨，或者持续下跌，则赚钱就要容易得多，然而股价横盘整理的时候非常多。**当股价处于这种情形时，它们有时会窄幅震荡好几周或者几个月，既不会突破前期高点，也不会跌破前期低点。

震荡走势会不停地愚弄交易者，让他们不断亏钱。当股价开始上涨时，交易者认为还会继续上涨，但是股价却止步了，开始回落，最终又回到了此前的底部附近。这时候，交易者转而认为该股价会继续走低，于是开始做空。不过，这只股并不理会交易者的看法，并没有继续下跌，而是就此反转，开始上涨。

当股票处于震荡走势的时候，你能够做的仅仅是冷眼旁

> 为什么趋势跟踪难做？为什么顺势而为难做？为什么"截短亏损，让利润奔腾"难做？关键就在于市场的单边走势比例少于震荡走势。为了过滤掉震荡行情，趋势交易者们绞尽脑汁，海龟交易者的周规则就是为了这样的目的设计出来的。

如果震荡走势比较规范，构成一个较为标准的箱体，那么相对而言比较好操作。然而，很多时候的震荡走势都非常凌乱，边界并不明显，要确定有效的突破参照点并不容易。因此，对付震荡走势并没有什么简单普适的方法。任何方法都有弊端，毕竟在震荡走势与单边走势之间也没有明确的界限，没有任何技术指标能够提前告诉你未来的走势究竟是震荡走势还是单边走势。至少目前还没有这样的技术指标。

观，等到股价向上或者向下突破区间边界了再考虑介入。当股价突破震荡区域之后，所谓的筹码交换过程也就结束了。股价进入到了新高或者新低区域，而这时你就可以介入了，因为在这种情况下你对趋势的把握能力更强了。

我们举一个例子——宝茶公司（Jewel Tea），这只股票的一段走势体现了震荡行情的特点。该股价从 1922 年 1 月开始上涨，到 5 月的时候在 22 美元附近见顶，接着该股价回落，于 8 月见底，然后该股价转而上涨。涨到 1923 年 2 月，在 24 美元见到顶部，这个高点只比 1922 年 5 月 22 美元的高点高出 2 美元。接着，该股价回落，一直跌到 1923 年 10 月，在 15.25 美元见底。接着出现了回升，到了 1924 年 1 月见到高点 23 美元。到了当年 4 月，该股价跌到了 16.5 美元这个低点。

接下来，在 1924 年 8 月和 12 月，该股价两次触及 22.5 美元。到了次年 7 月、8 月和 9 月，该股价都曾经跌到过 15.75 美元。到了 1925 年 12 月，该股价终于开始发力突破上述区间。该股价一举突破了 1922~1925 年的所有高点。

此前，宝茶的股价从 1922~1925 年都处于震荡走势。在这 4 年当中，该股价从未跌破过 1922 年 8 月的低点，也从未突破过 1922 年 5 月的高点超过 3 美元以上。但是，这 4 年当中的震荡走势却误导了交易者许多次。当然，也有老练的交易者挣到了大钱，他们的做法是耐心等待该股价跌破 1922 年 8 月的低点，或者是突破 1922 年 5 月的高点超过 3 美元才进场。在该股价出现显著波动之前，这些资深交易者是不会轻易入场的。但是，一旦股票有效向上突破了关键点位，上涨趋势就得到了确认。此后，该股价持续上涨，直到 1928 年 11 月见到顶部 179 美元之前，该股价都处于上涨态势中。

许多资深的商品期货的趋势交易者也都倾向于交易那些长期盘整后的突破信号。如果你在商品期货的交易上有超过 5 年经验，也会赞同这样做法。商品期货的趋势交易者非常注重 3 个月到数年的盘整区域被突破，这种机会往往都是暴利的大机会。

当股价处于震荡状态时，交易者应该离场观望，耐心等待股价突破前期顶部 3 个点，或者跌破前期底部 3 个点才进场操作。如果交易者能够遵循这样的法则，则可以降低机会成本，不会浪费数周，甚至数月的时间在无用的持股上，可以避免无谓的亏损。等到股价进入到新的运行区间后，交易

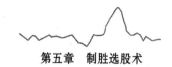

者设定止损单就更加便捷了，一旦价格的运行并未如预期一样，也能够及时离场。

如果交易者不顾上述法则，而试图在区间内勉强交易的话，则获利的机会要小很多。横盘震荡是股价运动的休息期，它是蓄势的阶段，为未来的单边走势积蓄力量。

> 想要在震荡走势中高抛低吸是非常困难的，因为震荡走势的高低点在现实中并不规范，而且震荡持续的时间不能预先得知。

15. 在整数点位交易

人具有从众以便想要阻力最小的天性，同时人类在蛮荒时期就掌握了算术和买卖。交易者将注意力集中在整数点位附近体现了人类的上述天性。许多交易者经常犯下的错误就是上述天性导致的，他们将交易订单设定在整数点位上。

有时候，股价多次接近某个整数点位，但是却无法完全触及，总有一点距离。为什么会出现这样的情况呢？因为主力利用了大众的天性，让股价无法真正触及这些整数点位。具体来讲，**当主力决定卖出时，他们知道在上方的整数点位上有大量卖单等待成交，他们不能让大众抢先离场，因此他们会在股价真正触及整数点位之前就离场，这就造成了股价无法上涨到整数点位**。当主力决定买入的时候，他们知道在下方的整数点位有大量的买入订单等待回调买入，现在股价在 55~56 美元波动，但是有大量的散户买入订单集中在 50 美元附近。因此，主力必须在高于 50 美元的点位就买入，一旦主力这样做了，那么股价会跌到 51 美元，甚至 50.25 美元、50.125 美元，但就是不跌到 50 美元。

> "偷看订单簿"这种策略是许多资深主力惯用的方法，通过场内优势或者是凭借职业素养，主力可以看到散户的底牌。外汇市场的情况就不说了，美国政府也因此惩罚了一些伦敦投行和相关机构。单就 A 股而言，以前 Level 2 的某些功能也让某些玩家的底牌暴露无遗，以至于最后导致了机构的抗议。

整数点位一般是 5 或者 0 结尾的价位，如 25、30、35、40、45、50、55、60、65、70、75、80、85、90、95 和 100 等，当然也可以指一些对于某只个股而言比较关键的价位，比如 58、62、73 和 86 等。

当交易者选择一个整数点位进行交易时，应该要在高于

或者低于该点位 0.125 美元或者 0.25 美元的价位上递交订单。例如，如果交易者想要在 62 美元这个点位买入，股票也接近了这一点位，那么具体的买单应该放置在 62.25 美元这个价位上。如果交易者想要在 62 美元这个点位卖出，那么具体的卖单应该设定在 61.875 美元。如果交易者发现价格在 62 美元附近起伏不定，也可以采用市价单，而不是限价单，这一做法可以减少摩擦成本。

我仍旧以美国钢铁股票为例来说明。通过回顾该股从 1928 年 11 月 16 日到 1929 年 11 月 13 日的历史交易数据，你可以发现它的关键点位处于哪些位置，同时你也能够发现这些关键点位如何受到位于整数点位订单的影响。

1928 年 11 月 16 日，**美国钢铁股票在 172.5 美元见到顶部**，然后快速下跌，接着出现一轮回升，并且在 1928 年 12 月 8 日**见到了高点 172.25 美元**。为什么会在这里见到阶段性顶部呢？因为 173 美元是一个整数点位，这附近聚集了大量的卖出订单，因此该股价在这附近遭受强大的阻力，进而下跌。那些将卖出订单挂在 173 美元的交易者并没能及时出局，因为价格还差一点才能触及 173 美元。在强大的卖压下，该股价暴跌。

到了 1928 年 12 月 17 日，该股价已经跌到了 149.75 美元。大部分交易者都将止损单挂在 150 美元，该股价下跌触发了这些多头的止损单。但是，该股价却在轻微跌穿 150 美元之后，在 149.75 美元就止跌了，而这是下跌的底部。

当该股价跌到 149.75 美元的时候，可能会有一些交易者将买入订单放置在 149 美元或者 148 美元，但却没能买到这只股票。**整体而言，我们应该将买入限价单放置在比整数点位或者关键点位高一点的地方**。例如，想要在 150 美元买入该股的交易者应该将限价单放置在 150.25 美元或者 150.125 美元，那么他们的买入限价单就会成交。

美国钢铁股票从 149.75 美元这个底部快速回升，在 1929 年 1 月 25 日见到 192.75 美元的顶部。172.5 美元和 172.25 美

如何防止这类"止损单踩踏"呢？有一种经验是忽略盘中价，以收盘价相对关键点位或者整数点位的位置决定是否止损。

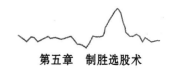

元是该股价的两个历史顶部，当该股价突破这两个高点之后，继续上涨了 20 美元。虽然那些将卖出限价单放置在 173 美元和 174 美元的交易者如愿以偿地卖出了，但是该股价并没有就此止步，而是继续上涨。

该股价在 192.75 美元见顶，然后急跌，一直跌到了 1929 年 2 月 16 日，见到低点 168.25。虽然下跌，但是交投仍旧活跃，接着出现了一波回升走势，并于 3 月 1 日见到 193.75 美元，仅比 1 月 25 日的高点高出 1 美元，这两个高点都距离整数点位差 0.25 美元。

在一波恐慌杀跌之后，该股价在 1929 年 3 月 26 日见到底部，当时的该股价是 171.5 美元。需要注意的是，这个点位在 1928 年 11 月以及 12 月的阶段性顶部附近。见底后该股价展开上涨，然后在 4 月 12 日于 191.875 美元见顶。这是 1929 年第三个阶段性顶部。第一个阶段性顶部位于 192.75 美元，第二阶段性顶部位于 193.75 美元。

或许你会好奇，为什么美国钢铁股票三次都在同一阻力区域踟蹰不前？我个人的回答是：因为在 194 美元、195 美元到 200 美元附近有许多卖出订单。股票市场内的交易者认识到这些订单分布情况，因此他们不会在这些订单密集的地方去接货。该股价刚好涨到这些点位下面，而不触及或者突破这些点位，这就使散户的卖单无法成交。当该股价再度下跌后，那些本来想逢高卖出的交易者就只会变得缺乏耐心，于是在该股价下跌中忍不住卖出了。

同年 5 月 31 日，该股价已经跌到了 162.5 美元，需要注意的是这个点位比 1929 年 2 月 16 日和 3 月 26 日的低点还要低。破位走势使得大众变得恐慌，于是恐慌性卖出来袭，毕竟估计已经从顶部下跌了 30 美元，下跌也触发了多头的止损单。

但是，该股价并未如大众预期一样继续下跌，而是在 162.5 美元见底，开始最后一轮暴涨。到 1929 年 7 月 5 日的时候，这只股票已经涨到了 200 美元的高位。其间，该股价

如果你在 A 股有丰富的短线操作经验的话，就会发现一个悖论：你想买入而无法成交的股票往往会涨得吓人；而那些很容易成交的单子都意味着该股稀松平常，没有什么爆发力。

毫不犹豫地向上突破了 191.875~193.75 美元的关键点位。那些将限价卖单设定在 195~200 美元的交易者就都能离场了。该股价恰巧在 200 美元这一整数点位停止上涨，然后小幅调整，在 7 月 11 日见到低点 197.5 美元，然后恢复上涨走势。

到了 7 月 13 日，该股价已经涨到了 204 美元，这表明有交易者愿意在比 200 美元更高的价位上买入。要知道，在诸如 200 这样的双零整数点位上一般都有许多的卖单和做空订单，许多交易者会在诸如 100、200 和 300 这样的点位做空。

7 月 16 日，该股价回调到了 198 美元，这比 7 月 11 日的低点要高 0.5 美元。也就是说有不少交易者想要在 7 月 11 日的低点进场买入的话是没办法成交的，因为回调并未触及此前的低点。

接着，该股价再度突破了 200 美元，触及 204 美元，这意味着上涨空间真正打开了，因为有交易者愿意在历史高点接盘，且成交量大，表明接盘热情很高。此后该股价延续 198 美元的涨势继续上行，回调幅度非常小。

8 月 24 日，该股价于 260.5 美元见顶，接着一波快速修正，到了 8 月 29 日见到低点 251.5 美元。接着出现最后一波上涨，于 9 月 3 日见到历史最高价 261.75 美元，仅仅比 8 月 24 日的高点高出 1.25 美元。

无可辩驳的是在 262 美元这一点位和其上方区域狙击了大量的卖出订单，这就是该股价无法突破 261.75 美元的原因。

受阻后该股价快速下跌，到了 11 月 7 日，该股价跌到了 161.5 美元的低点，这个低点比 5 月 31 日的低点还要低 1 美元。为什么会出现这种结果呢？一种可能的解释是许多交易者在 162 美元放置了止损单，等到这些多头止损单触发时，迫使该股价继续下行到比前期低点还要低 1 美元的位置。

接下来，市场出现了快速反弹，11 月 8 日的时候该股价已经涨到了 175.75 美元，接着出现最后一轮抛压沉重的下跌。此后，该股价在 11 月 13 日见到底部 150 美元，恰好停留在整数点位上。恰好这一点位邻近 1928 年 12 月 17 日的低点

高点放量，谁在接盘，谁在抛售？如果是主力在接盘，就像此处一样，那么股价会继续大涨；如果是主力在抛盘，那么这就是天量与天价，此后就是一路大跌。江恩此处的推理并不严密，需要加强。

江恩此处的解释比较牵强附会，如果真的是止损大面积触发导致股价下跌的话，可能不会仅仅是 1 美元的幅度。

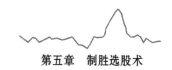

149.75 美元。这些历史支撑点位是非常有价值的，因为该股价通常还在第一次来到这些支撑点位附近时获得支撑，有些情况下还会几次获得支撑。这轮下跌也恰好在历史支撑点附近获得了支撑，这一关键支撑点位为 150 美元，如果交易者想要在这一点位买入，那么应该将具体的买入点位设定为稍高一点的 150.25 美元，这样就能保证成交量效率了。

我个人的限价止损单放置法则是：在股价历史底部之下 3 个点/3 美元放置多头头寸的止损单；在股价历史顶部之上 3 个点/3 美元放置空头头寸的止损单。

> 江恩的这一止损单放置法则中存在一个参数，而参数肯定是不能照搬到今天的 A 股交易上。

16. 低位做空股票

不少交易者会认为当该股价处于 75 美元、50 美元或者 25 美元的时候做空是非常危险的交易，因为这些价位看起来并不够高。事实上，只要股票的趋势向下，那么做空就会有实质性危险。

我给你举一个实例——国际内热机公司（International Combustion Engieering）。该股价正在 1929 年 2 月见顶，对应的股价是 103 美元。接下来的 3 月该股价出现了暴跌，跌到 61 美元见底。随后的反弹持续到 5 月，见到高点 80 美元。我们现在假设交易者在 80 美元的时候做空，通常情况下交易者会认为这个价位不够高，因为此前它的股价曾经触及 103 美元。

> 历史的高点和低点经常成为新手评估股价是否过高或者过低的标准，这是"锚定效应"的一种。

该股价在 5 月中下旬跌到了 56 美元，然后又展开一波回升，在 7 月的时候见到高点 76 美元。这个价位离 5 月的高点还差 4 美元。当该股价触及这个历史高点时，务必要做空它，同时将止损单放置在 5 月高点之上不远处。接着该股价又步入下跌走势，跌到 50 美元的时候已经**跌破了 5 月的低点了，在这也是一个做空的时机**。此后，当该股价跌到 25 美元或者

> 江恩在这里演示了两种做空机会：第一种是见位做空，或者说反弹做空；第二种是破位做空，或者说跌破做空。

其他任何更低的价位都是继续做空的时机，因为它处于下跌趋势中。就算该股价跌到了 15 美元，仍旧是做空的机会，不能单从价格上来评判股价是否过低。此后，该股价在 12 月的时候跌到了 5 美元。该股价从 7 月高点 76 美元跌下来以后，趋势向下表露无遗，并未有其他趋势结束和反转信号出现。因此，正确的操作就是在下跌趋势持续期间做空，任何点位都是正确的。

交易者不要受到股价的历史高点或者低点的干扰，不要用这些点位来评判目前股价是否低估或者高估。在 1929 年的崩盘走势中，国际内燃机公司的股票并非我进行挑选的特例，有几百只情况也是一样的。领先拉姆利（Advance Rumely）股票就是其中一只，该股价在 1929 年 5 月的时候曾经高达 105 美元，但是在当年 11 月的时候却只有 7 美元了。

我还可以列举更多的例子，这些股票的价格在 1929 年的顶峰的时候并没有超过 25 美元或者 30 美元，即便看起来价格并不高，此后也下跌到了 15 美元、10 美元和 5 美元。只要股价趋势向下，那么下跌期间的任何点位都是做空的点位；只要股价趋势向上，那么上涨期间的任何点位都是做多的点位。

下跌趋势中任何点位做空，理论上是没有错的，关键还有一个风险控制问题。如果没有在恰当的点位进场做空，则止损幅度就会变得很大，风险报酬比就变得不那么合理了，因为风险大幅增加了，报酬也缩小了一点。因此，江恩此处更多强调的是顺势做空，强调趋势，而不是时机。

趋势的判断并不容易，即便判断出来趋势，时机的把握也很重要，否则，就会出现无从下手，或者方向看对、时机很糟糕的情况。江恩之论，仁者见仁，智者见智。

17. 危险的做空交易

当股票的流通盘较小的时候，做空是非常危险的，因为这些股票的筹码很容易被锁定，进而出现逼空。推动流通盘在 100 万股的股票上涨肯定比推动流通盘在 1000 万~5000 万股的股票上涨更容易。**做空最好选择那些流通盘大的个股，做多最好选择那些流通盘小的个股。**

一些小盘股都曾经出现过暴涨，如鲍德温机车公司（Baldwin Locomotive）、铸钢公司（Crucible Steel）、休斯敦石

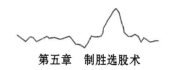

油公司（Houston Oil）、美国钢管（US Cast Iron Pipe）以及钒钢公司（Vanadium Steel）股票等。

18. 在牛市末期买入低价股的误区

牛市持续好几年之后，交易者会试图买入那些落后大盘的个股，这是常见的事情。交易者之所以会选择低价股，其原因在于他们认为既然其他股票已经涨了这么多了，那么低价股多少也应该赶上来。这是普通交易者最容易犯下的错误之一。

如果牛市已经持续数年，而且有多重证据表明牛市步入尾声。当行情处于牛市最后 3~6 个月的时候，交易者如果认为低价股会补涨而买入，则是非常危险的做法。一些低价股上涨启动得更晚，获利时间短，更何况高价股会在牛市尾声阶段飙升，因此相比之下高价股比低价股更值得交易者关注和介入。

当交易者从行情走势图中发现低价股已经涨到了新高区域且走势强劲时，才能够去买入。相反，这些低价股仍旧处于窄幅波动区间，成交量低迷，那么就不要去碰这类股票。

恨铁不成钢的低价股在 1929 年下半年的牛市行情中表现乏善可陈，其他股票上涨的时候，它们却下跌，持有它们的交易者都损失巨大。这类股票包括阿霍思橡胶公司（Ajax Rubber）、美国农化（American Agricultural）等几十只股票。

"比价效应"使得非理性的交易者倾向于买入补涨股和跟风股。这类策略在大盘和板块强势的时候有效果，一旦大盘或者板块整体走弱，那么这些补涨股和跟风股往往跌得更凶。做题材投机就要做龙头股和强势股，捡便宜会发现其实并不便宜。弱势股之所以是弱势股都是有深刻原因的，不要被表面的股价绝对高低所迷惑。

不是放量突破震荡区间的个股，都无法获得江恩的青睐。

股票名单很长，意义不大，我就不一一翻译了。

19. 如何确认阶段性龙头股

如果交易者手头有一份《财经日报》，那么**在每日收盘后**

应该复盘一下当天的行情，从中挑选出当日成交量最大的股票。这样你就能判断出这些股票哪只能在未来一定时期内成为市场的龙头股。同时，**交易者也应该关注那些持续窄幅震荡、成交量低迷很长时间的个股。一旦这些个股的交易量开始显著放大，放量突破震荡区间，则交易者就可顺势跟进。**当一只股票突然交易活跃，放量突破，则交易者可以初步假定这只股票会在短期内成为潜在的龙头股，接下来就应该顺势跟进了。

> 江恩这段话放在今天仍旧具有极大的指导意义。龙头股一和龙头股二有什么样的必要条件？首先成交量必须让市场侧目。成交量巨大不一定是龙头股，但是龙头股一定是成交量持续放大的。

20. 不活跃的股票

某些股票长时间波动不大，但只要它们的趋势维持向上，你就可以期望这些股票在上涨的最后阶段会以暴涨结尾。**无论一只缓慢波动的股票是处于上涨趋势还是下跌趋势，你都可以等到其快速运动之后了结头寸，这样的操作会最大化你的利润。**最后的飙升或者暴跌可以让你快速赚到大钱，这类冲刺有时会持续 3~10 天，有些时候甚至更长。

当一只股票暴跌或者暴涨 6~7 周之后，交易者应该注意其趋势可能发生变化，至少会有短期的变化，这是一个具有普遍性的法则。有一些例子可供参考，例如，1929 年 7~8 月的美国钢铁股票、美国工业酒精（US Industrial Alcohol）股票以及提姆肯轴承公司（Timken Roller Bearing），这些股票启动晚一些，到 8 月才出现最后的飙涨走势。

21. 股价出现极端波动的原因

股市不会误导大众，是大众自己在误导自己。股价运动

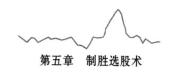

一旦处于趋势之中就会走极端，要么涨得非常高，要么跌得非常低。为什么股价会出现极端波动呢？这是因为当股价在高位时，交易者没有及时卖出，等到股价跌得很惨的时候，他们才匆忙割肉，这导致股价进一步大幅下跌，远远低于其合理价值。同样，牛市中交易者都非常乐观，浮动盈利丰富，在这种情形下大家继续疯狂买入，股价不停上涨迫使做空的交易者回补，甚至空翻多，这就使得股价大大高于其合理价值。

> 股价出现极端波动的原因其实主要有两个：第一是信贷和流动性变化；第二是大众情绪与题材。这一小段让索罗斯来写，应该更加全面和出彩。

22. 股价在低位缓慢波动和在高位快速波动的原因

股价越高，则波动就越快，交易者的盈利机会就越大。因为大部分交易者都偏爱低价股。当某只股票处于低价位时，如 25 美元甚至更低的价位，并且一直在低位徘徊，持续了许多年。在这段时期，交易者们大量买入这只股票，股价慢慢涨到了 50 美元左右，于是大众追买。

等到股价涨到 100 美元附近的时候，大众要么因为恐高而卖出，要么因为市场情绪亢奋而蜂拥入场。但是，很快因为超买而出现显著回调。这个时候大众倾向于获利了结。而主力和内幕交易者则认为股价仍旧显著低于其价值，股价趋势仍旧向上，于是他们决定买入。当主力接盘完成之后，浮动筹码大幅减少，上涨变得更加容易。

当股价涨到 180~200 美元的时候，许多空头都会回补，**而低价买入的联合坐庄的主力们则会选择大众一致看多的时候兑现利润。**因为他们认为大众不愿意交易 200 美元以上的股票。

当股价突破 200 美元的时候，背后各种势力的交锋是不可避免的，如职业做空者、联合坐庄的主力和游资大户以及价值投资者的交锋。一只股票从 200 美元涨到 300 美元所花

> 在《外汇交易三部曲》中我提出了三个秘密公式，其中一个是"盲利公式"。具体来讲，就是大众的盲点就是超额利润的来源。大众都不喜欢高价股，那么高价股就会一高再高，而这样丰厚的利润只会落在"少数派手中"。

> 站在各类玩家群体的立场想问题，他们会怎么想？

费的时间往往要比 50 美元涨到 100 美元所花的时间更短。因为一只高价股往往只有大户才能玩得起，他们资金雄厚，交易数额巨大。

当一只股票达到一个可以让主力和内幕人士出货的价位，则他们巨大的抛售数量将足以让趋势转而向下。此后，逢高做空的交易者获得了一个巨大的盈利机会，前提是他们必须耐心等待行情走势图给出趋势向下的明确信号。

低价股，具体来讲就是低于 50 美元甚至 25 美元的个股，有时候会出现暴跌走势，如新天堂（New Haven）这只股票曾经高达 280 美元，此后逐步下跌。当其股价跌破 100 美元之后出现暴跌，此后跌破 50 美元的时候也出现了暴跌。股价跌到 25 美元之后，又出现了一波破位下跌走势。为什么会跌跌不休呢？其原因在于一些持股多年的交易者在股价持续下跌却不分红的现实下绝望割肉。绝大多数抛盘位于 20~12 美元。最后，在经过长时间成交低迷的震荡和蓄势之后，该股东山再起，从 10 美元一直涨到 1929 年 10 月 132 美元才见顶。

> 题材、市场舆情、成交量与价格一起结合起来你就可以看到对手盘的鲜活面孔。如何具体入手呢？跟踪各类相关题材，并且知道基于题材性质进行判断；关注主要媒体有关该股的评论，特别是其中带有的情绪字眼，当一致乐观的情绪出现时，该股短期内看跌的可能性很大；成交量显著放大的地方要搞清楚为什么，是大家乐观了，还是有什么公告，与心理面和题材结合起来解读放量；价格则要关注一些关键点位，可以结合斐波那契点位分析。股票价格的斐波那契点位分析请参考《高抛低吸：斐波那契四度操作法》一书。

23. 持股等待的观察期

当你介入一只股票的时候，务必基于合理的理由，也就是要在合理的时间内有获利的极大可能。但是，**不要忘记任何交易都可能出现错误，倘若股价走势与你此前的预判相反，那么就必须及时止损。**

就算股价的走势与你的判断一致，你还可能失误。因为倘若股价处于不温不火的状态，也就是股价几乎不变，那么你会损失掉资金本应该赚取的固定利息，这也是实际上的损失。因为如果你能恰当地将这笔钱投入到其他机会上，则可以抓住一个新的盈利点，并且赚到利润。

> 江恩在这里讲的是机会成本的概念。机会成本是经济学的一个重点概念，与会计成本存在较大区别。

通常情形下，当股价走势出现看涨或者看跌信号之后，

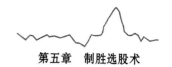

如果这一信号是有效的，那么股价会在 3 周内出现相应的走势。因此，这 3 周时间就是交易者应该耐心等待的观察期。假设在这 3 周时间内，股价并未发生信号所示的波动，那么你就应该离场去寻找其他机会。

　　某些个股股价波动缓慢，如投资吸引度较低的股票，那么该股价可能窄幅波动 3~4 个月。因此，在某些情况下耐心等待 2~3 个月，等到股价出现显著波动才介入也是值得借鉴的做法。交易者需要注意的一点是：**持有震荡个股的时间越长，你的判断就会变得越发非理性，更容易走极端，因为你抱着一种期望在持股，而不是基于合理的证据。**

　　交易者应该实事求是地研究个股，分析出该股股价波动率低的真正原因。如果你没有得出合理的结论，也就是说找不到该股未来会出现显著波动的原因，那么你就不应该继续持股。在这种情况下，立即离场观望才是明智的选择。即便你找到了一些该股未来会出现显著运动的理由，但是这些理由并未发挥预期中的作用，股价仍旧蛰伏不动，那么你的判断一定是在什么地方出现了问题。

　　交易者应该给自己制定明确的交易规则，当初次预判被确认错误时应该立即离场。持有头寸让我们的判断力下降，离场后我们的判断力会上升，因为在离场后就不会受到股价的显著影响，恐惧和贪婪的情绪就不会影响到我们的理性判断，我们的判断能力将显著提高。

　　江恩在这里提到了"沉没成本"的概念，虽然从理性的角度来说我们不应该受到该因素的影响，但实际上每个人在决策的时候都会深受其害。

24. 操纵股票

　　股票在很多时候会涨到远远超过其内在价值的高位，这可能是因为一些联合坐庄的主力在短时间内控制了这只股票的筹码，进而操纵该股股价非理性地上涨。当然，随之而来就是盛宴过后的满地鸡毛，股价从高位崩盘。

所以，当交易者被这些股票高位套住之后，应该知道该采取什么样的合理措施。无论是交易这类被操纵的个股，还是交易那些有着真实业绩支撑的个股，只要股价在上涨，就一样赚钱，但前提是能够在恰当的时机全身而退，永远追随趋势。

我们以领先拉姆利（Adance Rumley）股票为例，这只股票在1928~1929年出现了不同寻常幅度的上涨。但是，这种上涨却缺乏坚实的基本面基础，只不过是主力操纵的结果而已。即便如此，只要交易者能够按照行情走势图给出的信号进行操作，仍旧能够从中获得丰厚的利润。

回顾这只股票的历史行情，可以帮助交易者掌握卖出的时机。该股股价在1912年见到的高点是101美元，在1915年见到的低点是1美元，1919年见到的高点是54美元，1924年见到的低点是6美元。这只股票在整个牛市中，属于较晚启动上涨的个股，当许多股票在1920~1921年见底上涨之后，该股却在几年后才见底上涨。

该股股价从1924年的6美元起涨，在1926年涨到了22美元。但是到了1927年，它又跌到了7美元。这个点位是一个买点，因为**这个低点比1924年的低点相比高出1美元**。此后，该股股价从这个低点恢复上涨，大幅攀升，到了1928年4月的时候已经突破了16美元，这表明该股股价还将继续走高，交易者应该加码买入。

在同月，该股股价迅速突破了22美元，这是1926年的高点。突破这一历史高点，表明趋势强劲，因为该股股价已经站到了1921年以来的所有高点之上。到了1928年9月，该股股价已经触及了64美元。此后，该股股价回调，在当年12月跌到31美元见底。

此后，该股股价重回快速上涨的态势，在大概5个月的时间内飙升到了105美元的高位，大幅上涨了74美元。这样的上涨速度实在是太快了，况且该股股价并没有公司业绩的支撑，在这个点位上该股股价非常不稳定。另外，1912年的

底部抬高，是江恩用来确认上涨趋势的惯用工具。

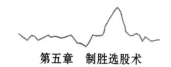

高点是 101 美元，而 105 美元在此附近。综合考量之下，现在是卖出该股票的时候了。

但是，105 美元比 101 美元高出 4 美元。倘若交易者并没有卖出，那么也应该将跟进止损设置在比高点低 10 美元的点位上。具体而言，交易者应该将跟进止损移动到 95 美元这个点位上。当该股股价跌到 95 美元的时候，交易者卖出。

此后，该股股价下跌，触及 95 美元，此后再也无力反弹，倾泻而下。等到该股股价跌破 82 美元时，已经回到了前 3 周的底部下方，进一步下跌的空间被打开了。

另外有一个细节需要注意，**当该股股价在 105 美元的时候，建议或者暗示买入这只股票的小道消息广泛传播，但是相应的该股股价却表现得不振。**此后，反弹的幅度基本都很小，被套的多头根本没有好的机会离场，其中许多人最终被深套。

1929 年 10 月，这只股票股价再度来到了 7 美元，跌到了 1927 年的同一个低点，这也是一个买点。此后，该股股价回升到了 23 美元，交易者如果能够趁机抢反弹，则可以挣点快钱。此后，该股股价进入到窄幅震荡之中。

实际上，当该股股价崩盘之时，其他股票并未出现显著下跌破位，这进一步证明了该股股价此前的上涨主要是主力操纵所致。从 1929 年 9 月起，几乎所有股票都随着大盘出现恐慌式下跌。当然，**大盘下跌并非完全是坏事，你可以从中寻找逆大盘走势的个股，如果个股逆着大盘走出独立上涨行情，则表明背后一定有特别的因素需要我们关注。**

总之，当股价因为人为操纵而涨到不合理的高位时，交易者需要留意恰当的离场时机，这非常重要。

当基本面、心理面与技术面背离时，交易者就需要注意是否趋势转折点已经来临。一致看好的舆情出现后，交易者应该避免被感染，这个时候最忌讳追高。如果股价出现利好不涨，则往往是危险信号。主力善于在高位利用利好出货，因此如果出现利好叠加放量滞胀，那么往往是主力出货的信号。

强于大盘的个股值得投机客关注，其中或许有机会。

25. 大幅飙升的时间间隔

火山的两次大规模喷发之间往往需要间隔很长的时间，虽然维苏威火山每天都在喷发，但是规模都非常小。真正大规模的剧烈喷发，能够造成重大破坏和骚乱的喷发一般每隔大约 20 年才会发生一次。股票大幅飙升的特点与此类似。

你可以去查看一下历史上那些龙头个股的行情走势图，你会发现大幅飙升的走势之间都间隔了相当长的时间。

我们来看几个实例，第一个例子是联合太平洋铁路公司（Union Pacific）股票。该股股价从 1904 年低点 80 美元开始上涨，一路涨到了 1906 年的高点 195 美元，此后在 1907 年的恐慌式下跌中触及 100 美元，接下来又恢复上涨，于 1909 年 9 月触及 219 美元。这类上涨就是我所谓的火山喷发式的大幅飙升。该股股价在 1906 年出现过一波巨大的上涨，1909 年股价继续走高。此后，该股股价一路下挫，到了 1917 年见到 102 美元的低点，此后上涨，到了 1921 年见到 111 美元的高价。其间，该股股价再也没有出现一次大幅飙升。

1928 年 8 月，该股股价涨到了 194 美元，此后进一步上涨，突破了 219 美元的纪录高点，这个点位是 1909 年创造的高点。突破之后，该股股价转而回落，在 1929 年 3 月 26 日回调到了 209 美元。然后以此为起点，逐渐走高，在同年 7 月触及 232 美元，然后加速上涨，在同年 8 月触及 297 美元，创下历史最高价，在此构筑顶部。这个高点较 8 月的低点高出 103 美元。

上述走势就是我所谓的火山喷发式飙升，当这种走势出现之后，卖出的时点也临近了，因为买入的大机会已经逝去。在 1909 年之后交易该股的人会期望该股立即复制 1906 年和 1909 年的大幅飙升行情，但却需要再等 20 年才能再度碰上这

强势龙头股的第二春与此有区别，第二波上涨往往与第一波上涨相距不远。第二波上涨相当于艾略特波浪模型的第三浪。

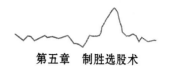

样的大机会了。因此，**交易者必须认识到一旦股票出现了大幅飙升行情，则很长一段时间之内都不会再度出现类似的大行情了。**

　　第二个例子是铸钢公司（Crucible Steel）股票。该股股价也曾经出现过井喷行情，从 1915 年的 13 美元开始一直涨到了 110 美元，接着又回落到了 45 美元。几年后从 1919 年的 54 美元附近上涨到了 1920 年 4 月的 278 美元。接着，上市公司进行了股票分拆和红利发放。该股股价一直下跌到 1924 年，在 48 美元附近构筑底部。

　　有些在 1924~1929 年买入该股的交易者希望能够重现 1919~1920 年的大幅飙升走势，死守该股，以至于错过了在其他个股上赚钱的好机会，因为有些股票在这段时间的涨幅堪比铸钢公司当年的大幅飙升行情。

　　因此，**交易者必须持续关注新的龙头股，**旁观那些曾经出现过巨大涨幅的飙升股，也就是昔日的龙头股。同样的做法也适合于下跌大势中。如果一只股票出现过巨幅下跌，那么要间隔相当长的时间才会出现类似巨大规模的下跌，正如巨幅上涨之间需要较长的时间间隔一样。

> 巨大的高位套牢盘需要很长时间的消化过程，如果主力贸然介入，则很容易被巨大的抛压所累。除非基本面在短期内巨大的积极变化，这个时候大资金就敢于解放大量的高位套牢盘。

26. 新　　股

　　交易者应该记住：做空新股一般会更加安全一些。所谓的新股是指在纽交所上市数月到两年的股票或者是已经上市，但是最近重组的公司的股票。

　　股票发行时的承销商会大肆吹捧这些新股，以便吸引大众蜂拥买入。但是，数月或者数年之后，买入股票的人们会发现心理落差很大，此前的期望完全落空了。股票表现不佳会促使上市公司重组，经营不善会导致上市公司清盘。重组和清盘会导致投机性多头逐渐离场，在高位买入的投机者离

> 新股在 A 股市场往往拥有不一样的风景，甚至截然不同，因此不能照搬江恩的观点。

场之后，那么低位接盘的投资者和大型投资机构会锁定筹码，该股股价将获得一个长期上涨的起点。当然，这样的股票需要相当长的时间构筑底部，需要很长时间来蓄势待发。

27. 有关做空你从未听闻的真相

许多交易者都惧怕做空股票，原因之一是他们从未获悉做空的真相，因为从来没有人悉心教导过普通交易者。事实上，做空与做多一样，并不特别危险。更进一步来讲，做空能够让交易者在熊市中也能挣钱，甚至比牛市中挣钱还快。

几乎所有的财经报纸的撰稿人以及卖方机构和经纪人都不鼓励交易者做空，连投行也如此主张。

但是，股价涨得过高之后总会下跌，为什么几乎所有人却不提倡做空呢？

在许多媒体上你会看到如下的语句："空头在逃亡""空头陷入绝境""空头的钱包被榨干""空头被迫回补头寸""空头在溃逃""这些个股当中隐藏了一个可恶的大空头"，等等。为什么你很难在媒体上看到相反的语句，例如，"多头的钱包被榨干""多头在溃逃""多头被迫平仓""多头陷入绝境"，等等。

> 股市上的空头总是遭大众厌恶的，因为大多数人都是多头。

当股市在 1929 年的大恐慌中暴跌时，纽交所曾经公布了一批做空交易者的名单。市场构筑顶部的时候是极端危险的，因为大众处于极端乐观的氛围之中。所有人都在买入，这个时候的交易者最需要提醒和保护。但是，为什么证券交易所不公布买入做多者的名单呢，同时也列出高位做空者的名单，这样才公平，这样才有提醒意义。知道哪些人在顶部做多，与知道哪些人在底部做空一样重要。但是，证券交易所却不会提供这样一份有价值的报告。

当几乎所有人都在高位做多的时候，股价就不得不走低

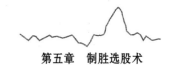

了；当几乎所有人都在低位做空或者割肉的时候，股价就不得不走高了。

围绕普通交易者的舆论都是反对做空的，而对于做多则极力提倡，舆论不断给出买入的各种理由。但是，交易者需要知道的是真相，而不是情绪化的东西。

任何一个持续多年研究股价历史走势图的人都会得出一个相同的结论，那就是如果做空进场恰当，那么做空与做多的风险没有什么不同。

1929 年 10 月 24 日和 29 日的疯狂走势中，许多"股市羔羊"被屠宰了，如果他们能够选择做空的话，结果要好很多。在整个 10 月的恐慌暴跌中，多头出现大溃逃。这是历史性的大股灾，多头损兵折将，华尔街血流成河，"黑色星期五"降临，哀鸿遍野。在多头伤亡惨重的时候，我们却听闻媒体大肆宣扬空头悲惨下场的言论。

倘若在 1929 年 10~11 月的暴跌中有更多的做空者的话，那么股市就不会出现如此多的踩踏，也不至于跌得如此惨不忍睹。因为在股价下跌的过程中，空头会获利回补，相当于空翻多，这样就会有助于缓解下跌的动能。许多股票就不会出现灾难式的暴跌。

总之，在恰当的时机做空与恰当的时机买入一样，都是维系股市健康运行的基本因素。

> 一致预期点就是趋势转折点，往往也是底部和顶部诞生的时刻。

> 有了空头的存在，个股的非理性上涨就会受到抑制，这就使得泡沫没有那么大。当泡沫破灭时，自然跌幅也就小了。阴阳相互制约，相互维系，这就是空头之于多头的意义。

28. 拆股和分红的原因

正如我之前提到的一样，当股价涨到 100 美元以上的时候，散户大众一般是不会参与的。但当股价升到 200 美元或者 300 美元的时候，公众的参与度会进一步下降，这是公认的事实。

大多数来纽交所上市的公司都是看上了这里有广阔的融

资市场，这样他们就可以很好地派发自己的股份。为了让公众不惧怕高价股，愿意买入自家的股票，这些上市公司就会采取拆股和分红的做法，以便让每股股价除权后回到 100 美元以下的更低价位。这样就能够让大众更有能力去交易自己的股票。

一些业绩优秀的上市公司也会进行股票拆分和分红，他们也有自己的充分理由这样做，因为在现行的法律框架下，股票分红可以免税。还有一些公司之所以分红，确实是为了吸引新的资金成为股东和合作伙伴，能够共同推动公司的发展和分享公司的利润。

但是，对于那些高度控盘的庄股来说，股票分拆和分红的目的只有一个，那就是吸引大众来高位接盘。当筹码在高位派发成功后，股价就会一路下跌。

股票分拆与分红对股价的短期影响是有区别的。股票分拆后，股价需要较长时间完成筹码交换，股价波动要显著一点；股票分红后，股价的波动则不太显著。上述现象可以看成是一个规律。当然，交易者还是需要基于行情走势图来判断趋势，然后顺着趋势去交易。

除此之外，还有一条操作法则具有价值，那就是当**股价已经具备了极大的涨幅，然后在高位宣布分红，这个时候你就要及时离场了**。离场旁观，寻找下一个机会。等待这只股票给出明确的大幅向下或者向上运动的信号时再进场。

29. 公司的所有者

当你着手了解你想要交易股票的基本情况时，一项非常重要的任务就是搞清楚这只股票的控股股东是谁？管理方是谁？

J. P. 摩根财团持有或者管理的公司在股票市场上都有不

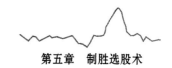

俗的表现。除非摩根财团认为这家公司未来的前景光明，否则不会介入这家上市公司。杜邦财团（Du Point）涉及的公司往往也是优秀的公司。

因此，**当交易者想要成为一家公司的股东时，可以追随股市上成功者的足迹。当然，选择好的上市公司是一回事，选择恰当的买入时机又是另外一回事。**

第一个实例，以美国钢铁这只股票为例，买入这只股票的恰当时机不是在它第一次重组的时候，而是在股价跌到 10 美元附近的时候。在 10 美元附近的时候，技术面发出底部信号，同时摩根财团出现在该股股东名单中，这表明聪明资金看好这只股票的未来。虽然该股股价数次从高点下跌 50 美元到 75 美元，但是总能回升走强。从行情走势图上可以看出该股虽然屡次下跌，但是总能强势上涨重回高点。

第二个实例，1921 年摩根财团和杜邦财团从杜兰特（Durant）手中接盘通用汽车股票的时候，该股的价格在 15 美元附近，此后继续下跌到了 8.25 美元。然后进入窄幅盘整走势，直到 1924 年该股股价的趋势才转而向上。

当你获悉该股是由摩根财团和杜邦财团掌控之后，下一步要做的是选择买入时机。因为聪明投资者看好的公司一定是有前途的公司，他们会让这家公司走向成功，但是具体的买入时机却有待商榷，不能操之过急。或许你会等上 3 年时间，然后在接近底部的时候买入这只股票，快速地大赚一笔。第三个实例，国民城市银行（National City Bank），这是世界最大的投资银行之一，近些年来他们在股市上对许多公司产生了兴趣，而这些公司后来都表现不俗。然而，再好的股票也有见顶回落的时候，那时候就应该及时离场。相反情况下，如果这些被大金融机构看好的股票见到了底部，而行情走势图显示反转走势来临，你买入这些股票之后就会有赚钱的机会。

管理方也是我们要注意的一个因素。**差劲的管理层毁掉了不少优秀的公司。**在杰伊·古尔德（Jay Gould）力图振兴铁

追随 Smart Money 是古今中外投资界通用的法则之一。

A 股市场中的个股的十大流通股股东名单也值得我们关注。

"王亚伟概念股"也曾经在 A 股引发一股潮流。龙虎榜上的上榜知名营业部往往也是"聪明资金"的代表。股市上存在各种类型的聪明资金，有机构、有游资、有主力、有大户等。

路公司之前他就毁掉了这些公司，因为他的管理能力堪忧。在那个时候，交易圈里面流行一句口头禅："做空古尔德插手的公司"。

怡瑞公司（Erie）是另外一家长期处在糟糕管理的公司，它的股票毫无价值。许多交易者在这只股票上折戟，因为它数次处于破产托管的境地。

相反的情况则是那些优秀的管理层。例如，已故的 E. H. 哈利曼（E. H. Harriman）在 1896 年接手了联合太平洋铁路公司（Union Pacific）。当时，这家公司已经处于破产境地，但是哈利曼的杰出管理，让这家公司起死回生，成为美国最伟大的铁路公司之一。哈利曼是一位富有创造力的管理者，闻讯买入其公司股票的投资者都坚信这样一位优秀的管理者会带来利润。

> 菲利普·费雪非常注重管理层，由此可以看出江恩的这段论述与价值投资派不谋而合。

总之，糟糕的管理可以毁掉一家优秀的公司；优秀的管理可以让一家濒临绝境的公司东山再起。

30. 利率、债券与股价

交易者应该研究利率和债券的平均价格，并将这些数据与股市股指进行比较，这是非常重要的做法。从数据的对比中，你会发现利率是如何影响债券价格的，也可以看到债券价格的高低点如何与股指的高低点对应。**利率的调整可以预示债券价格的涨跌，而从债券价格的变化也能预测出股票市场的反应。**

> 本小节的内容可以与"附录 3 跨市场分析：债券市场、股票市场与商品市场"结合起来阅读，效果更好。

利率和股指的叠加走势图可以告诉交易者利率走高时股市会怎样反应，利率走低时股市会如何反应。在利率走到高位时，股市从来都是随之走低的，迟早如此。因为高利率意味着贷款需求猛增，货币供给收紧，而这迟早会影响投机客的融资能力，迫使他们平仓以便偿还贷款。

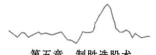

然而，低利率却未必意味着牛市会到来，从利率和股指的叠加走势图中你可以发现这样的规律。与利率极高的情形相反，**利率极低意味着经济对货币的需求极小**。因此，当利率很低的时候，或者是低于平均利率水平的时候，经济形势往往都是很差的时候。

当经济环境不佳的时候，上市公司的业绩也不会好到哪里去，当然也就不能加大分红的力度。当经济整体好转的时候，利率就会逐渐走高，股市则会随着利率的波动而波动，或者会稍微先行一点。

下面举一些具体的例子。1914 年 12 月股票平均股指就见底了，但是到了 1915 年 9 月债券的平均价格才见底，也就是说债市见底的时间要比股市晚了大约 9 个月。1915 年 11 月，股市见顶，而债券价格见顶的时间则为 1916 年 1 月。

此后，债券价格没有反弹，而是持续走低，直到 1917 年 12 月见底。股市在 1917 年有过反弹，美国钢铁股票在 1917 年 5 月见到年度的高点。

1917 年 12 月，股市见底。1918 年 5 月，债券价格见顶，不过这仅仅是一次小幅反弹的高点而已。

1918 年 9 月，债券价格再度探底，且点位与 1917 年 12 月的底部相同，构成了所谓的双重底，这是一个买入的机会。此后，股价逐步回升，持续走高。到了 1918 年 11 月，债券价格见到反弹后的最后一个高点，然后拐头下跌。当债券市场走熊的时候，股市在 1919 年经历了一个火热的牛市，股价到了 11 月才见顶。

股市最后的高点要比债市的高点滞后一年。1920 年 5 月，债市来到了大底部，同年 12 月股市见底，上涨随之展开。

债券市场在 1920 年 10 月见到高点，接着一波急跌，在当年 12 月见到次低点。

1921 年 5 月股市见到高点，而债市的高点在之前的 1 月就出现了。到了同年 6 月，债市见到这轮行情最后一个低点，这个低点比一年前的大底部要高一些，属于次级底部。

实体经济中的盈利机会不多，就会导致实际利率较低。

一般而言，现在金融市场的情况是债券价格先于股市走牛，也先于股市走熊，债券价格低点领先于股市的低点，债券价格的高点领先于股市的高点，债券价格一般参考国债价格。但是，江恩那个时代的大多数情况却是相反的，股票指数经常领先于债券价格。另外，债券分析员的宏观分析功底都很强，对股市的整体大势研判要依赖于股市的行业研究员。当然，银行板块的分析师对于宏观大势的把握也是比较深刻和系统的。

判断股市整体趋势时，应该关注国债市场的变化，而不是个别公司债的变化。在交易个股的时候，则应该关注相应公司债的变化，特别是可转债券。

一些股票在 1921 年 6 月见底，但是大多数股票是在当年 8 月才见底的，这是一个终极大底，此后一轮波澜壮阔的牛市展开了。这比债券市场见底的时间晚了 16 个月。

1922 年 9 月，债市见到顶部，股市则继续上涨，直到 1923 年 3 月见到更高点位后才回落。

1923 年 3 月，债市回落见底，但当时的股市却处在顶部。债市窄幅震荡了数月，在 1923 年 10 月触及最后的低点。股市也在同年 10 月见底，反弹到次年 2 月，并且在次年 5 月见到底部。不过部分个股一直到了 1924 年 10 月才见底，在柯立芝当选为美国总统后不久股市转而上涨。

当股市进行最后的调整时，债市却在逐步走高。1926 年 2 月股市构筑顶部，3 月出现破位暴跌。同年 8 月，股市涨到更高高点见顶回落，在 10 月出现一轮暴跌。债市见顶的时间则为 1926 年 5 月，接着在 10 月之前一直处于窄幅震荡的市况。当债市在 10 月探明最后一个低点之后，债券牛市拉开了序幕。

1928 年 1 月和 4 月，债市构筑最后的顶部，这是一个双顶，高点都比 99 美元高一点，但是却没能触及 100 美元，这表明 100 美元整数关口的卖压非常沉重。毫无疑问的是大多数持股者都没有在恰当的时机及时离场。倘若他们持续关注行情走势图，发现债券价格数月在高位横盘，并无向上突破的迹象，他们就应该知道这一区域的抛压很重，应该脱手债券。另一个需要注意的因素是利率在此期间一直处于上升中。

1928 年 4 月，债市开始拐头下跌，同年 8 月见低点，接着一波小幅反弹，反弹持续到 11 月结束。

这段时间内股市一直处于上涨走势，并且在 1929 年 9 月 3 日见到终极大顶。股市见顶的时间比债市晚了大约 20 个月。然而，纽交所的全部股票价格股指在 1928 年 11 月见到极端高点，这是我们很有必要知晓的信息。

1929 年 8 月债市见底，但这个底部比 1929 年 10 月的底部略微低一点。当年 12 月债市反弹，到了 1930 年 1 月再度

> 重要事件成了催化剂，但是趋势还是根本因素决定的。根本因素包括整体业绩预期、风险偏好和基准利率。

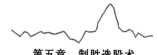

小幅回落，4月的时候开始上涨。

总之，**交易者关注利率和债券市场可以为判断股价走势提供一些帮助。**

除了狭义的债券市场之外，A股交易者还应该关注上海同业拆借利率，以及中国人民银行的相关操作。一些相关知识和技巧可以参考"附录1　釜底之薪：A股的流动性因素简析"。

【原著名言采撷】

1. The human mind works in the same way most of the time. People get used to certain figures and they trade at these prices more than any others. The average man thinks in multiples of fives and tens.

2. The great value of having charts going back ten years or more–if the stock is that old–is to enable you to know where the previous tops and bottoms have been made and when the stock has crossed these old levels.

3. Always watch your volume, because it shows whether the energy or power, which moves the market, is increasing or decreasing.

4. The years of bear markets always show small volume and the years of bull markets always show very large volume.

5. A study of the volume for each week, month, and year on the individual stocks will help you in determining the trend.

6. Many traders get into a stock right, but get out wrong. They may have bought right, but they do not know when to sell, or what rules to follow to determine when the stock has reached top.

7. Stocks in the early stages of a bull market always creep, or move up slowly, having many reactions, but when they come to the finish or final grand rush and reach the boiling point there is a fast move up.

8. If stocks always moved straight up or straight down, it would be easy to make money, but stocks often have sideways

moves.

9. If you will get the daily paper and look over it every day after the market closes and then pick the stocks which had the largest volume of sales that day, you will be able to determine the ones that are the leaders at that particular time and will be for at least a few days to follow, or longer.

10. The market does not fool you. You fool yourself.

11. <u>Your judgment is always much better out of the market than when you are in, because you have no hopes and fears.</u>

12. It is important to study and compare money rates, average bond prices, and also average stock prices. You will see how money rates influence bond prices and how highs and lows for bond prices vary from average stock prices. The money rates forecast a decline or advance in bond prices, and the bond prices forecast what will later follow in the stock market.

第六章

应该如何交易

对于那些创出年度新高、低点渐次抬升，并且最终突破历史最高价，涨到新区间的个股，我们都要认真研究，因为这些往往都是能够让我们赚到大钱的个股。

——W. D. 江恩

"截短亏损与让利润奔腾其实是一个东西"。如果你明白"跟进止损"的意义，那么你就明白了上述这句话的含义。趋势跟踪的核心法则是"截短亏损，让利润奔腾"，但这个法则其实是"不二"的，因为截短亏损和让利润奔腾是一个做法的两面。

——魏强斌

许多让交易者大赚一笔的股票都是其长期走牛带来的。不过，持股等待出现长期持续走高经常都是不划算的做法，具体要看股价处于什么阶段，是否已经接近拉升的阶段。

如果交易者买入了一只处于中低价位的个股，想要持股等待拉升阶段的出现。然而，这只个股在你持股期间并未分红，那么交易者就需要认真考虑一下你投入其中的资金会损失多少利息收入了。除非持股累计所得的盈利能够抵补利息，且略有盈余，否则长期持股待涨并非明智的做法。

许多交易者买入低价股之后，持股不动数年，最后卖出时却只有不到 5 个点的盈利，还认为自己赚了钱。如果他们能够认真地算一下投入资金存入银行后能够产生的复利，就会发现持股获得的收益其实并不高。另外，持股比存入银行要承担更大的风险。

持股有机会成本，同时如果你让大量资金躺在股票账户上也是不明智的，在没有很好的股票介入的情况下，可以考虑购买一些货币型产品以及一些债券等，这样可以提高资金的收益率。

1. 投资者应该何时兑现利润

当我提到投资者的时候，指的是那些想要依靠股价长期上涨赚钱的交易者，或者是买入股票后持股几年的交易者。投资者应该要有一些可靠的指引，能够指引他们在底部附近买入。一旦恰当地买入之后，就应该寻找持股到顶部的正确做法，在牛市结束的时候才卖出。

投资者必须对牛市中的小幅波动安之若素。尽管如此，也需要持续跟踪该股的行情走势图，预判其趋势变弱、牛市结束的信号，进而可以及时离场。

我们以纽约中央地铁公司（NewYork Central）股票为例来说明。我在 1923 年写作的《盘口真规则》一书中把纽约中央地铁公司股票列为交易者的最佳买入股票之一。查看该股股价从 1921 年 6 月低点到 1929 年 9 月高点之前的走势，其中有许多重要的上涨波段和回调波动，共同呈现出上涨的趋势。**股价的高点在渐次抬升，低点也在渐次抬升。**

当股价处于上涨态势时，投资者需要思考的最为重要的一点是"何时兑现利润"。基于我个人的交易法则，在卖出点的决策上需要关注股价启动最后一波飙升行情的时刻，这样的行情走势一般持续 7~10 周。

该股股价从 1921 年 6 月的低点 65 美元启动，并于 1922 年 10 月在 101 美元见到顶部。11 月的时候该股价回落到 89 美元，下跌幅度为 12 美元。1923 年 6 月，该股价见到 104 美元，7 月的时候又回调到了 96 美元，跌掉了 8 美元。

1923 年 12 月该股价见到高点 108 美元，然后回调到 100 美元，下跌幅度为 8 美元。这只股票在 1924 年 2 月到 4 月间波动时持续获得 100 美元的支撑，接着该股价上涨到了一个新的区域，这意味着进一步上涨的空间被打开了。

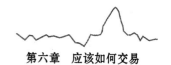

1925 年 2 月，该股价见到高点 125 美元，3 月和 6 月两度回调到 114 美元，下跌幅度为 11 美元，但是这两次回调的幅度都没有从 1922 年第一个高点回调的幅度大，该股价仍旧呈现出上涨态势。

1925 年 12 月，该股价升到了 136 美元的高位。但是到了 1926 年 3 月，随着大盘下跌，大多数个股都恐慌性地下跌，该股股价也随之下跌，跌到了 117 美元，跌幅为 19 美元。然而这次下跌并未跌破 1925 年的低点，也就是 114 美元。**底部抬升意味着该股股价的上行趋势仍旧完整**，投资者应该继续持有这只股票，而不是将股票卖出。

1926 年 9 月，该股股价创出 147 美元的历史新高，接着出现修正，到了同年 10 月的时候股价跌到了 130 美元，但是跌幅不大，只有 17 美元，并没有 1926 年 3 月那次股价调整幅度大。上涨趋势仍旧维持不变，因此投资者不必担心这次调整，应该继续持股待涨。

1927 年 10 月，该股股价在 171 美元见到高点，在次年 2 月见到低点 156 美元，下跌幅度为 15 美元，上涨趋势仍旧维持不变。

1928 年 5 月，该股股价再创历史新高，触及 191 美元。到了同年 7 月跳跃，该股股价回调到 160 美元，跌幅为 31 美元，这是 1921 年以来调整幅度最大的一次，这意味着抛压显著增加。

但是，该股股价并未跌到 1928 年 2 月的低点 156 美元，这表明上涨趋势维持不变。因为该股股价从未跌破这轮上涨趋势启动时的历史底部，或者说起涨点留下的支撑点位。

1929 年 2 月，该股股价触及高点 204 美元，同年 3 月和 4 月出现回调，触及低点 179 美元，下跌幅度为 25 美元。相比 1928 年 7 月的回调，这次回调的幅度还算小。以这个点位为起点，该股股价展开了最后一波强势上涨，涨势一直持续到 1929 年 9 月，在 257 美元见顶，4 个月的时间当中该股股价涨了 78 美元。

江恩定义的"投资者"与格雷厄姆定义的"投资者"有何不同？

"底部抬升"是江恩判断上涨趋势惯用的模型。

现在，我假设投资者并未预料到 1929 年 9 月和 10 月市场将发生恐慌性崩盘，因此他们不会在这个顶部卖掉股票。投资者想要判断出卖出时机和止损点位，就应该回溯该股股价此前的行情记录，进而找到该股股价最大的一次回调幅度为 31 美元。具体来讲就是从 1928 年 5 月高点 191 美元跌到 1928 年 7 月低点 160 美元的这次回调。第二大幅度的回调则是 1929 年 2 月到 3 月、4 月间的那次，幅度为 25 美元。

考虑离场时机和点位需要恪守如下法则：当一只股票已经处于最后一波飙升行情，并且达到极端亢奋的状态，那么止损单就应该放置在最后一个高点的下方，距离最后一个高点的幅度等于最后一次显著回调的幅度。就该股股价而言，应该在顶部下方 25 美元的地方设置止损单。

当该股股价最近一个高点为 257 美元的时候，止损单应该设定在 232 美元。当该股股价触及 232 美元这一点位的时候，该股股价一直下跌，跌到了 1929 年 11 月的 160 美元，下跌期间并未出现像样的反弹。这波下跌的幅度为 97 美元。

持续下跌后一个买点出现了，因为跌幅很大，接近 100 美元，又回到了 1928 年 7 月这波上涨行情的启动位置。1828 年 2 月的低点为 156 美元，**如果投资者以 160 美元再度买入的话，就应该将止损单放置在 155 美元**。这个点位恰好是前一低点下方的位置。

纽约中央铁路公司的股票在 1930 年 2 月上涨到了 192 美元，此后的 3 月见到低点 181 美元，而 2 月见到低点 178 美元。因此，投资者在 1930 年 3 月应该将止损单放置在 177 美元，这也是本书写作的时间。

如果投资者按照我在《盘口真规则》一书列出的法则进行操作，那么在早期会在 1921 年以 65~66 美元的价格买入 100 股纽约中央地铁公司的股票。此后按照我们的跟进止损法则一路持有，那么在 232 美元会因为跟进止损单触发而离场，获利幅度为 167 美元，或者说 1.67 万美元的总盈利。另外，只是在持有该股期间，他还能获得分红收益。总体而言，他

江恩在止损单的设置上有些什么规律？随着经验的累积，他晚年在止损单设定上有什么变化？先带着这个问题仔细阅读本书，然后对照他晚年写作的《华尔街 45 年》进一步思考。

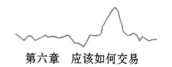

的投资获得了良好的收益。假设他最初购买 100 股的时候，花费了 6500 美元，那么当股价涨到 130 美元的时候，他的浮动盈利已经达到了 6500 美元。假设该股股价在此基础上继续上涨了 100 美元，也就是在 232 美元附近兑现利润离场，那么现在的资金规模近乎初始资金的 4 倍，或者说在 8 年的时间里将资金增长到了 4 倍，也就是每年的收益率有 50%。这表明投资于大牛股的收益是丰厚的。

"每年的收益率有 50%"，这是算术平均收益率，而非复利。

当然，如果能够在操作的时候采用金字塔顺势加码法，也就是该股股价每上涨 10~15 美元就加码一次，那么盈利还会多很多。但是，普通投资者应该不会这样操作。如果采用金字塔顺势加码的方法，那么行情走得越远，则仓位越重，承担的风险越来越高，加码的次数越来越频繁。

2. 投资者应该关注什么

想要依靠抓住牛股来赚大钱的交易者，以及那些真正的投资者，都应该关注股价大幅上涨和回调的幅度以及时间。

江恩所谓的投资者其实就是"趋势交易者"。

投资者第一步要按照交易法则选出恰当的股票介入，买入后只有趋势维持向上，就应该利用移动止损单跟进。当趋势转而向下时，投资者就应该立即离场，平掉多头头寸，在其他还未大幅上涨的个股中寻找新的盈利机会。

我们以南方铁路公司（Southern Railway）股票为例来说明，你可以先查看这只股票的年度高低点走势图。1902 年这只股票股价的高点为 41 美元，在 1903 年的时候该股股价跌到了 17 美元，1906 年的时候该股股价在 42 美元见到高点，这个高点只比 1902 年的高点高出 1 美元。

曾经有一位业绩昭著的趋势交易者对我的一位朋友故作高深地说："截短亏损与让利润奔腾其实是一个东西。"如果你明白"跟进止损"的意义，那么你就明白了上述这句话的含义。趋势跟踪的核心法则是"截短亏损，让利润奔腾"，但这个法则其实是"不二"的，因为截短亏损和让利润奔腾是一个做法的两面。

1907 年和 1908 年的低点都是 10 美元，而 1909 年市场见到高点 34 美元。此后三年，该股股价都在 32~33 美元见到顶部。

1915 年，该股股价跌到了 13 美元见底，此后上涨到 1926 年于 36 美元见顶，这个高点只比 1909 年的高点高出 2 美元。接下来的 4 年，也就是 1917~1920 年，该股股价都在 33~34 美元见顶。数次见顶后都出现一波显著下跌，1920~1922 年，该股股价均在 18 美元见底。这只股票在这个点位上横盘整理了 3 年时间，同时该股股价的低点比 1915 年的底部有所抬升，这意味着该股股价将继续看涨。

1922 年，该股股价向上突破了 1921 年的高点 24 美元，这表明该股股价还将继续上涨。次年，该股股价继续向上突破了 36 美元，此时该股股价在 1906 年以来所有高点之上，这就进一步打开了该股股价的上涨空间，该股成了牛市的龙头股。

这只股票股价在 1924 年上半年继续攀升，干脆利落地突破了 1906 年的高点 42 美元，**这个点位曾经是这只股票的历史性最高点，终于在 18 年后突破了这一高点，确认该股股价后期将有巨大的涨幅。那些在低位已经买入该股的投资者此刻应该加码，并且在后续的上涨过程中采用金字塔顺势加码和跟进止损。**1928 年，这只股票股价上涨到了 165 美元，此后在 1929 年 11 月跌到了 109 美元。

对于那些创出年度新高、低点渐次抬升，并且最终突破历史最高价，涨到新区间的个股，我们都要认真研究，因为这些往往都是能够让我们赚到大钱的个股。

《盘口真规则》这本书是我在 1923 年初写作的，其中你可以看到我挑选美国罐头公司（American Can）、岩岛公司（Rock Island）和南方铁路公司（Southern Railway）几只股票，预测它们将会出现巨大的涨幅。此后，这些股价都表现不俗。如果你也能采用同样的方法挑选出类似走势的个股，那么你就能抓到大牛股！

股价突破历史性最高点时，我们要认真对待，其中可能蕴含着大机会。

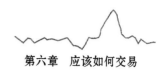

3. 如何操作老股票

投资者最好不要去碰新上市公司的股票，除非对这家公司的前景有足够的把握。但是，信心未必总靠得住，即便是最优秀的投资者也可能折戟其中，他们中的多数人在新公司刚上市的时候也会过于乐观，认为前景一片光明，未来将利好频出。

对于那些希望通过股价持续上涨盈利的投资者而言，最稳妥的交易对象是那些上市多年的股票。倘若某只股票已经挂牌上市 20 多年，分红记录良好，那么投资者就应该先查看其历史走势。在行情走势给出的低点出现时买入，等到主升浪濒临尾声时卖出。这些老股票为什么会在上涨趋势的最后阶段大幅波动，那是因为老股票在持续交易多年后，大部分筹码都在长线投资者手中，因为浮动筹码极少。因此，当买入的需求增加时，该股股价就会大幅上涨。当该股股价升到投资者愿意大量卖出的点位时，该股股价的上涨趋势就止步了。

笔者在《盘口真规则》一书中提到过艾奇逊铁路公司（Atchison）股票，笔者在 1921 年的时候将该股作为铁路板块的优秀股票推荐给大家。这家公司在 1895 年重组更名，到了 1921 年的时候，该股已经上市 26 年了。另外，该股的历史分红记录良好。

1921 年 6 月，该股股价的低点为 76 美元。1922 年 9 月，该股股价见到高点 108 美元，同年 10 月，该股股价见到低点 98 美元，下跌幅度为 10 美元。1923 年 3 月，该股股价见到高点 105 美元，同年 10 月见到低点 94 美元，从 1922 年 9 月的高点 108 美元算起，到 1923 年 10 月的 94 美元，则下跌幅度为 14 美元。但是，该股股价并未跌破底部 76 美元，因此大势仍旧看涨。

江恩这里提到的"老股票"基本上等同于我们现在常说的"蓝筹股中的机构重仓股"。

1925 年 3 月，该股股价见到高点 127 美元；1925 年 6 月，该股股价见到低点 117 美元，这一波下跌的幅度为 10 美元。

1925 年 12 月，该股股价见到高点 140 美元，次年 3 月见到低点 122 美元，这一波下跌幅度为 18 美元。**当时整个股市处于恐慌情绪中，许多高价股的跌幅高达 100 美元，相比之下该股的跌幅算得上是非常小的。**该股股价的走势仍旧相对强势，值得投资者继续持有这只股票。

1926 年 9 月，该股股价见到高点 161 美元，同年 10 月见到低点 142 美元，下跌幅度为 19 美元。趋势仍旧向上，投资者应该继续持股。1927 年 4 月，该股股价触及 201 美元的高点。大家应该记住笔者此前提到过的一条盘面法则：**当股价触及 100 美元、200 美元和 300 美元等整数点位时，总会遭遇强大的卖盘，股价难免会回落。**

如果你熟悉上述法则，那么就应该在股价快要触及这些整数点位之前卖出，然后在较低的点位再度买入。

对于艾奇逊铁路公司的股票而言，投资者可能不知道该股价触及 200 美元会发生回落，因为行情图并没有给出足够的预警提示。到了 1927 年 6 月，该股股价已经跌到了 181 美元，下跌幅度为 20 美元，**底部渐次抬升，趋势仍旧向上。**

1927 年 12 月，该股股价见到高点 201 美元，与 4 月的高点一致，投资者在这一点位附近可以再一次把股票卖出。当然，这是滚动操作，趋势仍旧向上，并未改变。

1928 年 3 月，该股股价见到低点 183 美元，这波回调的幅度为 18 美元，**低点渐次抬升了，确认上涨趋势并未改变。**投资者此刻应该将止损单移动到 178 美元，或者前期低点下方 3 美元的点位上。

1928 年 4 月，该股股价见到高点 197 美元，这次高点略微下降了。此后，该股股价回调，于 1984 年 6 月见到低点 184 美元，**下跌幅度为 13 美元。**如果投资者将止损单放置在 1928 年 3 月低点下方 3 美元的点位上，那么头寸仍旧是安全的。在这一点位附近，该股股价第三次出现底部抬升，这表

强于大盘的独立个股值得我们注意，需要深究其基本面和持仓结构。

滚动操作容易把牛股"卖飞"，此后要想买回来，往往需要付出更高的成本。短线交易者可以这样做，趋势交易者这样做得不偿失。

明后续顶部也会升高，该股股价继续上涨的可能性很大。

1929 年 2 月，该股股价涨到了 209 美元，**创出历史新高，进一步上涨空间被打开了。**同年 3 月，**该股股价见到低点 196 美元，这波回调的幅度为 13 美元，幅度与上次回调幅度一致。**同年 8 月，该股股价触及 298 美元的高位，但是未能突破 300 美元这个整数点位，这是该股股价最后一波主升浪，该股股价已经有构筑顶部的迹象。

需要注意的一个细节是：最近两次回调的幅度都是 13 美元，因此投资者应该将跟进止损单移动到最高点下方 13 美元的点位。一旦止损单被触发，投资者将在 285 美元的点位离场。

根据最近的回调幅度设定恰当的跟进止损幅度。

1929 年 11 月，该股股价跌到了 200 美元，跌幅高达 98 美元。这个点位是一个买点，有三个原因：第一，跌幅将近 100 美元，邻近整数关口；第二，这个低点比 1929 年 3 月的低点高出两美元；第三，该股股价从 1929 年 1 月到 5 月整整横盘波动了 5 个月时间，低点稳定在 196 美元附近。这表明该区域存在强大的支撑力量，当该股股价下跌，无法有效跌破 200 美元时，这表明有雄厚的资金在此附近逢低吸纳，这是一个恰当的买入点位，此后至少会有一次像样的反弹。

倘若投资者在 200 美元附近买入，那么应该随时将跟进止损单移动到比最高交易价低 5 美元的点位上。1930 年 3 月，当笔者写作本书的时候，该股股价涨到了 242 美元的水平，那么现在的跟进止损单就应该移动到 227 美元附近。

为什么是"5 美元"的跟进止损幅度？在《华尔街 45 年》一书中，江恩反复强调"5 美元"的过滤参数，这与此处的跟进止损幅度有什么关系呢？

再来看一个实例——AT&T，这只股票在 1920 年被证明是一直优秀的投资股票，不仅让投资者获得了丰厚的利润，而且还有大笔的分红收益。该股股价出现了大幅的上涨，上涨过程中的回调幅度很小。

这类上市多年的股票在上涨趋势中的回调都非常小，为什么会这样呢？原因之一是这些股票的大部分筹码都在投资者手中，他们坚定持股，并不会在小幅上涨后卖出，也不会在回调时惊慌失措。他们与职业投机客的风格存在差异。职业投机客会介入大众热捧的股票，目的是为了赚取差价。

蓝筹股的买入时机也是非常重要的，重质的同时，还要考虑价格的问题。

即便是购买这类蓝筹股必须在股价低位蓄势待涨的时候买入，不能在股价构筑顶部的时候买入。

现在回到 AT&T 这只股票上，首先需要**查看其历史高低点**，这是一项非常重要的工作。该股股价 1902 年的高点为 186 美元，1907 年遭遇恐慌性下跌后见到低点 88 美元。接下来的高点出现在 1911 年，当年该股股价在 153 美元见顶。此后在 1913 年见到低点 110 美元，在 1916 年见到高点 134 美元，在 1918 年见到低点 91 美元。这个低点是一个良好的买入点，因为下方具有强大的支撑，**在 1907 年恐慌性下跌创下的低点 88 美元就在其下方不远处。**

因此，当该股股价接近这一低点时，无论具体价格是多少都应该买入，止损单放置在 85 美元附近，其实就是 88 美元下方 3 美元处。

再强调一次，研究历史走势的顶部和底部非常重要，1918 年 2 月的高点为 108 美元，8 月的低点为 91 美元，10 月的高点为 108 美元，12 月的低点为 98 美元。1919 年 3 月的高点为 108 美元，4 月的低点为 101 美元，6 月的高点为 108 美元，12 月的低点为 95 美元。

买入的点位可以通过技术分析获得，但是一只股票能不能有大行情这个需要依靠驱动分析和心理分析，业绩、题材和成交量是笔者最为关注的行情幅度研判领域。

1920 年 3 月的高点为 100 美元，7 月的低点为 92 美元，9 月的高点为 100 美元，12 月的低点为 95 美元。有一点需要注意，那就是 1919 年和 1920 年的低点略高于 1918 年 8 月的低点，**这表明该股股价在历史低点附近获得良好的支撑，是一个买入的时机。**

该股股价曾经 4 次在 108 美元附近构筑顶部，1921 年 5 月的时候再度来到 108 美元，同年 7 月小幅回调到 102 美元。该股股价走势再度出现了"**底部抬升**"，表明该股股价在前期低点附近有较强的支撑。这时候你已经具备了在阶段性底部附近买入该股的机会。如果你想要采用金字塔加码交易策略的话，当该股股价突破 110 美元时是一个加码时机。这一点位已经高过前期的 108 美元顶部。

这只股票逐年上涨，**低点和高点都在渐次抬升，这是趋**

势向上的标志。

1928 年 5 月，该股股价触及 210 美元，到了同年 7 月回调到 172 美元，但是并没有跌破 1927 年 11 月的低点，上涨趋势并未完全崩塌。

如果投资者持续关注这只股票，或者已经在 1924 年 12 月找到了买入机会，那么当该股股价触及 132 美元的时候，就应该加码了。132 美元这个点位在 1922 年、1923 年以及 1924 年等数年的年度高点之上。

这只股票的最后一波飙升行情从 1929 年 5 月持续到当年 9 月，该股股价从 205 美元涨到 310 美元，上涨幅度为 105 美元。这是最后一波上涨，涨幅巨大，投资者应该准备逢高卖出。但是，**投资者或者投机客并不能准确预判最高点的位置，因此应该首先查看一下最近一次回调的幅度。在最高成交价基础上减去这一回调幅度，就得到了止损单放置的点位。**

最近一波回调发生在 1929 年 4 月到 1929 年 5 月，该股股价从 238 美元下跌到 205 美元，跌幅为 33 美元。

最高市价为 310 美元，最近一波回调幅度为 33 美元，那么止损单应该放置在 277 美元。当该股股价触及这一点位时，止损单成交，投资者会在 277 美元卖出。如果投资者当初在 100 美元附近买入这只股票，那么即便在最后一波涨势中没在最高点卖出，理论上少赚了 33 美元，但实际上并没有多大损失。

1929 年 11 月，该股股价跌到了 198 美元。这个点位附近是潜在的买入时机，**原因主要有两个：第一，该股股价已经从顶部下跌了 110 美元，幅度足够大；第二，在 200 美元这样的整数点位附近具有强大的阻力或者支撑，无论该股股价跌到这里还是涨到这里都会遭遇向上的支撑或者向下的阻力。**

如果投资者在上述关键点位买入，那么应该关注此前的回调幅度，并据此幅度来设定止损单的价位。

此后，该股股价在 1929 年 12 月上涨到了 235 美元，随后在 1930 年 1 月回落到了 215 美元，幅度为 20 美元。

江恩的跟进止损单设置可以量化吗？可以利用自动程序完成吗？

1930 年 4 月，该股股价上涨到 274 美元，在此过程中投资者应该不断移动止损单，止损单应该与最高市价保持 20 美元的距离，直到被触发为止。

最后，我们需要考虑到 AT&T 已经出现了最后飙升的行情，这是上涨行情接近尾声的特征，因此就不能指望该股股价能够重新回到 310 美元的高位，至少数年之内是无法见到这样的高位了。

> 被爆炒到极致的个股一般在几年内不会再出现火爆行情，这样的规律是有前提的，这个前提前面笔者提到过，你能想起来吗？

第三个实例是人民燃气公司（People Gas）股票，首先查看该股 1895~1930 年的年度高低点走势图。1899 年，该股股价见到高点 130 美元；1907 年，该股股价见到低点 70 美元；到了 1913 年该股股价再次触及 1899 年的高点 130 美元。

注意该股股价 1909~1917 年间的低点一直落在 100~106 美元，这表明该股股价在 100 美元附近获得了良好的支撑。这只股票此前处于上涨趋势中，因而让投资者对其信心满满。

当它在 1918 年跌破 100 美元这一关键点位时，说明某些重要因素发生了变化，这是一个警示信号。投资者应该立即脱身，投机客则应该立即入市做空。

1920 年，该股股价已经跌到了 27 美元。接下来经过充分的震荡换手之后，该股股价东山再起。1926 年，该股股价向上突破了 1899 年和 1923 年的高点 130 美元，该股股价能够向上突破这一点位意味着上涨空间完全打开，无论是投资者还是投机客都应该加码买入。

> 制造利好以便主力出货。这类利好往往是一次性利好题材。

此后，该股股价出现大幅飙升，1929 年该股股价在 404 美元见顶，**见顶时公司宣布分红**。

第四个实例是美国钢铁（U. S. Steel）股票，在本书中笔者数次引用这只股票作为案例，倒不是因为只有这只股票才能说明和证实笔者的理论，而是因为这只股票耳熟能详、妇孺皆知，读者对这只股票更加熟悉。

首先查看美国钢铁股价从 1901 年 3 月 28 日到 1930 年 4 月 7 日的历史走势，3 月 28 日是其上市首日，当日的开盘价为 42.75 美元，到了 4 月则上涨到了 55 美元。作为一只流通

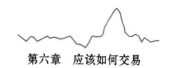

盘只有 500 万股的新股，主力要想不动声色地吸筹建仓自然需要较长的时间来完成。

1901 年 5 月 9 日，恐慌性抛售出现，该股股价第一次大幅下挫，见到低点 24 美元，到了 7 月的时候该股股价又反弹到了 48 美元，随后回落到了 37 美元。**1902 年 1 月该股股价涨到了 46 美元，但是并未能触及此前的顶部 48 美元，这就提供了一个潜在的卖点或者做空点，**投资者和投机客要么卖出手中的股票，要么在此做空该股。

1902 年 12 月，该股股价跌到了 30 美元，次年 3 月该股股价上涨到了 39 美元，高点再度出现了下移。

1904 年 5 月，该股股价触及 8.375 美元，这是该股股价历史上最低的价格。在这一点位附近，该股股价持续了 8~10 个月的蓄势震荡。投资者应该在这一低位附近买入这只股票，或者等到当年 9 月，该股股价突破 13 美元的时候买入，因为这一价位已经超出 1903 年 11 月到 1904 年 8 月形成的阻力点位了。

1905 年 4 月，该股股价在 38 美元见到高点，没能突破 1903 年 3 月的高点，这意味着该股股价将出现回落。同年 5 月，该股股价跌到了 25 美元，在这里获得了良好的支撑，这就提供了一个潜在的优质卖点。

1906 年 2 月，该股股价上涨到了 50 美元，但是只比 1901 年 7 月的高点高出 2 美元。同年 7 月，该股股价回落到 33 美元。1907 年 1 月，该股股价再度上涨到 50 美元，但是没能突破 1906 年的高点，加上该股股价被阻挡在 1901 年 4 月的高点之下，这是卖出和做空的信号。

在 1907 年 3 月的恐慌式下跌中，该股股价跌到了 22 美元，这一价位刚好在 1905 年 5 月的低点下方，所以这又是一个潜在的买入点。此后，该股股价出现一波快速上涨，其间的回调幅度都很小。

1908 年 11 月，该股股价涨到了 58.75 美元，这是历史性高点，突破了 1906 年和 1907 年的高点，以及 1901 年 4 月的

> 反弹不及前高，则是趋势向下的特征，这是江恩的一条隐含前提。

高点，这标志着进一步上涨的空间被打开了。因此，此后的每一次回调都是逢低买入的机会。

1909 年 2 月，该股股价跌到 41.125 美元，通过研究其周度高低点走势图可以发现，这个点位附近邻近底部，应该买入。此后，该股股价出现一波大涨，一直持续到 1909 年 10 月见到 94.875 美元。这波上涨期间并未出现超过 5 美元的回调，**该股股价构筑顶部期间的成交量也创出了历史新高，其周度和月度高低点走势图都给出了明确的见顶信号。**

天量与天价！

倘若投资者或者投机客在 1909 年 2 月该股股价见底时买入，或者在前期任何一个低点买入，那么在 1909 年 2 月出现回调之后，如果持续跟进止损单，止损单始终距离最高市价 5~7 美元。那么，在上涨过程中，跟进止损单都不会被触发。对于等待回调机会买入的交易者而言，如果第一次回调的幅度为 5 美元，那么此后每当回调 5 美元时都会买入，并将止损单设置在回调低点下方 3 美元的点位。这类回调逢低买入者的跟进止损单也不会在上涨过程中被触发。

初始止损与跟进止损其实都实现同样的目标，一旦行情像如期一样发展，则初始止损就会被跟进止损代替。"停损"与"止损"在本书中是等价的，绝大部分段落中译者均翻译为"停损"，但都可以替换为"止损"。

采用上述的跟进止损的方法，结合金字塔顺势加码策略，跟随涨势一路加仓，就能斩获暴利。美国钢铁股价从 1909 年 10 月的高点回落，到了次年 2 月，该股股价已经跌到了 75 美元，3 月时则反弹到了 89 美元，7 月则又跌回到了 62 美元，11 月上涨到了 81 美元。

此后，该股股价在 1910 年 12 月跌到 70 美元，次年 21 月重返 82 美元。有一点值得我们注意，那就是该股股价 3 次在 81~82 美元附近见顶回落，这表明这一区域是良好的做空点位。如果在这一点位附近做空，止损单设定在高点上方 3 美元即可。

1911 年 4 月，该股股价下跌到了 73 美元，但到了当年 5 月该股股价再度上涨到 81 美元，但是未能突破 1909 年 11 月和 1911 年 2 月的高点。一场急跌紧随其后。

到了 1911 年 11 月，美国政府就分拆美国钢铁公司一案提起诉讼，该股股价暴跌到 50 美元。这是一个潜在的买入点

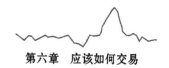

位，因为该股股价在 1901 年、1906 年和 1907 年都曾在 50 美元见顶。因此，当该股股价下跌到早期股价的顶部时，早期顶部的阻力转换成了支撑，现在这一点位成了潜在的买入价位。

从 50 美元这一点位开始，该股股价持续上涨。到了 1911 年 12 月，该股股价涨到了 70 美元。在这一点位附近存在强大的卖盘，随后出现一波下跌。到了 1912 年 2 月的时候该股股价已经跌到了 59 美元。低点渐次抬升表明这就是一个买入时机，厚实上涨可以期待。

1912 年 4 月，该股股价触及 73 美元，到了 5 月该股股价回落到 65 美元，这个低点高于此前的低点，这表明该股股价在更高的位置上获得了支撑，该股股价上涨接下来会出现。同年 10 月，该股股价上涨到了 80 美元，未能突破前期的高点密集区。在这个点位附近，交易者应该卖出手中的筹码，选择再度做空。1913 年 6 月，该股股价下跌到 50 美元，该股股价又重新回到了 1911 年 11 月低点，这是一个良好的买点。止损单可以放置在 1909 年 2 月低点的下方 3 美元的位置。这个低点是最后一波大幅上涨的起点。1925 年该股股价的价格迅速展开恢复性上涨，卖盘活跃。当该股股价最终向上突破 63~66 美元这个阻力预期之后，进一步上涨的空间被打开了，利好厚实，投资者和投机客都应该加码买入。

1915 年 12 月，该股股价突破 80~82 美元的阻力区域，一口气涨到了 89 美元，从这一态势可以看出该股股价最终的涨幅将是惊人的。1916 年 1 月，该股股价回落到 80 美元，在这个前期高点附近获得了支撑，阻力转化为了支撑。同年 3 月，该股股价上涨触及 87 美元，但是并未突破 89 美元，因此后市会出现调整。此后的 4 月，股价果然再次跌到 80 美元。这一点位存在强有力的支撑，因此是一个潜在的良好买点，初始止损单可以设定在 77 美元。

此后，该股股价出现一波上涨，显示向上突破了 89 美元，接下来又突破了 94.875 美元，创出历史最高价，后市进

阻力和支撑既可以是一条水平线或者斜线，也可以是一个区域。

普通散户对于创历史新高的股票一般存有先天的恐惧感，这个时候他们是不敢买入的，市场分歧非常大，因此股价可以继续上涨。等待股价持续走强后很久，利好被逐渐发掘，发酵成为市场共识，乐观情绪感染了几乎所有人，这个时候散户会蜂拥买入，顶部大交换就出现了。

天量出现时，我们要问谁在卖，谁在买？如果市场亢奋，那么一定是散户买入为主，非理性玩家买入为主；如果市场绝望，那么一定是主力买入为主，理性玩家买入为主。

一步上涨的空间被完全打开了。1916 年 11 月，该股股价触及 129 美元，到了当年 12 月，在股市恐慌性情绪的感染下，该股股价也随大盘下跌到 101 美元。1917 年 1 月，该股股价回升到了 115 美元。

1917 年 2 月，该股股价再度下跌，触及 99 美元。买入时机出现了，止损单可以放置在 98 美元，或者是 1916 年低点之下 3 美元的。只要该股的价格能够维持在前期高点 95 美元之上，那么就算得上处于强势状态，后市仍旧看多。

1917 年 5 月，**该股股价涨到了 136 美元，该股历史上的最大几笔成交出现在这一点位附近**。同时，从周度和月度高低点走势图来看，该股股价也呈现出顶部构筑的迹象。另外，三日转势图的情况也支持上述结论，后市看跌。

1917 年 12 月，该股股价跌到了 80 美元，这个点位以前是支撑点，因此现在可以在这一点位附近买入股票，后市的上涨可以期待，止损单可以放置在 77 美元，当趋势继续下行时，可以避免出现本金的重大亏损。

1918 年 2 月，该股股价上涨到了 98 美元，同年 3 月又再度下跌，触及 87 美元，这个低点相对此前的低点较高，因此后市看涨。5 月，该股股价触及 113 美元，但是未能向上突破 1917 年 1 月的高点。到了 6 月，该股股价跌到了 97 美元，8 月恢复上涨，触及 116 美元。这个点位恰好比 1918 年 5 月的高点高出 3 美元，这一点位附近抛盘沉重。周度高低点走势图透露出见顶的迹象，因此应该进场做空。

99 美元靠近 100 美元整数点位，存在天然的支撑和阻力。

1919 年 2 月，该股股价下跌触及 89 美元，这个低点比 1918 年 3 月的低点高出 2 美元，一个买入点出现了。当年 7 月，该股股价上涨到了 115 美元，但是未能突破 1918 年 8 月的高点，所以应该择机做空。当月，**该股股价暴跌到了 99 美元，然后反弹**。当年 10 月，该股股价触及 112 美元见顶，但是这个高点要比 7 月的高点低一些，这又是一个做空信号，意味着该股股价将走低。

1919 年 12 月，**该股股价在 101 美元构筑底部，这个低点**

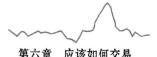

比前期低点高出 2 美元。这一特征表明后期会有反弹出现。
1920 年 1 月，该股股价反弹后在 109 美元见顶，这次高点比
1919 年 10 月的高点要低一些。需要注意的一点是**从 1917 年
5 月开始，该股股价的所有高点都渐次下移**，这与 1911 年和
1912 年的情况相似，这表明空头力量强大。

1920 年 4 月，该股股价上涨到 107 美元构筑阶段性顶部，
再度出现了高点下移的情况，一个做空机会点出现了。同年
12 月，该股股价下跌到了 77 美元，跌穿了前期的支撑点位
80 美元，这一点位是在 1915 年和 1917 年形成的。跌破关键
点位这一信号表明趋势向下，后市看跌。

1921 年 5 月，该股股价上涨到了 86 美元，6 月又跌到了
70.5 美元，在这个点位上存在强大的支撑。同时，日度和周
度高低点走势图都显示股价正在构筑底部。这是一个买入的
时机，买入后可以坚定持股等待该股股价上涨。

此后，该股股价的高点和低点都在渐次抬升，每次回调
后该股股价都创出新高，涨势一直持续到了 1922 年 10 月，
最终在 111 美元构筑顶部。此轮上涨并未突破 1919 年 10 月
的高点，这暗示了至少会出现一次回调走势。该股股价现在
受到的阻力是从 1918 年 5 月开始形成的，具体的阻力区域位
于 109~116 美元。只有当该股股价突破这一阻力区域后，趋
势才能进一步看多。

1922 年 11 月，该股股价下跌触及 100 美元，到了次年 3
月，该股股价在 109 美元见顶回落。这次上涨并未触及 1922
年 10 月的高点，因此趋势看跌。

1923 年 7 月，该股股价下跌到了 86 美元，8 月的时候反
弹到了 94 美元，到了 1923 年 10 月，该股股价再度跌到了之
前的高点 86 美元。此后，**该股股价花费了数月时间来构筑顶
部，持续在该水平整理，这一区域显示出强大的支撑，因此
是一个买入机会。**买入后的止损单可以放置在 83 美元。

到了 1924 年 2 月，该股股价已经上涨到了 109 美元，这
与 1923 年 3 月的高点齐平。当年 5 月，该股股价下跌到了 95

*101 美元靠近 100 美元整
数点位，存在天然的支撑和
阻力。*

*长期在低位盘整，利空也
无法使其跌破该区域，成交量
整体显著萎缩，偶有放量，这
就是个股一种典型的底部特征。*

美元方才止步，这一低点较前期低点更高，这意味着下方承接力度增强了。此后，该股股价出现一波上涨，势如破竹地突破了 1918~1922 年的所有高点，进一步上行的空间被完全打开了。

当该股股价向上突破 112 美元的时候，无论是投机客还是投资者都应该加码买入。1925 年 1 月，该股股价在 129 美元见顶，这与 1916 年 11 月的高点齐平。1925 年 3 月，该股股价跌到了 113 美元，这又是一个买入机会。

1925 年 11 月，该股股价持续上涨，并创下 139 美元的历史新高，这一新高比 1917 年的历史高点高出 3 美元，这意味着该股股价会进一步走高。1925 年 12 月，该股股价回落到 129 美元，次年 1 月又涨到了 138 美元。但是这一高点并未突破 139 美元的前期高点，因此交易者应该卖出或者做空。如果在这一点位做空的话，则止损单可以设置在 142 美元。

> 前期高点是 139 美元，现在是 138 美元，前期高点的阻力作用明显。还未触及前期高点，就有不少交易者想要抛出筹码了。

1926 年 4 月，该股股价跌到了 117 美元，并在此构筑底部，这一低点比 1925 年 3 月的低点还要高，该股股价在更高的位置上受到支撑意味着后市可以继续看涨。另外，该股股价的周度高低点走势图也表明该股股价持续受到强劲的买盘推动上涨，下方承接态势良好。

此后，该股股价展开一波显著上涨，前期高点逐一被突破。该股股价在 1926 年 8 月见到高点 159 美元。同年 10 月，该股股价下跌到了 134 美元，这个价格刚好在 1925 年和 1926 年初的高点之下不远，这一区域为该股股价提供了良好的支撑。接着，该股股价开始回升，展开一波大幅上涨行情，到了 1927 年 5 月该股股价见到高点 176 美元。此后，分红除权后的股票价位是除权前该股股价的 0.4 倍。除权后，该股股价趋势仍旧呈现出上涨态势。

> 在 A 股，除权前处于上涨趋势的个股很多时候会在除权后继续上涨，初期的涨势会回补除权导致的缺口，这段上涨行情被称为"填权行情"。

1926 年 12 月，分红除权后的股票开始交易，开盘价为 117 美元。到了 1927 年 1 月，该股股价跌到了 111.25 美元。**这个价格并未跌破 1925 年 3 月低点 113 美元之下 3 美元的点**

位，这表明支撑仍旧有效。因此，交易者可以在此买入，并将止损单设置在 110 美元。

当该股股价低位波动迟缓时，这就表明它在蓄势走势中，早晚会发动另外一波上涨行情。接下来，到了 1927 年 5 月该股股价就上涨到了 126 美元，6 月该股股价下跌触及 119 美元，在此点位附近获得了强大的支撑，接着该股股价回升。

此后，该股股价向上突破 126 美元，加码买入的时机出现了。该股股价的高点和低点持续抬升，这意味着后市继续看涨。1927 年 9 月，该股股价上涨触及 160 美元。到了同年 10 月，该股股价又回落到了 129 美元。但是，并未跌破此前的高点 126 美元，这表明下方承接力度不错，因此这又是一个买入点。此时，这只股票的成交量非常大，该股股价也出现了急速的下跌，因此此前做空的交易者应该回补自己的头寸，然后买入做多。

1927 年 12 月，该股股价上涨到了 155 美元。但其上涨幅度有限，该股股价并未触及前期的高点，因此后续会有一波下跌。1928 年 2 月，该股股价下跌到了 138 美元，同年 4 月，该股股价又上涨到了 154 美元。这波上涨并未触及 1927 年 12 月的高点，因此交易者应该在此点位附近做空。

1928 年 6 月，该股股价跌到 132 美元，并在此构筑一个阶段性底部。这个低点并未低至 1927 年 10 月的低点位置，因此这是一个买点，相应的初始止损单可以设置在前期低点下方不远处。

此后，该股股价恢复涨势，到了 1928 年 11 月的时候，该股股价在 172 美元构筑阶段性顶部，这一点位对于除权后的股价而言算是新高，比 1927 年 9 月 160 美元的高点还高一些，仍旧处于除权前股价高点 176 美元下方。

到了 1928 年 12 月，该股股价跌到了 149.75 美元，在这一区域附近该股股价再度获得有力的支撑，走势转而向上，进而突破了 176 美元的高点，趋势看涨。

1929 年 1 月，该股股价触及 193 美元，同年 2 月回调到

江恩在本书中习惯于关键点位加上或者减去 3 美元作为有效突破的标志。股价跌破某一关键点位，但是并未跌破超过 3 美元，则不算有效跌破，支撑仍旧有效。

了 169 美元，3 月的时候该股股价重返 193 美元，但是未能向上突破前期高点。这一特征要求交易者及时卖出，或者做空。有一点是相当确定的，那就是从 194~200 美元存在沉重的抛压，因为大量的卖单会集中分布在整数点位附近。但是，如果交易者不把价格离场价格设置得稍微低一点，则没有机会成交。最终，该股股价并未进入上述区域，而是在下方一点就停滞不前，最终拐头了。

1929 年 3 月，该股股价回落到了 172 美元，4 月的时候又一度上涨到了 192 美元。**这是第三次该股股价来到 1929 年 1 月高点下方了，但是仍旧未能突破。这就是一个做空信号出现了，进场做空的初始止损单可以设置在 196 美元。**

1929 年 5 月，该股股价下跌到了 162.5 美元，虽然已经跌破了 1929 年 2 月和 3 月的低点，但是仍旧高于 1928 年 12 月的起涨点。该股股价在 162.5 美元附近获得良好的支撑，并且在周度高低点走势图上可以看到趋势转而向上的态势。

江恩的口号：傻瓜，一定要分析点位！

从 162.5 美元开始，该股股价迎来了最后一波飙升行情，其间成交量巨大，突破了 192~193 美元的关键高点，上涨空间因此打开。笔者在上一章的时候已经谈到了这一波飙升行情。从该股股价启动到 1929 年 9 月 3 日在 261.75 美元见顶，这波行情中该股股价从未出现 3 日连续收低的情况。**这波加速赶顶的飙升行情上涨幅度接近 100 美元，这波走势出现在美国钢铁股票上市第 29 年的时候。**

100 美元的幅度是在江恩理论的空间结构中经常出现的数字，而 29 则是江恩理论的时间节律偶尔出现的数字。

笔者曾经提到过，当股票的筹码集中于投资者手中后，股价会出现飙升行情，涨幅非常巨大，而这种走势经常出现在股价牛市的最后飙升阶段。当筹码被集中锁定之后，股价的拉升变得相当容易。

当最后的飙升行情来临时，投资者应该全身而退，逢高卖出。倘若投资者在股价上涨的过程中持续移动止损单到最高市价下方 10 美元的点位，那么当该股股价从 261.5 美元跌到 251.75 美元的时候，他的止损单才被触发。当该股股价跌到这样的程度时，卖出或者做空的时机就来临了。

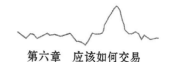

　　1929 年 10 月，美国钢铁股票跌到了 205 美元，此后在当月，该股股价又反弹到了 234 美元。当年 11 月，该股股价下跌到了 150 美元，**回到了与 1928 年 12 月低点齐平的价位上。**这是一个买入的机会，初始止损单设置在 147 美元。

　　1929 年 12 月，该股股价上涨到了 189 美元，当月又回调到了 157 美元，低点渐次抬高出现了，买点随之出现。次年 2 月，该股股价再度上涨触及 189 美元，**与 1929 年 12 月的高点一致**，这是一个卖出的机会，也是一个做空的机会。当月该股股价就跌到了 177 美元，底部渐次抬高现象又出现了，接着一波上涨出现了。

> 双顶和双底的运用在江恩理论中具有重要的地位，你可以看到江恩在本书中屡屡用到双顶或者双底模型。但是，这些顶部或者底部的预判我们可以结合成交量和题材来分析，因为这样可以大幅提高有效性。

　　上涨过程中，该股股价向上突破了 1929 年 12 月和次年 2 月的高点 189 美元，因此持续涨势可以期待。1930 年 4 月，该股股价触及 198.75 美元见顶，接着该股股价回落。200 美元整数点位集中了大量的卖单，抛压沉重是确信无疑的。交易者们倾向于将卖单放置在整数点位，但是价格可能在整数点位下方一点就止步了，因此卖单可能无法成交。

　　接下来的下跌走势中，该股股价应该在 189 美元附近获得支撑。如若不然，而是进一步跌破了 1930 年 2 月的低点 177 美元，则下跌趋势会继续。但是，为了提高研判的有效性，交易者最好还是应该等到周度和月度高低点走势图出现主力派发和该股股价受阻的信号再进场做空也不迟。

　　每个交易者都应该有所交易股票的走势图在手边，这些图标能够展示出该股股价的历史走势，能够回顾的历史走势时间越长越好。一旦交易者查看历史行情走势图，则可以发现该股股价的高低点是在渐次抬升，还是渐次下移，就能确认其趋势。

　　交易者需要牢记一点，当股票出现最后的飙升行情之后，需要很长的时间才能重新来到这一价位。我们此前举过一些实例，如美国精炼公司之类的股票，这些股票在 1906 年的飙升行情中见顶后，等到 1926~1929 年才创出新高。因此，对于那些走完最后飙升行情的股票，不要死守，因为它们很可

能会低迷许多年。

一些股票上市多年，当它们走出与大盘走势相反的独立走势时，交易者要保持警惕，因为可能出现了一些问题，交易者需要立即离场旁观。

笔者举一个例子，美国毛纺公司（American Woolen）股票。该股上市挂牌交易多年，是一种具有长期投资价值的股票。这家公司在第一次世界大战期间取得了丰厚的业绩，1914 年该股股价在 12 美元见底，到了 1919 年 12 月该股股价已经涨到了 169 美元。在这一点位附近出现了大量的卖盘，该股股价随着拐头下跌。

1920 年 2 月，该股股价跌到了 114 美元，同年 4 月又回升到了 143 美元，到了 5 月则又跌破了 114 美元，这表明该股股价后市会继续走低。同年 12 月，该股股价跌到 56 美元，而此后的 1921 年一整年该股股价在此点位附近保持稳定，支撑有效。此后，该股股价果然展开一波显著的上扬走势。**该股股价见底时间晚于其他个股，在熊市中走势相对强势，因此也成了牛市中的领涨股。**此后，该股股价持续上涨到了 1923 年 3 月，见到高点 110 美元，**这个高点仍旧低于 1920 年 5 月的高点 116 美元。因此，这是一个卖出或者做空的信号。**

从见到高点 110 美元之后，该股股价持续走低，期间没有出现像样的反弹，这表明公司经营上出现了一些问题。这家公司的业绩已经不如从前了，管理水平变差，战争结束产品滞销，进而积压了大量的库存，这些都极大地拖累了公司的业绩，造成大额亏损。公司的股价自然受到其业绩的负面冲击，表现疲软。

1924 年该股股价跌破 1920 年低点 56 美元，这表明趋势向下，该股股价还会继续走低。1924 年秋，当其他股票开始上涨时，该股股价却表现疲弱，大盘走高，它却独立走低，直到 1927 年该股股价才在 17 美元见底。接下来，该股股价出现了一波涨势，于 1927 年 9 月见到高点 28 美元，次年 6 月跌到 14 美元。

江恩此处并未讲清楚，译者认为这里的个股独立于大盘应该具体指的是大盘处于上涨，而个股拐头下跌的情况。

分析一只股票，不能孤立地去展开，要叠加大盘股指、板块股指以及同板块其他个股的走势，只有在比较中，你才能看清楚个股的强弱。

股价最终要接受业绩的审判，但是却可以在审判前恣意享受题材带来的快感。

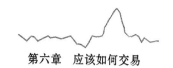

1928 年 11 月，该股股价回升到了 32 美元，此后持续下跌到了 1929 年 10 月的 6 美元，在此构筑底部。毕竟，公司业绩持续亏损了数年，**此时已是基本面最坏的时刻。**该股股价未来就存在上涨的潜力。

> 驱动面不能再差的时候，股价往往就快见底了。

1930 年 2 月，该股股价涨到 20 美元，到了 3 月的时候，该股股价又再度下跌到了 13 美元。**这一点位是逢低买入的位置，但最好还是等待该股股价向上突破 20 美元时再买入更可靠。因为一旦 20 美元被有效突破，则意味着该股股价会进一步走高。但是，该公司的业绩现状不足以驱动该股股价在近期出现一轮有分量的牛市。**

> 交易者看好一只处于区间震荡的股票时，可以等股价回落到区间底部的时候逢低买入，也可以等股价突破区间上部时追随买入。但是，后者更符合趋势跟随交易者的思路。

4. 投资的安全度

混迹于华尔街，大部分亏损都来自忘了追逐过高的期望利润而承受股价过高的风险。第一安全的理财方式就是将钱存进银行，这样可以几乎无风险地赚取稳定的 4%~4.5% 的利息收益。

第二安全的理财方式是买入优质债券和具有优先受偿权的债券，这些债券的收益率在 6% 左右。如果你的理财范围超出了上述两种方式，你将资金投入到股票和高收益债券中，则你已经跨过了风险的底线，远离了保守投资的原则。

就股票和债券的选择而言，深思熟虑地选择一些哪怕股息少的蓝筹股也比买一些高收益的垃圾债券好，前提是你要在恰当的时机买入这些蓝筹股。如果债券的市场收益率一直超过 6%，那么背后肯定有隐情。你完全可以精选一只目前股息为 4%，以后股息则会达到 8%~10% 的优质个股，另外股价还会上涨，这样你的总收益就非常丰厚了。

债券不太可能出现非常大的涨幅，其市场价格也往往会走低，当市价低于你的成本价时，你投入的本金就缩水了。

在现在的金融世界当中，美国国债和德国国债是无风险基准利率的代表。

在某些市况糟糕的情况下，即便是最优质的债券，也会遭到抛售，价格下跌。例如，美国和英国的国债都曾经在战争时期出现过暴跌。

债券价格与股价一样会出现波动，因此债券交易者应该随时关注债券的行情走势，这点与关注股价走势的意义相同。当交易者持有的债券价格转向下跌趋势时，离场必须及时，然后去介入另外一只更有价值和安全空间的债券才是明智的选择，也可以耐心等待眼下这只债券出现另外一次机会。

另外，**交易者还可以通过研究债券市场和债券来帮助判断股市的走势，以及宏观经济的未来趋势。**例如，1928 年的债券走势就提醒了我们股市将转而下跌，宏观经济的萧条将来临。

【原著名言采撷】

1. One of the things which the investor should not do is to buy in new companies unless he is sure of their future and he cannot always be sure of it.

2. By studying the action of the bond market and bond prices，you will be able to determine what the stock market is going to do later and what general business is going to do.

第七章

牛市不同阶段龙头股的挑选

永远不要与趋势为敌，不要因为板块中的某只股票上涨，就想当然地认为这个板块中的另外一只股票也会上涨，不要盲目地买入另外一只股票，除非这只股票也处于上涨趋势中。

——W. D. 江恩

江恩提出了双底形态的两个买点：第一个买点是在双底底部点位附近；第二个买点则在双顶颈线点位附近。

——魏强斌

在每一轮牛市行情中会有一些股票在牛市的第一阶段领涨大盘，其中部分股票在牛市初期就会见顶，然后便处于滞胀状态，接下来则会走低。而这个时候，其他股票正处于上涨阶段。

在牛市行情的第二阶段里，一些新的龙头股又会出现，其中一些龙头股会阶段性见顶，此后的牛市第三阶段当中它们不再是龙头股。到了牛市第三阶段，新的股票会成为龙头股。到了牛市第四阶段，后期启动的龙头股会追赶早期龙头股的涨幅，只要是龙头股或者说领涨股则其涨幅同样惊人。

在同一个板块内，有些股表现弱势，另外一些股票则表现强势，个股的走势或许独立于大盘走势。个股走势各有特点，因此交易者需要判断出哪些个股能够成为龙头股，哪些个股则会沦为"鸡肋股"，或者是"晦气股"，也就是一路下

如何抓龙头股？如何利用龙头股作为"风向标"判断大盘走势？如何利用龙头股作为风向标操作同一板块内其他个股？上述三个问题是关于龙头股最为重要的内容。江恩提到了其中一部分，其他部分还需要结合自己的 A 股实践予以了解。

龙头股是大盘和板块的"风向标"，也是最佳的操作标的。

龙头股的出现与重大题材的出现密切相关，但是任何题材都有生命周期，都有不同的生命力，因此龙头股是否出现，能够持续多久，有多大的行情，除了需要考虑大盘和资金动向，还需要考虑题材本身。

跌的股票，这些股票成了熊市中的领跌股。

从 1921 年持续到 1929 年的超级牛市，只有少数几只个股持续充当龙头股，年年领涨大盘，交投活跃。还有一些股票涨到 1922 年就见顶了，其他一些股票则分别在 1923~1927 年见顶，但是大部分股票都在 1928 年见顶。1928 年 11 月，纽交所的综合股票指数触及这波超级牛市的最高点位，而道琼斯 30 种工业股票指数到了 1929 年 9 月 3 日才见到本轮牛市的最高点，一些牛市后期才崛起的板块龙头股到了 1929 年上半年才出现飙升。

简言之，**交易股票最赚钱的时期是股票成为领涨股或领跌股的时期**。因此，为了判断一只股票到底处于强势还是弱势，需要比照研究板块中的每只个股。

1. 化工股

看过江恩其他著作就会发现，他在挑选未来龙头板块和个股的时候，更多是从题材或者说想象空间的角度去分析的。其中，也会包含一些行情前景之类的基本分析，但肯定远逊于今天的行业分析师。除了基本面的东西，江恩还注重历史高点的价值，他将牛市初期的高点作为筛选龙头股的试金石，这点值得我们参考。

当笔者在 1923 年 1 月写作《盘口真规则》时，笔者明确指出化工股和航空股将成为下一轮牛市的龙头品种。因此，有必要分析不同的化工股，从而能够判断出牛市各个阶段的最佳标的。

第一只要分析的化工股是美国农化（American Agricultural Chemical）股票。在 1919 年 4~7 月，该股触及极端高价，主力在高位派发筹码，此后股价一路下挫，跌到 1921 年 8 月才见到底部 27 美元。接下来，该股股价反弹，并且在 1922 年 8 月见到高点 42 美元。

1923 年 4 月，该股股价再度跌到 1921 年的低点 27 美元。如果趋势看涨的话，低点应该是抬升的，因此该股股价仍旧弱势。同时，该股股价在 1922 年的反弹走势**明显弱于其他个股，因此趋势继续向下。**

此后，该股股价继续下跌，在 1924 年的表现也比较疲

江恩有些分析和评论其实有点"马后炮"，如果在后市上涨的情形下，他会认为未能跌破前期低点 27 美元意味着此处的支撑有效，后市看涨。

弱，当年 6 月见到低点 7 美元，这是 1907 年以来的历史低点。疲弱的走势表明该股不太可能成为化工板块的龙头，即便上涨幅度也不会太大。

1926 年 1 月，该股股价见到高点 34 美元，这一高点在1923 年的高点之上，但是还未触及牛市第一年，也就是 1922 年的高点。

此后，该股股价掉头向下，于 1927 年 4 月跌到了 8 美元，**比 1924 年 6 月的低点高出 1 美元**。这就出现了一个买入信号，初始止损单可以放在 6 美元。类似这样的低价股，止损单应该设置在前期低点下方 1 美元的点位上。

此后，该股股价缓慢上涨，并且 1928 年 11 月见到高点26 美元。这个高点比 1926 年的高点还要低，这表明**每次回升后的高点都在下移，该股股价的趋势仍旧向下**。该股股价从这个高点下跌，走势疲弱，跌到 1929 年 11 月见到终极底部 4 美元，这是该股票 20 多年来的最低价。

扼要来讲，笔者的龙头股研判法则之一是：**如果一只股票要在牛市的下一阶段成为龙头股，则其股价必须突破牛市第一年的高点**。美国农化股未能突破 1922 年的高点，因此它不能成为龙头股，当然你也不应该买入这只股票，而是应该去寻找另外一只更加强势的化工股。

第二只要分析的化学股是大卫逊化工（Davison Chemical）股票，该股股价在 1921 年 3 月的时候触及低点 23 美元。该股股价在这一点位附近获得了强力的支撑，接着掀起一波上涨。该股股价在 1922 年 4 月见到高点 65 美元，这一点位附近抛压比较沉重，走势拐头向下。1923 年 3 月，该股股价一度反弹到了 37 美元。1923 年 5 月，该股股价见到低点 21 美元，这是个买入点，具体来讲就是在 22~23 美元买入，将初始止损单放置在 20 美元，或者是 1921 年低点下方 3 美元的点位上。

同年 8 月，该股股价上涨突破上半年的高点 37 美元，进一步上涨的态势明显。如果交易者在低价水平已经买入了这

低点抬升构成了上升趋势线，高点下移构成了下降趋势线。江恩的思想与其他趋势分析思想具有一些共同点，但是究竟好不好用，还是要结合自己的交易实践。

历史高点和低点背后都有相应的"基本面背景"，如果现在和可预期未来的基本面超过了历史高点对应的基本面，则股价就会超过历史高点。反之，如果股价超过了历史高点，则我们就要分析是不是基本面出现了积极的新变化。

只股票，那么当股票突破 38 美元的时候，应该顺势加码。趁着该股股价上涨的趋势一路加码，同时也要设置跟进止损单。

1923 年下半年，该股股价快速上涨，因为联合坐庄的主力在大力拉升股价。许多报纸对此事进行了跟踪报道，各种小道消息广为散播，纷纷传言会涨到数百美元一股。甚至还有一些热血灌脑的市场简报记者认为该股会涨到 1000 美元，理由是该股从硅胶业务中获得了巨大的商业利益。

1923 年 12 月，该股股价触及 81 美元，**成交量剧烈放大**，该股股价形成尖顶形态，此后该股股价暴跌，持续走低，一直跌到了 1924 年 4 月触及 41 美元方才见底。

从 41 美元开始，该股股价逐渐回升，缓慢涨到 1924 年 7 月，该股股价再度回落到 61 美元，这次该股股价再度大幅上涨，接下来出现急剧下跌。到了同年 7 月，该股股价跌破了 1924 年 4 月的低点 41 美元。**高点渐次下移，这意味着趋势已经转而向下，未来走势疲弱。**

1925 年 4 月，该股股价跌至 28 美元，比 1921 年和 1923 年的低点高出 5~7 美元。该股股价在更高的价位上获得了支撑，接下来至少会有一波小反弹。

1925 年 8 月，**该股股价回升到了 46 美元，接着回落修正，然后再度上涨。次年 2 月，该股股价在 46 美元再度见到阶段性顶部。该股股价两次均为突破这一点位，意味着该股股价会下跌**，这时候交易者应该卖出多头头寸，建立空头头寸。在这个点位做空的话，初始止损单应该放置在 49 美元。接下来，该股股价持续下跌，到了 1927 年 3 月才在 27 美元见到阶段性底部，比 1925 年底部仅仅低 1 美元，一个新的买入点出现了。如果交易者在这一点位附近买入，则初始止损单设置在 1925 年低点下方 3 美元的地方。

该股股价在上述底部附近获得有效支撑，逐步回升，于 1927 年 7 月回升到了 43 美元。这个高点要比 1925 年和 1926 年的高点更低，因此这是一个趋势走弱的信号，意味着该股接下来会有一波下跌走势，同时该股近期也不会成为龙头股。

天量在高位出现，第一种情况是"空中加油"，主力换主力出来，主力换散户出来；第二种情况是极端乐观，这时候就是散户换主力出来。两种情况如何区分呢？第一可以看龙虎榜和盘中大单成交情况；第二可以看市场情绪，如果高位放量的时候，舆情一致乐观，那么散户高位换主力的可能性很高，如果分歧较大，市场存在谨慎情绪，则主力换散户的可能性很大。

江恩非常注重"双顶"形态，不过其具体进场位置不是在跌破双顶颈线之后，而是在第二个顶部成形之时。

为什么初始止损单不设置在 27 美元下方 3 美元的 24 美元处？

果然，此后该股股价跌到了 23 美元，跌破了除了 1921~1923 年之外的所有低点。该股股价在 23 美元附近又获得了支撑，买入该股的时机又出现了，初始止损放置在 20 美元。此时，该股的价格比 1923 年的低点高出 2 美元，同时与 1921 年的低点齐平，表明有不少交易者在这一点位附近买入。

该股股价在经历半年的横盘震荡后选择向上突破。1927 年 12 月，该股股价已经涨到了 48 美元，这个价位已经高于 1925~1927 年的所有高点。这是一个强烈的看涨信号，此后只要该股股价回调时，都是买入的机会。

1928 年 2 月，该股股价回调到了 35 美元，并再度在此点位附近获得支撑。同年 4 月，**该股股价向上突破了 48 美元，这是一个加码的时机**。此后，该股股价持续上涨到了 1928 年 11 月，在 68 美元见顶。这个高点仅仅低于 1923 年 12 月的极端高点。

1928 年 12 月，该股股价从 68 美元的高点下跌，修正到了 54 美元。次年 1 月，该股股价上涨触及 69 美元，这个高点仅仅比前期顶部高出 1 美元。这一特征表明市场并不强势，现在你应该卖出或者是做空。

此后，该股股价处于窄幅震荡的走势中，在 1929 年 2 月和 3 月出现过区间高点，到了 3 月中下旬又回落到了 49 美元。换言之，2 月和 3 月的高点构成了一个双顶形态，该股股价此后下跌了 20 美元。

1929 年 4 月，该股股价回升到了 59 美元，高点渐次下移。同年 5 月，该股股价跌到了 43 美元，低点也出现了渐次下移，上述特征表明趋势向下。7 月，该股股价反弹到了 56 美元，高点渐次下移。到了 8 月，该股股价已经跌到了 46 美元，低点有些许抬升。到了 10 月上旬，该股股价再度于 56 美元见到阶段性顶部，**两次在同一点位形成阶段性顶部，这是一个做空的信号**。

接着，该股股价出现了破位下跌走势。10 月下旬，该股股价再度触及 21 美元，这是 1923 年的低点。实际上，该股股价曾经在 1921 年、1923 年和 1926 年于此点位获得支撑，因此这是一个潜在的买入点，止损单可以设置在 20 美元。这个止损单始终未被触发，这就证明了笔者提出的 3 美元的止损幅度是有效的。如 1921 年 3 月该股股价的极端低点是 23 美元，那么此后几年在该点位附近买入该股时在 20 美元设定止损单就都没有被触发。

或许你会问笔者为什么该股屡屡在 23 美元附近获得有效支撑。因为部分联合坐庄的主力或者是内幕人士知道该股的内在价值为 20 美元，因此每当该股股价跌到 21~25 美元的时候，他们就会大举买入吸筹。等待该股股价涨到足够高的时候，他们又会逢高抛售。

主力的估值能力能够达到这么精确的水平吗？江恩的这一解释你觉得牵强附会吗？

该股股价从 1929 年的 21 美元开始上涨，到了次年 3 月的时候应涨到了 42 美元。倘若该股股价在数年内能够维持在 42 美元以上，同时在下一轮下跌的时候不跌破 1929 年的低点，那么它未来可能成为龙头股。

此后，你可以看到从 1921~1929 年的牛市中，该股成了龙头股。该股股价在 1923 年 12 月见顶，此后的 6 年时间当中，该股股价再也没能向上突破这一顶部。但是，其他化工股每年都会上涨到一个新的高度。

第三只化工股是空气压缩公司（Air Reduction）股。**该股股价在 1920 年见到低点 30 美元，次年 6 月再度跌到 30 美元，形成了一个双底形态，这是后期该股股价大涨的信号。** 1923 年 3 月，该股股价上涨到了 72 美元，这表明它是一只牛市早期的龙头股。

1923 年 6 月，该股股价回调到了 56 美元。次年 1 月，该股股价触及 81 美元，创出历史新高。1925 年 2 月，该股股价见到历史最高价 112 美元。

从 1926~1928 年，该股股价的低点和高点都在渐次抬高，体现出龙头股的部分特征。相比之下，其他化工股，如美国农化股票和大卫逊化工股票每次见到阶段性顶部后都是回落，无法创出新高，反而跌得更凶。

1929 年，牛市处于最后的飙升行情中，该股股价启动得较晚，但是幅度很大。到了同年 10 月，该股股价见到了历史性高点 223 美元。这一高点处于一个尖顶形态中，成交量巨大，该股股价波动率高。

1929 年 11 月，该股股价下跌到了 77 美元。如果交易者在 1929 年 8 月对这只股票加以关注，观察其见顶迹象，那么盘面细节将告诉你它的上涨趋势已近尾声了。

哪些细节呢？1929 年 8 月，该股股价触及高点 217 美元，而 9 月的时候它在 219 美元见到高点，后一高点仅仅比前一高点高出 2 美元。接着，该股股价出现一波急速下跌走势。到了 10 月，最后的飙升行情出现，该股股价被拉升到了 223

美元。这一高点仅仅比 8 月的高点高出 6 美元，比 9 月的高点高出 4 美元。在该股股价见到终极顶部之后，其他股票的趋势也转而向下了。在其他股票出现普遍暴跌的大背景，该股也难以独善其身了。

查看该股股价从 1929 年 8 月 24 日到 11 月 16 日的周度高低点走势图，可以看到在顶部附近出现了主力派发的迹象。该股股价从 219 美元开始下跌，到 1929 年 10 月 5 日时，该股股价已经跌到了 186 美元。此后的 10 月 19 日，则该股股价又上涨到了 223 美元。接下来的一周，该股股价跌破了 10 月 5 日所在周的低点 186 美元。这表明大趋势已经确认向下了，如果交易者已经做空该股，则当该股股价跌破 186 美元的时候应该加码做空。倘若如此操作，则在此后的几周时间里，你就抓到了 100 美元幅度的下跌机会。

虽然这只股票是牛市中的龙头股，同时它的启动时间也较晚，并且是最后一批冲顶的股票，但是它此后的下跌幅度也与此前的上涨幅度成比例，甚至下跌幅度要远大于其他股票。

笔者要谈的第四只化工股是联合化工公司（Allied Chemical）股票，这是所有化工股中最佳的领涨股之一，属于最佳买入标的。因为该股股价在绝大多数时间内都呈现出上涨走势。

该股股价在 1921 年 8 月见到低点 34 美元，次年 9 月该股股价见到高点 91 美元。到了 1923 年 8 月，该股股价又跌到了 60 美元，接着进入持续数月的窄幅整理走势。

1925 年 3 月，该股股价创出新高 93 美元，**突破了 1922 年的高点，进一步上涨空间打开，上涨趋势确认，此后回调就是买入机会。** 从 1926~1929 年，**该股股价的低点和高点都在渐次抬升，** 直到 1929 年 8 月见到终极顶部 255 美元。从周度高低点走势图可以觉察到该股股价在 235 美元的时候，趋势转而向下。

到了 1929 年 11 月 13 日，该股股价已经跌到了 197 美元。**这只股票价格下跌的幅度要比空气压缩公司等化工股更**

突破后买入往往是趋势买入的底仓，加码可以选择调整时买入，也可以选择新突破出现时买入。但是，趋势交易者往往只会在第一次突破出现后才利用回调买入，而不会在此之前利用回调买入。没有突破就没有趋势确认！

没有比较，就没有判断；没有判断，就没有抉择。

小，这表明该股股价更加强势。当该股股价趋势转而向上的时候，涨幅相对更大。该股股价在 192 美元附近获得良好支撑，为新的一波上涨打下基础。

从上述分析你可以看出，空气压缩公司、联合化工公司都属于强势股，而美国农化和大卫逊化工则属于弱势股。

笔者要谈的第五只个股是杜邦（Dupont）股票，这只股票价格在 1922 年和 1923 年见底，1924 年的低点有所抬升，此后该股股价逐年上涨。这波涨势持续到 1929 年 9 月在 231 美元见顶。这只股票属于化工板块中的后期龙头股。

到了 1929 年 11 月的时候，该股股价跌到了 80 美元。有一点需要注意的是该股股价的跌幅比联合化工公司大很多，这是因为杜邦的股票分拆过，并且分过红，而联合化工公司的股票并未分拆，也未分红。到了 1930 年 3 月，杜邦的股票价格反弹到了 134 美元。

笔者要分析的第六只化工股是美国工业酒精公司（American Industrial Alcohol）股票。笔者曾经在《盘口真规则》一书中分析过这只股票，这只弱势股股价在 1921 年的熊市中较晚见底，直到 1921 年 11 月才在 35 美元见底。因此，此后的牛市中预计它的上涨也会较晚启动。

1923 年 3 月，该股股价在 73 美元见到高点，接着出现下跌。同年 6 年，该股股价触及 40 美元。到了次年 7 月，该股股价涨到了 83 美元，这比它在 1923 年的高点高出 10 美元。从这个高点开始，该股股价持续走低，直到在 1925 年 5 月见到低点 62 美元。此后，该股股价出现一波暴涨，到 1925 年 10 月的时候已经触及了 98 美元的高点。这个点位其实是此前下跌走势中的支撑，现在变成了阻力，因此该股股价上涨到此后就应该卖出。

支撑和阻力的相互转化。

该股股价从 98 美元转跌，跌到 1926 年 3 月才在 45 美元见底。**这个低点比 1923 年的低点高出 5 美元，比 1921 年的低点高出 10 美元。这是一个买入点。**

1927 年 2 月，该股股价升至 89 美元，但未能触及 1925

年的高点。同年 3 月，该股股价跌到 69 美元，在此获得强劲的支撑，转而上行。12 月，该股股价向上突破 98 美元，趋势向上，后市看涨，交易者此刻应该加码买入。1928 年 3 月，该股股价触及 122 美元形成阶段性顶部。该点位附近抛压沉重，到 6 月的时候该股股价跌到了 102 美元，**这一点位在前期高点 98 美元上方，同时也没有跌破 100 美元，因此后市看多。**

此后，该股股价逐渐上涨。当整个股市在 1929 年 8 月开始最后的飙升行情时，该股股价从 175 美元启动。此后，持续上涨到 1929 年 10 月，在 243 美元附近构筑顶部。见顶后，一波暴跌紧随而至。1929 年 11 月见到低点 95 美元，这个低点比 1928 年的低点低了 5 美元，但是仍旧位于 95~98 美元的前期关键区域。这一区域既是该股股价下跌的支撑区域，又是该股股价下跌的阻力区域。

该股股价在 1929 年 11 月触底后快速回升，并且在稍后的 12 月见到阶段性顶部 155 美元。接下来，走势拐头向下。到了次年 3 月，该股股价重新跌回 100 美元，走势疲弱。

我们需要特别注意的一点是该股股价从 1916~1918 年的高点基本位于 167~169 美元。当该股股价向上冲破这一区域的时候，进一步上涨的空间就打开了。这时候就不能去做空了，而是应该追高买入，必然赚取丰厚的利润。另外，还需要注意该股股价在 1916~1919 年的支撑区域位于 95~98 美元，到了 1929 年这只股票价格再度在 95 美元见底。

该股股价在 1929 年 9 月和 10 月的日度高低点走势图非常有价值，因为它清晰地体现了该股股价的强弱程度。1929 年 9 月 3 日，道琼斯工业股票平均股指构筑顶部，而该股股票当日的股价为 213.5 美元，到 9 月 5 日时该股股价已经跌到了 200 美元。9 月 9 日和 10 日该股股价反弹到了 212 美元，**10 日和 11 日又跌到了 200 美元，与 9 月 5 日构筑的低点一致。**

此后，当该股股价跌破上述点位下方 3 美元，或者跌到

前期高低点和整数点位是江恩点位的主要参照谱系。

197 美元，交易者就应该开始做空了。9 月 12 日，该股股价上涨到 210.5 美元，9 月 13 日又跌到了 198.5 美元，只比前一个低点低了 1.5 美元。9 月 20 日，该股股价快速上涨，创出新高，在 226.5 美元见到高点。9 月 25 日该股股价跌到 204.5 美元，即便如此该股股价仍旧停留在上一次低点的上方。

9 月 27 日，该股股价见到高点 220 美元。10 月 4 日，该股股价见到低点 201 美元，这个低点比 9 月 5 日、9 日和 10 日的低点更高，同时也比 9 月 13 日的低点更高。

如果该股股价跌到了 197 美元，则发出了明确的做空信号，但是只要低点在不断抬升，那么就可以买入，同时将止损单设置在 197 美元，或者设置在 200 美元。

1929 年 10 月 11 日，该股股价在 243.5 美元见到最终的底部。从 10 月 4 日到 11 日，该股股价的收盘价连续收高，其中 10 月 11 日的收盘价要比 10 日的收盘价高出 3.5 美元。此后的 10 月 14 日，该股股价高开了 1 美元，而收盘则在当日的低点 233 美元，该收盘价比 11 日的收盘价低了 8 美元。

该股股价的日度高低点走势图给出了进场做空的信号，此后该股股价出现向下破位走势。当该股股价跌破了 200 美元，或者触及止损单放置的 197 美元时，就应该加码做空。

11 月 13 日，该股股价跌到了 95 美元。12 月 9 日，该股股价回升到了 155 美元。此后，该股股价再度下跌，到了 1930 年 3 月该股股价在 98.125 美元见底。但是这只股价格票的上涨始终未能向上突破 1929 年 12 月 9 日的高点，同时在日度和周度高低点走势图上，**该股股价的低点在渐次下移，这表明该股股价的走势疲弱。**

当个股的交投活跃，且触及高点或者低点时，则其周度高低点走势图在判断趋势方面非常有价值。当然，交易者也要同时关注该股股价的日度高低点走势图在第一时间发出的有关趋势变化的信号。另外，日度高低点走势图在显示关键点位上比周度高低点走势图更清晰和明确。

回到美国工业酒精公司这只股票，该股股价在 1921 年的

江恩在这里做了情景规划。如何在交易的决策阶段运用情景规划思路，这点值得我们在实践中去归纳总结。

日度走势图比周度走势图更加敏锐。

熊市中见底较晚，而在 1929 年的牛市中也是最后一批见顶的股票。交易者要关注股票价格在大盘大势中的启动时机，不要踏错时机造成逆势。如它们的走势与大多数龙头股走势相反，那么在它们仍旧处在下跌趋势的时候不要盲目买入，在它们仍旧处在上涨趋势的时候不要肆意做空。

> 我这几年最喜欢的警句之一是：虽有智慧，不如乘势；虽有镃基，不如待时。学习了很多知识和技巧，为什么还是过不好一生？译者的看法是"乘势当机"没有找到位。一切知识和技巧的价值完全取决于是否"乘势当机"，如果不放在大的背景下来谈具体的思想和技巧，则毫无价值和意义。

2. 铜业股等金属股

从 1921~1929 年的这波大牛市的前期及大多数铜业个股都上涨缓慢，但是到了行情的后期，这些个股却成了领涨股。要想判断出最适合参与的个股，判断出牛市早期和后期的龙头股，交易者就必须坚持绘制每只股票的行情走势图，并对板块中的每只股票逐一进行分析和研判。

> 手绘一段时间走势图可以发现一些重复出现的形态，10 多年前有一位做期货的朋友手绘了几个月的商品期货走势图，他说确实帮助很大，但是这项习惯需要花费大量的时间，不可能坚持太长时间。

下面笔者就对铜业等金属板块内的个股进行一番简单的剖析。第一只股票是美国精炼（American Smelting & Refining）股票。我们先对该股股价的历史走势进行简短的回顾，在 1921~1929 年的大牛市中，该股是龙头股之一，它在 1924 年以后的涨势尤为耀眼。

我们从较早时期开始回顾这只股票的时候，美国精炼股价在 1906 年见到高点 174 美元。1916 年的牛市中，该股股价见到高点 123 美元。1921 年，该股股价在 30 美元见到低点，1899 年的低点是一个非常重要的支撑点位。该股股价在 1925 年向上突破了 1916 年的高点 123 美元，这表明进一步上涨的空间打开了。

此后，**该股股价的低点和高点都在渐次抬升**，到了 1927 年 9 月的时候该股股价已经向上突破了历史最高点 174 美元。1927 年 10 月，该股股价急速回落，跌到了 158 美元。

当某只股票价格在数年后创出新高，则意味着该股股价还会继续走高，但是在继续上涨之前，该股股价往往会先行

调整一段时间。**具体的逢低买入时机就是该股股价创新高后第一次或者第二次回调的时候。**

如果交易者已经在该股股价第二次突破 174 美元的时候买入，那么就能获得丰厚的利润，可以随着该股股价上涨采用金字塔顺势加仓方法跟进。

1929 年 1 月，**该股股价于 295 美元见到高点。不久，美国精炼宣布分红，并将原来的 1 股分拆为 3 股。**同年 9 月，除权后的股票价格见到低点 85 美元，高点 130 美元，这个高点相当于除权前的 390 美元。

1929 年 11 月，该股股价跌到了 62 美元，这是一个潜在的买点。需要注意的是在 1924 年，该股股价的支撑和阻力区域也位于 58~61 美元。

此后，该股股价从 62 美元这个低点开始上涨，到了 1929 年 12 月，该股股价在 79 美元见到高点。此后，它一直处于窄幅整理走势中，直到 1930 年 3 月笔者写作本书时仍旧未能触及 1929 年 12 月的高点。

笔者要分析的第二家上市公司是巨蟒铜业（Anaconda Copper）股票。该股股价在 1916 年的牛市中起涨较晚，事实上这只股票是整个牛市中最后一批快速飙升股票中的一员。巨蟒铜业是铜业板块中上市时间较长的一家，因此回顾其长期的行情走势是非常重要的。

该股股价在 1903 年和 1904 年的低点都是 15 美元，在 1907 年恐慌性下跌走势中，该股股价触及低点 25 美元。到了 1915 年和 1916 年，该股股价的低点还是 25 美元。

1916 年 11 月，该股股价见到高点 105 美元。到了 1920 年，该股股价见到低点 31 美元，而 1921 年的低点是 29 美元。**这只股票价格在 1920 年和 1921 年几乎在同一水平上获得支撑，这比 1907 年、1915 年和 1916 年充当支撑点位的低点高出了 5~6 美元。**虽然该股股价并不活跃，需要交易者耐心等待机会，但是这一点位附近确实是买入的好机会，但是不要忘记设置止损单。

> 管理层发布某些利好的时机让人不得不怀疑是为了配合主力出货。

> "低点重合"和"低点抬升"是江恩非常留意的形态。

1922 年 5 月和 9 月，该股股价在 57 美元见顶回落，跌到 1924 年 5 月见到低点 29 美元，这是该股股价第三次在这一点位获得支撑，市场给出了一个清晰无疑的上涨信号。不过，这一上涨信号有效的前提是该股股价不跌到 26 美元，也就是 29 美元下方 3 美元的价位。

该股股价此后从 1924 年 5 月开始缓慢上涨，该股股价逐渐走高，低点和高点渐次抬升，不过仍旧维持整理态势为主，涨势并不明显，走势处于蓄势待发状态。

到了 1927 年 12 月，该股股价向上突破了 1922 年高点，也就是 57 美元。该股股价触及 60 美元以后，再也没有回落到 53 美元。当该股股价向上突破过去 6 年的所有高点时，交易者在创新高的点位买入是更加安全可靠的，此后涨势可期。因为该股股价能够向上突破前期所有高点，上涨走势如箭在弦，大涨一触即发。

1928 年 11 月，该股股价突破历史最高点 105 美元，这是一个买入的时机，因为进一步上涨空间很大。

1929 年 3 月，**该股股价见到高点 174 美元，公司不久后宣布分红派息**。除权后，该股股价在 1929 年 3 月见到高点 140 美元，5 月则下跌到 99 美元，9 月又反弹到 134 美元，这一高点比 1929 年 3 月的高点要低 6 美元，这表明该股的主力正在派发筹码。当该股股价的高点渐次降低后，交易者应该选择做空。当该股股价跌破 125 美元后，股价出现暴跌走势，根本没有像样的反弹。在该股股价跌破 99 美元之后，该股股价于 1929 年 12 月 23 日见到低点 68 美元。接着，该股股价出现一波微弱的反弹，于 1930 年 2 月触及高点 80 美元。

笔者要接着分析的第三只铜业股是肯纳寇特铜业公司（Kennecott Copper）股票。在 1921~1929 年的大牛市中，这只股票是牛市早期的一只龙头股，启动时间先于铜业板块中的任何一只个股。因此，这是一只当时值得买入的铜业股。

1920 年，该股股价在 15 美元见底，1921~1927 年，该股股价都没有走低，其高点和低点都在逐年抬升。1927 年，该

顶部出利好，你以为这是巧合吗？这些招数在 A 股也是屡见不鲜，事后称之为"利好兑现"。

华尔街选股术：顶级交易员深入解读

华尔街没有新鲜的故事。

股股价从 65 美元起步，开始了一波飙升行情。**1929 年 2 月，该股股价在 165 美元见顶，随后上市公司宣布分红。**

1929 年 3 月，除权后的该股股价见到高点 104 美元，到了同年 11 月，该股股价已经跌到了 50 美元，这个点位曾经是 1926 年 3 月的低点，也是一波上涨的起点。

回过头来看，该股股价在 1921 年并未跌破 1920 年的低点，该股股价低点渐次抬升，这表明该股股价已经处于强势领涨状态，因此交易者买入该股的时间应该早于买入巨蟒铜业等其他股票的时间。

除了铜业股之外，笔者这里再分析下国际镍业（International Nickel）股票。这只股票在 1921~1929 年的大牛市中起涨较晚，其经历了很长时间的盘整。尽管如此，如果交易者能够等待该股股价突破盘整区后立即介入，则可以大赚一笔，从而比那些太早介入的交易者减少更多持股时间。

长期盘整后的突破是胜算率和报酬率都较高的形态。

该股股价在 1920 年见到高点 26 美元，见到低点 12 美元。1921 年见到高点 17 美元，见到低点 12 美元。1922 年见到高点 19 美元，见到低点 12 美元。1923 年见到高点 16 美元，见到低点 11 美元。1924 年见到高点 27 美元，见到低点 11.5 美元。从上述这些高低点，你会发现该股股价基本都在 11~12 美元这一区域获得支撑。这些迹象表明有大资金在这一区域附近吸纳筹码。因此，这一点位是一个潜在的买点，初始止损单可以设置在 10 美元，或者设置在 12 美元下方 3 美元的位置，具体来讲就是设置在 9 美元的地方。

以个股在牛市第一年的高点作为上涨趋势确认的基准点，这个思路很好，其实也可以用股价最近一年的高点作为上涨趋势确认的基准点。在日内交易中，则可以用前半个小时的高点作为上涨趋势的确认基准点。类似的思路可以用在不同时间框架的交易中。

1922 年是牛市展开的第一年，该股股价见到高点 19 美元。再强调一下我的交易法则之一：**最好等到该股股价向上突破了牛市第一年的高点再买入。**1924 年 11 月，该股股价向上突破了 20 美元，这是 1922 年的高点，也就是牛市第一年的高点。这是一个明确的看涨信号，应该买入该股。

1925 年 9 月，该股股价上涨到了 25 美元，比 1920 年的高点要高 3 美元，所以可以加码买入。1925 年 11~12 月，该股股价上涨触及 48 美元。从周度高低点走势图上可以看出顶

156

部正在构筑，主力进入筹码派发阶段。

1926 年 3 月，该股股价跌到了 33 美元，同年 5 月该股股价再度跌到 33 美元形成底部。这是一个买点，止损单可以设置在 30 美元，也就是前期低点下方 3 美元的位置。

此后，该股股价上涨，低点逐月抬升，到了 1927 年 4 月该股股价已经涨到了 48 美元。这是一个加码点，此后该股股价继续上涨，低点和高点都在渐次抬升。到了 1929 年 1 月，该股股价突破 1915 年和 1916 年的高点 227 美元，**涨到 325 美元才见顶，随后公司宣布分红**。除权后的该股股价在 1928 年 11 月时见到低点 32 美元，这与 1926 年 3 月和 5 月的低点一致，当时该股股价筑底成功，随后展开一波大涨，这一点位成了起涨点。

在股票进行分拆之后，交易者仍旧需要关注分拆前的历史走势，关注此前重要走势启动时的高点和低点，这样做十分重要，因为除权后的个股往往也会在相同的点位上获得支撑或者受到阻力。因此，当国际镍业除权后股价跌到了 32 美元，这触及了前期的低点，因此是一个买入机会，初始止损单放置在 29 美元。此后，该股股价有了一波上涨走势，到 1929 年 1 月的时候在 73 美元见到高点。在这个高点附近，主力进行了派发，此后该股股价下跌。到了 1929 年 11 月，该股股价跌到了 25 美元，随后又在 1930 年 3 月回升到了 42 美元。

该股股价从 1920~1924 年持续 5 年在 12 美元低位徘徊，长时间的横盘整理意味着该股股价在低位进行了充分的换手，一些大资金虽然没有追高买入，但是一直在逢低吸纳，只要有筹码抛出，他们就会接手。

虽然这只股票在 1924~1929 年的大牛市中启动较晚，但是在整个金属板块当中，它的涨幅是最大的。从 1924 年的低点开始，该股股价一共上涨 313 美元。**这只股票价格为什么能够上涨这么大的幅度？因为该股股价曾经长时间地低位横盘整理，当该股股价向上突破整理区域时，赚钱的大机会就**

如何在高位还让散户愿意接盘，这是主力永恒的功课。但是，这个功课也是有教科书的，其百年来的基本框架未有太大变化。在顶部发布利好，是主力惯用的伎俩之一，江恩举出的许多例子都出现类似的情况。

长时间横盘整理形态不仅值得股票交易者关注，也值得商品和外汇交易者关注。"横有多长，竖有多高"。

来了。

　　这波大涨实际上应该从 1927 年 4 月开始算起，当时这只股票价格处于 41 美元的点位，上涨 21 个月后在 1929 年 4 月见顶，涨幅为 280 美元，算下来就是每个月的平均涨幅都在 13 美元以上。这轮涨势中的最大回调幅度为 25 美元，当时该股股价从 99 美元跌到 74 美元。

　　1928 年 4 月，该股股价向上突破 105 美元之后，飙升开始了。交易者应该绘制一幅国际镍业的周度高低点走势图，特别是 1928 年 11 月到目前的走势图。通过这样一幅走势图，交易者可以发现在截至 1929 年 1 月 26 日的那周，该股股价在 73 美元附近形成了一个尖顶。接着，该股股价暴跌到 57 美元，接下来又反弹到了 67 美元，然后开始进行横盘整理。到了 1929 年 3 月，该股股价跌到了 40.5 美元，并从这个点位开始反弹。截至 9 月 21 日的那周，该股股价回升到了 60.5 美元。该股股价第三次出现了高点下移，接着就是一波恐慌性的下跌。到了 1929 年 11 月，该股股价在 25 美元见底，此后回升，在 1930 年 3 月见到高点 42 美元。

3. 工业设备股

板块有轮动，个股也有轮动。花无百日红，股票也是如此。

　　在任何一个股票板块中，最先筑底的股票往往是牛市中最先见顶的股票。下面我们基于工业设备板块的个股阐释上述观点。

　　美国制动设备公司（American Brake Shoe & Foundry）股票价格于 1920 年 12 月在 40 美元见底，然后在 1921 年蓄势整理，到了 1922 年则成了一只龙头股。其实，该股股价在 1921 年的股价要比 1920 年的股价更高，这意味着该股已经具备了成为下一轮牛市龙头股的潜质。

　　1923~1924 年，该股股价出现了回落，并且再度进入横盘整理阶段。到了 1925 年，该股再度成为龙头股，次年 2 月时该股股价在 280 美元见到高点。5 月的时候，该股股价下跌触及 110 美元低点，随后回升。**到了 1927 年 3 月，该股股价已经涨到了 152 美元的顶部，这个时候上市公司宣布分红，此后该股股价再也没有像样的上涨了。**

笔者要分析的第二只个股是美国汽车设备公司（American Car & Foundry）股票，该股股价也在 1920 年 12 月筑底，底部位于 111 美元。到了 1922 年，这只股票也成了龙头股。当年 10 月，该股股价在 200 美元见到阶段性顶部。随后的两年，该股股价回调整理，到了 1925 年 3 月该股股价触及终极顶部 232 美元，上市公司也在这个关口宣布了分红方案。在大牛市剩下的几年时间里，该股股价再无大幅波动，从 1925 年 9 月到 1929 年 11 月，直到除权后的该股股价在 76 美元见底，其间该股一直处于趋势向下中，抛盘不断。

美国机车制造公司（American Locomotive）是笔者要分析的第三只工业设备股票。该股股价在牛市早期阶段是一只龙头股，**1923 年在 145 美元触及阶段性高点。在这个关口，上市公司宣布分红。**除权后的股票在 65~76 美元整理，到了 1924 年 12 月，该股股价从 84 美元起涨，于次年 3 月在 144 美元见顶。这波上涨并未突破 1923 年 145 美元的早期高点，该股股价此后转而下跌，一直跌到 1928 年 6 月才见到底部 87 美元。同时期，其他股票都在上涨。

没有永远的龙头股！世异则事异。一切龙头的产生都是有具体的大背景的。

该股股价见底后开始回升，到了 1929 年 7 月该股股价上涨到了 136 美元，到了 1929 年 11 月该股股价又跌到了 90 美元。

笔者要分析的第四只工业设备股票是鲍德温机车制造公司（Baldwin Locomotive）股票。该股的流通盘一直都很小，基本上都在 10 万美元以下。因此，该股股价的波动很大，市场表现良好。

1921 年 6 月，该股股价在 63 美元见到底部，这个低点只比 1919 年的低点低了 2 美元。倘若交易者已经在 1919 年的

低点买入这只股票，而初始止损单设置在比 1919 年低点低 2 美元的地方，那么这个止损单并不会被触及。

到了 1922 年，该股成了牛市中的龙头股，1923 年 3 月，该股股价在 144 美元阶段性见顶。到了 1924 年 5 月，该股股价跌到了 105 美元的低点，到了次年 2 月该股股价又上涨到了 146 美元，仅仅比 1923 年 3 月的高点高 2 美元。这是一个做空的机会，初始止损单应该放置在顶部上方 2 美元的点位上。

1925 年 3 月，该股股价跌到了 107 美元，在 1924 年 5 月低点上方 2 美元处获得支撑，一个买入机会出现了。1926 年 2 月，该股股价涨到了 136 美元，同年 3 月股市出现了恐慌性暴跌，该股股价也下跌到了 107 美元，这个点位曾经是 1926 年 12 月和 1923 年 1 月的低点，该股股价从这个点位开始大幅上涨。

此后，该股股价在 1923 年 3 月下跌，然后回升。到了 1926 年 7 月到 10 月期间，该股股价在 124 美元到 126 美元持续遭受抛压。1926 年 11 月，该股股价向上突破了 128 美元，接着突破了 144 美元和 146 美元，这两处关键点位分别是 1923 年和 1925 年的高点。

接下来，该股股价又继续向上突破了历史最高点 156 美元。**该股股价不断刷新历史高点，意味着趋势向上，交易者应该加码买入，采用金字塔顺势加码操作法。**

1928 年 3 月，**该股股价触及极端高点 285 美元，接着出现一波暴跌。**不久，上市公司公布派息和拆股的方案。具体的拆股方案是 1 股分为 4 股。1929 年 8 月，除权后的股票处于 66.5 美元。接着，该股股价趋势向下，这点从周度高低点走势图就可以看出来。

1929 年 10 月 29 日，该股股价跌到了 15 美元，相当于除权前的 60 美元，比 1921 年 6 月的低点还低了 3 美元。接着，该股股价出现了一波上涨，到了 1930 年 2 月该股股价触及 38 美元的高点。这意味着美国制动设备公司、美国汽车设备公

金字塔顺势加码操作法并非是 J. L.发明的，在《股票作手回忆录》一书中，J. L.讲述了这一方法的一个源头。

司和美国机车制造公司等股票在下跌趋势中时，该股股价却一路上涨，一直到了牛市后期才见到顶部。工业设备板块中的其他几只股票在牛市早期就见顶了，此后再也没能创出新搞，鲍德温机车制造的股价走势图却显示其更加强劲。

　　笔者要分析的第五只工业设备股票是西屋电气（Westing-house Eletric）股票。交易者先查看该股股价 1901~1930 年的年度高低点走势图。1921 年 8 月，该股股价见到低点 39 美元。到了 1923 年 2 月，该股股价见到高点 67 美元。1923 年 5~7 月该股低点维持在 53 美元，该股股价在这里受到了强劲的支撑。

　　1924 年 1 月，该股股价涨到了 65 美元，5 月又跌到了 56 美元。56 美元这个低点比前一个低点要高一些，这意味着该股股价在更高点位上获得了支撑。

　　1924 年 12 月，该股股价向上突破了 1923 年的高点 67 美元。到了次年 1 月，该股股价触及了 84 美元的高点。同年 3 月，该股股价回落到了 66 美元，8 月回升到 79 美元见到阶段性顶部。

　　1926 年 2 月，该股股价再度触及 79 美元高点。到了同年 5 月，该股股价跌到了 65 美元，这个低点只比 1925 年的低点低 1 美元，因此是一个买入机会，止损单可以设置在 63 美元。

　　翻阅该股股价从 1925~1927 年的月度高低点可以发现该股股价在 1927 年 8 月向上突破了 1925 年的高点 84 美元，然后又继续上涨突破了 92 美元。**92 美元曾经是 1904~1906 年 3 年的高点。突破这一高点确认了上涨趋势，进一步上涨空间被打开了。**

　　1928 年，该股股价向上突破了 116 美元，刷新了 1902 年以来的最高价。**该股股价在整理蓄势多年后创出了历史新高，这意味着该股股价会大涨。**该股股价此时的突破走势与鲍德温突破 156 美元以及美国精炼突破 174 美元时具有相同的价值和意义。

　　从该股股价突破 116 美元开始，一直到 1929 年 8 月在

3 美元固定止损是江恩在本书所述方法的一个重要参数。

相对于江恩几何学而言，译者认为高低点位更为实用。在本书中，江恩不遗余力地用月度和年度高低点判断趋势，选择进出场时机。

回调的幅度和时间规律，最后飙升行情的时间规律，这都是统计学主导下的经验，而非玄学。

一个 N 字顶部出现了！《短线法宝》一书基本上都是围绕"N 字结构"这一根本股价运动模型展开的，想要深入了解这一根本结构的交易者可以在图书馆阅读这本书。

292 美元构筑顶部，其股价均维持在 112 美元上方。**该股股价最后飙升的幅度为 100 美元，仅仅耗费了 6 周时间。**这一例子再度印证了该股股价飙升阶段会持续 6~7 周的规律。

查看该股股价从 1929 年 1 月 5 日到 1930 年 4 月 12 日的周度高低点，可以发现**该股股价在形成一个尖顶后下跌，跌到 275 美元后反弹，反弹到 289 美元恢复下跌。289 美元这个高点要比此前的高点更低。接下来，该股股价跌破了 275 美元，这是第一次下跌形成的低点。跌破这一低点意味着趋势向下。**此后，该股股价快速下跌，10 月 3 日见到低点 202 美元，接着迅速反弹。10 月 11 日回升到了 244 美元，接着恐慌性下跌。当该股股价跌破 200 美元整数关口时，交易者应该加码做空，并且在下跌走势中遵循金字塔顺势加码的方法进行操作。

10 月 29 日，该股股价跌到了 100 美元，随后反弹到了 154 美元，11 月 13 日又跌到了 103 美元，低点渐次升高了，这是该股股价步入强势的信号，交易者应该逢低买入，并且将初始止损单放置在 100 美元下方。

此后，该股股价开始了上涨行情，在 159 美元见到阶段性高点，此后跌到 125 美元，然后恢复上涨行情。154 美元和 159 美元是两个重要的高点，当该股股价突破 160 美元时，则意味着后市继续上涨，交易者应该加码买入。

1930 年 3 月，西屋电气股价涨到了 195 美元，在这点位附近遭遇了强大的卖盘，此后该股股价出现了回落走势。

4. 食品股

比纳公司（Beech Nut Packing）股票是笔者要分析的第一只个股。该股股价在 1922 年 7 月见到阶段性低点 10 美元。1923 年 3 月，该股股价上涨到了 84 美元的高位。此后股价波

动趋缓，窄幅整理，直到 1927 年 4 月该股股价在 50 美元见到底部才结束整理。此后，该股股价开始上涨。到了 1929 年 1 月，该股股价在 101 美元构筑阶段性顶部，**11 月该股股价下跌到了 45 美元，这曾经是 1924 年 4 月的低点**，一个买入机会出现了，该股股价回升可以期待。

笔者要分析的第二只食品股是加利福尼亚食品（California Packing）股票。该股股价在 1921 年 7 月见到低点 54 美元，接下来的 1922 年该股股价处于上涨态势之中。1923 年，该股股价处于横向整理之中，然后在 1924 年和 1925 年该股股价出现了飙升。1926 年 2 月，该股股价见到高点 179 美元，接下来出现一波快速下跌。1926 年 3 月，该股股价回调到了 121 美元。过了一段时间，上市公司宣布了丰厚的分红方案，此后在持续到 1929 年的大牛市中该股股价再也没有出现过大幅的上涨。

笔者要分析的第三只食品股是大陆面包 A 股（Continental Baking A）股票。该股股价在 1925 年见到 144 美元高点，接着该股股价开始走低，直到 1928 年 4 月在 27 美元见到阶段性底部。1929 年 7 月，该股股价回升到了 90 美元见顶，到了 1929 年 10 月又跌到了 25 美元。这个点位比 1928 年的低点高出 2 美元，这是一个支撑点位，交易者应该买入，同时将初始止损单放置在 24 美元。

笔者要分析的第四只食品股是玉米食品（Corn Product）股票。在《盘口真规则》一书中，笔者曾经回顾过这只股票的历史走势。**该股股价在 1924 年见到高点 187 美元，不久上市公司就宣布分红和拆股，将 1 股拆分为 5 股**。从 1924~1926 年，除权后该股股价一直处于横盘窄幅波动的走势中。直到 1927 年，该股股价的交投和波幅才变得活跃。

1929 年 10 月，该股股价涨到了 126 美元的高点，到了同年 11 月该股股价又跌到了 70 美元，接着该股股价出现了回升，到了 1930 年 4 月见到高点 109 美元。

笔者要分析的第五只食品股是古雅米尔果业（Cuyamel Fruit）股票。该股股价在 1921~1929 年这波大牛市中的早期和晚期都是龙头股之一。1924 年 1 月，该股股价在 74 美元见到阶段性顶部，接着该股股价在 1927 年 2~4 月持续下跌，最后在 30 美元见到阶段性底部。接着，该股股价在这个点位附近整理后再度拉升。该股股价在 1929 年 10 月上旬见到高点 126 美元，然后见顶回落，持续下跌，直到 1929 年 10 月 29 日见到低点 85 美元。

笔者要分析的第六只食品股是通用食品（General Foods）股票，以及被它合并的博斯特姆谷物公司（Postum Gereal）股票。博斯特姆谷物公司是牛市早期就开始上涨的个股，它在 1923 年 2 月见到高点 134 美元，**这是这波上涨的第一个阶段性顶部。接着，**

上市公司宣布了丰厚的分红方案。除权后，该股股价在 47~58 美元区间波动。到了 1924 年 9 月，该股股价突破了 58~60 美元的整理区间，**到了 1925 年 8 月该股股价触及 143 美元。上市公司也再度宣布分红。**1925 年 11 月，除权后该股股价跌到了 65 美元，然后开始一路上涨，到了 1928 年 5 月已经触及 136 美元。

此后，该股与通用食品合并，合并后该股股价在 1929 年 4 月见到高点 81 美元，主力在此区域附近进行了抛售。同年 10 月，该股股价已经跌到了 35 美元。这家上市公司现在由摩根财团控股，这意味着该股股价未来的上涨空间很大。应该保持对该股股价走势的关注，并择机买入。

笔者要分析的第七只食品股是沃德烘焙（Ward Baking）股票。该股股价于 1924 年 4 月在 14 美元见底，在此充分换手后该股股价获得良好的支撑，开始上涨。1925 年 10 月，该股股价在 95 美元见到阶段性高点。随后该股股价拐头下跌，持续走低，一直跌到 1929 年 10 月在 2 美元见底。从 1926~1929 年，该股股价的低点和高点渐次下移。该股股价处于下跌趋势期间，交易者可以不断做空该股。但是，在这段时间内同板块的其他股票都出现了上涨趋势。这是一只新股，该公司创建也不过数年时间，但是其股价远远超出了公司的内在价值，当股票换手为大众持有之后，该股股价出现了大幅下跌。

江恩很不喜欢新股和次新股。

5. 汽车股

1921~1929 年的大牛市期间，有几只龙头股就来自汽车板块。对这个板块个股进行逐一研究的交易者就能够识别出哪只股票会出现最大的涨幅。

笔者要分析的第一只汽车股是克莱斯勒（Chrysler）股票，

这家公司的前身是马克斯韦尔汽车公司（Maxwell Motors）。这只股票在 1921~1929 年的牛市中起涨较早，是牛市早期阶段的龙头股之一。

　　该股股价先是在 1921 年于 38 美元构筑底部，到了 1922年的时候已经上涨到了 75 美元。但是到了 1923 年又跌到了36 美元。但是该股股价并未跌到 1921 年低点下方 3 美元的水平，所以该股股价的支撑良好，这是一个买入的机会。当该股更名为克莱斯莱之后，该股股价开始上涨。

　　第一波上涨之后，该股股价在 1925 年 11 月见到高点 253美元，这时候上市公司宣布分红派息。1925 年 12 月，除权后该股股价为 56 美元。次年 3 月，该股股价跌到了 29 美元。接着，该股股价开始横盘整理，充分换手蓄势后展开上涨。

　　从 1926~1927 年，该股股价的低点和高点都在渐次抬升。从 1927 年 8 月到 1928 年 3 月，该股股价受到了 60~63 美元的强大阻力。但该股股价最终突破上述阻力区域，并且展开一波大涨，直到 1928 年 10 月见到顶部 140 美元。主力在顶部附近进行了长达 4 个月的高位派发，从周度和月度高低点走势图中可以很清晰地看到这一情况，派发完成后该股股价拐头向下。

　　1929 年 1 月开始，该股股价完全处于下跌趋势之中。到了同年 5 月，该股股价已经跌到了 66 美元，接着又反弹到了79 美元附近。但是其整体走势疲态尽显。在 66~78 美元这个区间里面，每逢反弹就会遭受到沉重的抛售，大量的筹码涌出。

　　到了 1929 年 9 月，该股股价已经跌破了此前的低点 66美元。到了 11 月该股股价已经跌到了 26 美元，比 1926 年 3月的低点还要低 2.5 美元。接下来，该股股价出现了一波显著的反弹，反弹持续到了 1930 年 4 月，该股股价在 42 美元结束反弹。

　　该股曾经广受追捧，主力因此能够在高位完成派发，也正是因为这个原因该股股价会持续下跌。截至笔者写作本书

威廉·欧奈尔认为"新因素"是股价上涨的重要的催化剂。或许其中存在理性的成分，或许仅仅是炒作而已。

为什么一直广受追捧的热门股票转熊后会跌得比一般股票更惨呢？从筹码的角度可以给出什么答案？

时，该股股价仍旧没有什么像样的反弹，走势疲弱。

笔者要分析的第二只汽车股是哈德森汽车（Hudson Motors）股票。该股股价在 1921~1929 年的大牛市中上涨较晚。1922 年 5 月，该股股价在 19 美元构筑底部。到了 1923 年 8~10 月，该股股价见到低点 20 美元。次年 3 月，该股股价见到高点 29 美元。1924 年 5 月，该股股价见到低点 21 美元。从上述年度高低点数据你可以看出 1923 年低点比 1922 年低点高出 1 美元，而 1924 年低点则比 1923 年低点高出 1 美元。从 1922~1924 年，该股股价基本上处于窄幅整理的蓄势行情中，1924 年 12 月，该股股价终于突破了 1922 年的高点 32 美元，接着展开快速上涨行情。1925 年 11 月，该股股价在 139 美元构筑这轮行情的第一个阶段性顶部。同年 12 月，该股股价出现急速下挫，股价触及了 96 美元。此后，该股股价反弹到了 123 美元，1926 年 1~3 月，一些筹码在这一反弹高点附近出逃。

随后，下跌走势恢复，该股股价持续走低，一直到了 1926 年 10 月才在 44 美元见到阶段性底部。接着上涨行情又展开了，反弹持续到了 1928 年 3 月，随后该股股价在 99 美元止步。此后，一些筹码在 77~97 美元这一区域出逃。

到了 1929 年 11 月，该股股价已经跌到了 38 美元，处于 1926 年 10 月低点下方 3 美元的位置，一个买入点出现了。1930 年，该股股价上涨到了 62 美元。

笔者要分析的第三只汽车股是通用汽车（General Motors）股票。该股是汽车板块中造富效应最明显的一只股票，同时也让最多的参与者亏损。该股股价的简称是 GMO，但是用 GOM 来称呼笔者觉得更为合适，因为这种股票是汽车板块中的老大哥。

该股股价从 1915~1919 年都表现亮丽，都是牛市中的龙头股。从该股股价 1911~1930 年的年度高低点走势图你可以看到该股股价从 1924~1929 年出现了好几波超级大行情。

笔者从头开始分析这只股票，1913 年该股股价在 24 美元

"3 美元"过滤参数反复出现。《华尔街 45 年》一书中则是"5 美元"过滤参数反复出现。为什么到了晚年，江恩将过滤参数值增加了，从 3 美元增加到了 5 美元。

GOM 是"Grand Old Man"的缩写，江恩这是调侃。

构筑底部，此后上涨到了 1916 年 11 月，**在 850 美元构筑顶部。分红拆股的消息也是此刻宣布的。**

　　1917 年 11 月，除权后该股股价跌到了 75 美元，这一点位存在良好的支撑，该股股价在此企稳。此后的 1919 年牛市，该股成了领涨股，同年 11 月触及 400 美元的高点。见到高点后拐头向下，一波快速下跌，于 1920 年 2 月触及 225 美元，接着展开回升，**上涨到了 410 美元，这个时候公司又宣布进行拆股，**每股拆分为 10 股。

　　1920 年 3 月，除权后该股股价处于 42 美元水平，相当于除权前的 420 美元，主力趁机大肆派发，趋势转而向下。该股股价下跌一直持续到了 1922 年 1~3 月在 8.25 美元构筑双底。8.25 美元相当除权前的 82.5 美元，这与 1920 年 3 月高点 420 美元相去甚远。该股此时的流通盘大概为 5000 万股，波动缓慢。直到 1922 年 4~5 月，才涨到了 17 美元的高点。

　　次年 7 月，跌到了 13 美元。同年 8 月，该股股价回升到了 16 美元。1924 年 1 月，该股股价再度触及 16 美元高点。1924 年 4 月和 5 月，该股股价两次跌到了 13 美元，构成了一个双底。

　　该股股价 1920 年 10 月到 1924 年 6 月维持区间震荡走势，在 8.25~16 美元徘徊，持续了差不多 3 年半之久。长时间的窄幅震荡走势意味着后市涨势可期，而且上涨幅度会很大，上涨持续时间会很长才会进入主力的高位派发。

　　1924 年 6 月，该上市公司进行缩股，10 股缩 4 股，流通盘减小。缩股后，该股股价从 52 美元开始上涨，一直涨到了 1925 年 11 月上旬在 149 美元构筑阶段性顶部。随后，该股股价回落，到了 11 月下旬该股股价跌到 106 美元。

　　此后，该股股价回升，其他汽车类个股却纷纷下跌，反映出该股走势独立。1926 年 8 月该股股价在 225 美元再度见到阶段性顶部，不久公司宣布分红。1926 年 9 月，除权后该股股价在 141 美元构筑阶段性底部，10 月上涨触及 173 美元高点。接着，一波急跌出现了。直到 11 月在 137.625 美元见

　　借利好出货，老套路，但是仍旧有大量散户上钩，现在的 A 股市场何尝不是如此。

到低点，这个点位恰好在 9 月低点下方 3 美元左右的位置。这个低点伴随着显著的成交量放大，意味着下方承接有力，支撑有效。经过一段时间的整理换手之后，该股股价再次上涨。

1927 年 3 月，该股股价向上突破了 173 美元，这是 1926 年 10 月的高点，该股股价再次出现了飙升。**同年 10 月，该股股价在 282 美元构筑阶段性顶部。与此同时，上市公司宣布分红方案。**除权后，该股股价从 111 美元开始上涨，此后在 141 美元见顶，相当于除权前的 283 美元。此后，该股股价跌到了 125 美元，获得支撑，恢复上涨。

1928 年 3 月，该股股价突破了高点 141 美元，出现快速上涨，到了同年 5 月，该股股价在 210 美元见顶后出现暴跌，6 月见到低点 169 美元，获得支撑后上涨。**1928 年 10 月和 11 月，该股股价两次触及 225 美元，这是 1926 年的高点，这一价位附近抛压沉重。**

前期高点附近出现双顶形态。

1928 年 12 月，该股股价跌到了 182 美元，公司再度宣布分红。分红后该股股价下跌到了 74 美元。此后，该股股价开始缓慢爬升，一直涨到了 1929 年 3 月，在 191.75 美元构筑顶部。**见顶附近的成交量持续 4 周超过周均 150 万股的水平，这是主力高位派发的特征。**3 月 16 日大跌，该股股价跌到了 77.25 美元。

天量与天价！

1929 年 4 月中下旬，该股股价又回升到了 88.5 美元，周成交量恢复到了 100 万股以上水平，高位的抛压显得沉重。这次反弹并未触及此前的高点，因此看空。接着下跌就展开了，在同年 5 月跌破了 3 月的低点，确认了下跌趋势。

同年 7 月中下旬时，该股股价跌至 66.25 美元，9 月 3 日时上涨到了 79.25 美元，这是这轮行情的最后一个高点。高点附近的周度成交量是 150 万股，显然抛压沉重。另外，这个高点与 7 月 3 日高点 77.25 美元相比，并没有高出 3 美元，这就进一步证明了这一区域的卖盘很多。

1929 年 8 月 21 日到 9 月 21 日，该股股价持续在 71.75~

72.25 美元之间波动了 4 周。一直到了 9 月 28 日所在那周，该股股价跌破了 72 美元，触及 66 美元。

当该股股价跌破 72 美元的时候，交易者应该加码做空，按照金字塔顺势加码的策略进行操作。同年 10 月 29 日，该股股价跌到了 33.5 美元，日成交量为 97.13 万股，这一周的总成交量为 222.56 万股。此后的三周时间里面，周成交量均在 100 万股以上。

1929 年 10 月 31 日，该股股价回升到了 46.75 美元，接着又开始下跌了，直到 11 月 7 日在 36 美元构筑底部。

11 月 16 日所在这个周的成交量是 92.3 万股，**11 月 23 日所在这个周的成交量只有 31.8 万股，浮动筹码大幅下降。**12 月 9 日和 10 日，该股股价回升到了 44.75 美元。

1930 年 1 月 8 日，该股股价回调到了 37.5 美元，对应的周成交量为 32 万股，浮动筹码并不多。此后，该股股价在向上突破 42 美元之后出现第二个抬升的低点，自此它从高点受阻回落已经有数周时间了，蓄势充分，涨势可期。1930 年 4 月 9 日，该股股价上涨到了 54 美元，价涨量增。

有一个数据需要我们注意，那就是从 1924 年 6 月到 1929 年 3 月，该股价的回调时间从未超过 1 个月，或者说当回调超过 1 个月时，该股股价从未跌到上个月低点下方 3 美元。

这里要给出笔者的一个经验法则：**从高点下跌时间从未超过 1 个月的股票，绝不要去做空。**通用汽车这只股票每次回调的时间只有一个月，此后就会恢复上涨。但在通用汽车股票回升期间，其他一些汽车个股却继续走低，如哈德森汽车等。但是当通用汽车股票在 1924~1925 年处于横盘整理走势时，上述汽车个股都处于上涨走势中。风水轮流转，现在轮到通用汽车股票走牛了。

从 1914~1929 年的几轮牛市中，该股都是领涨股。因此，我们不能寄希望于该股股价在下一轮牛市中还能独领风骚。交易者需要从汽车板块中寻找那些现在处于整理蓄势阶段，但具备领涨潜质的个股。

江恩为该股设定的基准周度成交量为 100 万股，超过 100 万股就是值得关注和分析的"异常值"。

地量和地价！

笔者要分析的第四只汽车股是玛卡卡车（Mack Truck）股票。这只个股属于整个汽车板块中上涨启动较早的个股，因为**其流通盘较小，只有 33.9 万股**。联合坐庄的主力想要操控拉升这只股票非常容易。1921 年，该股股价在 25 美元见底。1923 年 4 月该股股价见到高点 94 美元。

同年 6 月，该股股价见到低点 64 美元。从 1923~1924 年，该股股价长时间围绕 64 美元波动，大量换手在此完成，显然主力在这附近吸纳了不少筹码，拉升的条件逐渐成熟。

1924 年 8 月，该股股价向上突破了 94 美元，这是 1923 年的高点。1925 年 11 月，该股股价见到高点 242 美元。**主力在这个高点附近派发，而上市公司也恰好在这时候宣布分红派息**。接着，趋势转而向下。1926 年 3 月，该股股价跌到了 104 美元，然后出现回升。同年 8 月，该股股价在 136 美元见顶，此后，该股股价的高点和低点都出现了渐次下移，如 1927 年 1 月的低点是 89 美元，1927 年 5 月的高点是 11 美元，1928 年 4 月的低点是 83 美元；1929 年 2 月和 3 月的高点是 114 美元，低于 1927 年 5 月的高点，1929 年 3 月和 4 月见到低点 91 美元，1929 年 9 月见到高点 104 美元。最后一波上涨的力度较弱，表明主力在抛出筹码，从 1925~1929 年都在陆续进行。1929 年 11 月，该股股价跌到了 55 美元。这个点位与 1922 年 10 月的低点 53 美元邻近，这附近存在强有力的支撑。1930 年 3 月，该股股价反弹到了 85 美元，上涨幅度不大，只不过是下跌趋势中的反弹而已。

笔者要分析的第五只汽车股是帕卡德汽车（Packard Motor Car）股。该股股价到了牛市后期才开始明显上涨。该股股价在 1921 年构筑底部，该底部位于 5 美元。1922 年 12 月，该股股价上涨到 21 美元这个高点。**1923 年 11 月见到低点 10 美元。到了次年 1924 年 5 月，低点还是 10 美元**。从 1923~1927 年的月度高低点走势图可以看出，**该股股价在 10~16 美元持续震荡了很长时间，换手充分，蓄势待涨**。1925 年 4 月，该股股价向上突破了 21 美元，这个点位是 1922 年的高点，一个买入点出现了，进一步上涨的空间打开了。

1925 年 10~11 月，该股股价见到高点 48 美元，接着回落。1926 年 3 月，该股股价在 32 美元见底。1926 年 7 月，该股股价上涨到了 45 美元，此后于同年 10 月跌到 32 美元，与 3 月的低点一致。

从 1926 年 10 月到 1927 年 7 月，该股股价在 33~38 美元盘整，成交量也显著放大。到了 8 月，该股股价显著上涨，10 月时向上突破了 48 美元，这是 1925 年的高点，突破后该股股价大涨。

从 1927 年 5 月该股股价最后一次触及 34 美元，到 1928 年 12 月该股股价在 163 美元见顶，**低点都在渐次抬升**。这波涨势的幅度为 130 美元，期间未出现任何趋势反转信号，这波行情是实践金字塔顺势加码操作法的好机会。1929 年 3 月，该股股价跌至 117 美元，到了 1929 年 5 月见到高点 154 美元。

该股股价此后在 7 月见到低点 128 美元，在这点位附近获得良好的支撑，整理后上涨。接着，**该股股价在 1929 年 9 月见到高点 161 美元。恰好在这个高点附近，该股进行了拆分，1 股拆分为 5 股**。除权后，1929 年 9 月的该股股价为 32 美元，相当于除权前的 160 美元。

1929 年 11 月，该股股价跌到了 13 美元，相当于除权前的 65 美元，该股股价已经顶部下跌了差不多 100 美元。

当其他的汽车股票个股在牛市早期充当领涨股时，交易者应该研究帕卡德汽车的底部走势，这样就能确认其底部蓄势的过程，以及突破的时机，此后该股股价出现了大涨。

笔者要分析的第六只汽车股是司徒贝克公司（Studebaker）股票。这只股票是 1921 年牛市初期的领涨股之一，也是表现最好的股票之一。笔者曾经在《盘口真规则》一书中将该股称为最强势的股票之一。这只股票价格于 1920 年 12 月在 38 美元附近构筑底部，到了 1922 年涨至 141 美元的高点。

1924 年该上市公司宣布分红派息，从其月度高低点走势图可以发现该股股价此后的走势就跟帕卡德汽车一样。1925 年 11 月，该股股价在 68 美元构筑阶段性顶部，到了次年 5 月跌至 47 美元的低点。在这个点位附近，该股进行了充分的换手。从 1926~1927 年，该股股价一直处于横盘整理走势，直到 1928 年 1 月该股股价才向上突破了 68 美元，这里一度是 1925 年的高点。

1929 年 1 月，该股股价在 98 美元构筑阶段性顶部，此后趋势转而向下。1929 年 11 月，该股股价下跌到了 38 美元低点。这个低点与 1924 年 9~11 月的低点持平，也与 1920 年 12 月低点一样。一轮小幅度的上涨之后，该股股价于 1930 年 2 月见到高点 47 美元。

笔者要分析的第七只汽车股是怀特汽车（White Motors）股票，这是牛市的早期领涨股之一。该股股价在 1925 年较晚的时候构筑顶部，此后该股股价再也没能逾越这个高点。具体来讲，这个高点出现在 1925 年 8 月，具体的点位是 104 美元。

笔者从较早时期的走势分析这只个股。1921 年该股股价见到低点 29 美元，此后开始第一波上涨。第二波上涨则是从 1924 年 6 月开始的。这波上涨持续到了 1925 年 8

月，然后主力持续出货到了 11 月。主力出货期间，趋势已经转而向下了。

该股股价最终于 1926 年 4 月在 52 美元见底。见底之前的反弹幅度都非常小。1926 年 8 月，该股股价已经上涨到了 64 美元，接着一些筹码开始松动，该股股价恢复下跌走势。1927 年 11 月，怀特汽车股票价格跌到 30 美元的低点，这个低点只比 1921 年的低点高出 1 美元，这意味着走势依然较弱，不过反弹应该可以期待，因此也算一个潜在的买点。

1929 年 4 月，该股股价反弹到了 53 美元，接下来出现一波回落，下跌后该股股价在 28 美元附近见底，这个低点与 1927 年和 1921 年的低点接近，该股股价因此获得有效支撑，一个潜在的买点出现了。1930 年 4 月，该股股价已经上涨到了 43 美元。

如果交易者在 1926~1928 年的任何时点因为通用汽车股价大涨而买入这只股票，希望怀特汽车股票价格能够跟风上涨，那么亏损必然巨大。因为通用汽车股价处于上涨趋势的时候，怀特汽车股价处于下跌趋势。

交易者要明白一点：**永远不要与趋势为敌，不要因为板块中的某只股票价格上涨，就想当然地认为这个板块中的另外一只股票价格也会上涨，不要盲目地买入另外一只股票，除非这只股票也处于上涨趋势中**。交易者要基于行情走势图去判断每只股票自身的趋势。

> 做投机要抓股，操作跟风股收益要低很多，风险却要高很多。但是，一般人不敢道龙头，恐高！

> 挖掘补涨股或者跟风股看似安全，其实非常危险。

6. 油气股

很多油气股都在 1922~1923 年构筑大顶部，但在 1924~1929 年这段牛市则没有什么表现。之所以油气股在这段时期表现不佳，主要是因为油气生产过剩、供过于求造成的。不过，这种情况很快就会结束了，因为需求在稳步增长，只要

供给些许下降就会导致油气股有上乘表现。

当然，未来或许会出现新化学能源产品代替油气的技术变革，这会导致油气公司的业绩萎缩。尽管如此，在现阶段我们仍旧应该关注一些优秀的油气公司，它们在可见的未来有上涨潜力。如果它们的行情走势图显示出交投活跃，趋势确认向上，那么你就应该买入。

笔者要分析的第一只油气股是墨西哥石油（Mexican Petroleum）股票。在 1922~1923 年的牛市行情中，该股是龙头股之一。该股股价从 1921 年 8 月的 85 美元低点开始上涨，持续上涨到了 1922 年 12 月的 322 美元见顶。见顶期间，该公司与泛美石油（Pan American Petroleum）进行了换股。

该股是 1921 年油气板块中表现最好的股票之一，因为该股股价在见底后**进行了足够长时间的整理**，之后的上涨速度很快，高点和低点都在渐次抬升，这是后期会大涨的特征。另外，**该股的流通盘小，联合坐庄的主力拉升起来更加容易，同时该股也有良好的内在价值和业绩支撑起股价。**

笔者要分析的第二只油气股是大西洋炼油公司（Atlantic Refining）股票。从 1921~1929 年的超级大牛市中，该股是早期的领涨股之一。

该股股价于 1923 年 1 月在 160 美元见顶，次年 7 月跌到 79 美元，1925 年 2 月该股股价又上涨到了 117 美元，3 月跌到 98 美元。随后，该股股价出现一波上涨，持续到 6~7 月，在 116 美元见顶回落。这波上涨未能向上突破 1925 年 2 月的高点，因此看空该股。在 116 美元附近的抛盘非常沉重，到了 1925 年 8 月的时候该股股价跌到了 97 美元。

1925 年 11 月，该股股价上涨到了 110 美元，次年 3 月又跌到了 97 美元，一个买入点出现了，止损单可以放置在 94 美元。接下来该股股价出现了快速反弹，该股股价于 1926 年 5 月在 128 美元见顶，这是一个陡峭的尖状顶部，左边上涨快，右边下跌也快。到了 1926 年的时候该股股价已经快速下跌到了 97 美元，**这是该股股价第四次触及这一低点构筑底**

> 题材和业绩才是股价的灵魂，两者兼具最好，至少也要具备其中一者才算潜在的买入标的。

> 按照江恩理论的说法，当价格第四次来到某一点位的时候，阻力或者支撑就会失效，但是在这个地方江恩却仍旧坚持认为支撑有效。由此看来，江恩理论并非是一个严密的体系，江恩本人也在不断地完善和改进其理论。

部，因此有一个买入机会出现了，初始止损单放置在 94 美元。

1927 年 8 月，该股股价上涨触及 131 美元，恰好比 1926 年的高点还高出 3 美元，该股股价在这个点位附近再度形成了尖顶。此后，该股股价迅速转跌，到了 1928 年 2 月该股股价已经跌到了 96 美元。这是该股股价第五次跌至这个点位附近获得有效支撑，一个买入点出现了，初始止损单仍旧放置在 94 美元。

接下来，该股股价从 96 美元回升，同年 4 月向上突破了 1926 年到 1927 年的高点，该股股价最终在 140 美元构筑顶部。140 美元曾经是 1924 年 1 月的高点，在这个点位该股股价曾经受阻长达 3 个月，抛压十分沉重。到了 1928 年 6 月，股价跌至 111 美元。接下来该股股价回升到了 141 美元，创出了新高点。到了 6 月，该股股价略有回调，月度收盘价为 139 美元。到了 1928 年 7 月，该股股价再度创出新的高点 143 美元。这是该股股价即将大幅拉升的征兆，交易者此刻应该加码买入。因为该股股价多次在 96 美元和 97 美元构筑阶段性底部之后创出了新高。创出新高后，进一步上涨的空间就被打开了。

1928 年 10 月，该股股价在 238 美元见到大顶部，与此同时公司宣布分红派息。同年 12 月，除权后的该股股价在 50 美元见底，然后上涨，逐渐走高到 1929 年 7 月，在 77 美元构筑顶部。接着，该股股价就开始下跌了，到了 1929 年 10 月，该股股价已经跌至 30 美元。次年 4 月，该股股价反弹到了 52 美元。

通用沥青（General Asphalt）股票是 1919 年牛市行情中涨幅最大的龙头股之一。1922 年 7 月，该股股价在 73 美元见顶，到了 1923 年 8 月跌至 23 美元。这个点位位于 1920 年和 1921 年低点下方，这意味着趋势走弱，该股股价在可见的未来很难成为新的市场龙头股。

1926 年 8 月，该股股价见到高点 94 美元，到了次年 3 月见到高点 96 美元，而 1928 年 4 月和 5 月见到高点 95 美元，到了 1929 年 8 月该股股价见到高点 95 美元。该股股价连续 4 年都在几乎同一点位附近构筑阶段性顶部，但都没能突破，这是较为清晰的做空信号。

1929 年 11 月，该股股价跌到了 43 美元，次年 4 月又反弹到了 71 美元。

休斯敦石油（Houdston Oil）股票的流通盘较小，因此容易被操纵。1921 年 8 月，该股股价见到低点 42 美元，1922 年 10 月见到高点 91 美元，1923 年 8 月见到低点 41 美元。这是一个买点，因为它与 1921 年低点邻近，买入后的初始止损单应该放置在 39 美元。1925 年 2 月，该股股价上涨到了 85 美元，1926 年 3 月和 10 月，该股股价两度在 51 美元构筑阶段性底部。一段较长时间的横向整理之后，该股股价显著上涨。到了

1927 年 2 月，该股股价已经向上突破了 1922 年和 1925 年的高点，进一步上涨的空间被打开了，一轮大幅上涨随之而来。

1927 年 7 月和 10 月，该股股价分别触及高点 174 美元和 175 美元。在触及这两个高点时，主力出现了派发筹码的行动，趋势转而向下。这意味着这只股票在牛市接下来的阶段里面不会再是领涨股。

到了 1929 年 10 月，该股股价已经下跌到了 26 美元。从 26 美元这个低点开始，该股股价回升，一轮显著上涨展开。到了 1930 年 3 月，该股股价在 110 美元见到顶部。**为什么这只股票比油气板块内的其他个股的回升次数要多？因为它的流通盘较小。**

泛美石油的 B 股（Pan American Petroleum B）股票是笔者接下来要分析的另外一只油气股。该股股价于 1921 年 8 月，在 35 美元见到阶段性低点。到了 1922 年 10 月，该股股价上涨到了 94 美元的顶部。该股股价是牛市早期阶段的龙头之一，但到了牛市中后期，该股就不再充当牛市的角色了。1924 年 2 月，该股股价见到低点 42 美元，到了 1925 年 3 月触及高点 84 美元。

1928 年 2 月，该股股价见到低点 38 美元。接下来有一波回升走势，持续上涨到了 1929 年 8 月，在 68 美元构筑阶段性顶部。此后，在 1929 年 10 月的股市恐慌性暴跌中，该股股价跌到了 50 美元。从上述走势历史可以看出，该股股价在 1922 年见顶后也出现过几次上涨，但是大幅上涨的行情早在 1922 年就完结了，因此它不能算作是牛市中的油气板块领涨股之一。

菲利普斯石油（Philips Petroleum）于 1923 年 4 月在 69 美元见到大顶部，在此后的牛市行情中，该股股价再也没能向上突破这个高点。从 69 美元这个高点开始，该股股价持续走低，直到 1929 年 11 月才在 24 美元构筑真正的底部。该股股价见底后开始上涨，到了 1930 年 4 月该股股价见到了上涨的高点 41 美元。

突破历史性高点，则上涨空间打开。这是江恩理论的一个关键性结论。结果出现此后被确认的假突破，我们也不能因此放弃任何一次还未被证实为假突破的突破。

双顶形态出现。

加州标准石油（Standard Oil of California）股票于 1922 年 10 月在 135 美元构筑顶部，接着宣布分红派息。1923 年 8 月，除权后，该股股价在 48 美元构筑底部，接着处于窄幅横盘的走势中，最后在 1929 年 6 月触及 82 美元的高位。该股股价于 1929 年 10 月跌至 52 美元，这个点位比 1923 年的低点高出 4 美元，这意味着该点位附近存在强大的支撑。此后，该股股价回升，持续到 1930 年 4 月，见到高点 73 美元。该股是标准石油系当中表现最好的油气股之一，一旦其行情走势图给出趋势向上的信号，则交易者就可以买入。

当牛市处于最后阶段时，有数只油气类个股在 1929 年 7 月和 8 月出现了反弹。除了少数几个例外，交易者可以发现如果从 1922~1929 年持续买入油气板块个股，则很难遇到什么赚大钱的机会，如果他死守油气股，则必然错失那些在牛市中真正大有表现的龙头股。

总而言之，交易者应该紧随交投活跃的龙头股，不要在那些交投清淡的个股上浪费时间和精力，如果不幸碰上了这样的股票，交易者要尽早转向活跃股。

7. 公用事业股

公用事业板块的个股在 1929 年牛市尾声阶段的飙升行情中充当了龙头板块，也是牛市结束的信号。该板块是牛市后期启动的板块，最后的飙升行情是由信托投资基金驱动的，这类机构在狂热情绪的驱使下在股市顶部附近买入公用事业股。另外，空头回补和大众疯狂入市也导致牛市阶段出现了公用事业股的疯狂，让行情达到了顶峰，接下来股市就崩盘了。

笔者要分析的第一只公用事业股是美国及国外电力公司（American & Foreign Power）股票。1925 年 9 月，该股股价在

双底形态出现。

51 美元构筑阶段性顶部。此后下跌，**1926 年 10 月和 11 月该股股价两度在 15 美元见底**。从 1927 年到 1928 年，该股股价在大部分时间里都在横盘整理，到了 1928 年 11 月，该股股价向上突破了 1925 年的高点 51 美元，进一步上涨的空间被打开了。

到了 1929 年 9 月，**该股股价在 199 美元附近构筑顶部**。上涨趋势结束，走势转而向下。到了 1929 年 10 月，该股股价跌到了 50 美元，再度回到了 1925 年的低点，这是一个买入点，止损单应该设置在 48 美元。

> 199 美元体现了 200 美元整数关口的强大阻力。

1929 年 12 月，**该股股价上涨到了 101 美元，**接着回落到了 89 美元。到了 1930 年 2 月，**该股股价再度触及 101 美元，但是没能突破这一高点。**一个做空机会出现了。1930 年 3 月，该股股价跌到了 83 美元这个低点。

> 双顶形态出现了。

笔者要分析的第二只公用事业股是美国电力与照明公司（American Power & Light）股票。1924 年 11 月，该股股价在 38 美元附近构筑底部。1926 年 1 月该股股价见到高点 79 美元，同年 3 月见到低点 49 美元。然后从 49 美元开始蓄势整理，一直到了 1928 年 4 月的时候才向上突破了 1926 年的高点，触及 80 美元。到了 1928 年 5 月，该股股价见到高点 95 美元，接着又经历一个蓄势整理时期。盘整到 1928 年 12 月的时候在 76 美元见到低点，然后开始上涨。

1929 年 9 月，该股股价在 175 美元构筑大顶部，**形成一个尖状顶部**，该股就像美国及国外电力公司和美国工业酒精公司等牛市后期领涨股一样，在大顶部构筑完成后都出现了暴跌。该股股价在同年 10 月，跌破了 154 美元，该点位低于 9 月的低点，这意味着该股股价的趋势已经转而向下了。如果你正在做空该股，那么这是一个加码做空的机会。到了 1929 年 11 月，该股股价已经跌到了 65 美元，这是 1928 年 2 月的低点。一个买入点出现了。接着，该股大幅回升。到了 1930 年 3 月，该股股价已经上涨到了 119 美元。

> 尖状顶部一般对应什么性质的题材？尖状顶部往往伴随着什么样的成交量形态？

笔者要分析的第三只公用事业股是布鲁克林联合燃气公

司（Brooklyn Union Gas）股票。该股股价于 1924 年在 57 美元附近构筑底部，次年见到高点 100 美元。1926 年 3 月，该股股价见到低点 68 美元，1929 年 8 月，该股股价创出历史最高价 248 美元。一个尖状顶部在 248 美元附近形成了，然后暴跌出现了，该股股价出现急挫，到了 1929 年 11 月该股股价在 99 美元构筑底部。

到了 1930 年 3 月，该股股价又反弹到了 178 美元。该股也是牛市晚期的龙头股之一。**另外，该股作为公用事业板块中的优质股票之一，也适合交易者在 1929 年恐慌暴跌行情中逢低买入。**

笔者要分析的第四只公用事业股是标准燃气与电力公司（Standard Gas & Electric）股票。该股股价于 1923 年在 19 美元附近构筑底部，到了 1926 年 2 月触及高点 69 美元。同年 3 月，见到低点 51 美元。此后处于持续的横盘整理行情中，直到 1928 年底才开始突破盘整走出单边行情。1929 年 9 月，该股股价在 243 美元构筑大顶部，随后破位下跌，直到 1929 年 11 月在 74 美元构筑底部。接下来，该股股价出现了回升行情，然后在 1930 年 4 月触及 128 美元高点。

这些牛市晚期的领涨股波动速度极快，因而交易者的行动也必须果决而迅速。在牛市尾声阶段，多头交易者要果断地了结头寸。如果在这个阶段仍旧持股待涨，那么结局必然悲催。**对于这类涨跌迅速的个股，可以查看其日度或者周度高低点走势图**，这样可以敏锐地觉察到趋势的改变，尽早了结多头头寸，开立空头头寸。

公用事业股与医药股，以及必需消费品股都属于"防御性板块"，在金融市场中属于"避险类资产标的"。

江恩认为在牛市后期，交易者应该从月度走势图转移到日度走势图上，因为牛市后期的波动速率更大，因此需要更小的参数，以便提高敏锐度。这种做法类似于将均线的参数改小一样。

8. 橡胶轮胎股

在 1921~1929 年这轮超级牛市的早期阶段中，橡胶轮胎板块并非属于龙头板块。从 1921~1923 年，该股股价的价格并未出现任何显著的上涨，部分股票在 1923~1924 年的价格甚至比 1921 年还要低。

笔者要分析的第一只橡胶轮胎股是古德里奇公司（Goodrich）股票。**该股于 1920 年和 1921 年两度在 27 美元见到低点。**1922 年 5 月，该股股价涨到了 44 美元。该股股价从 1919 年就从顶部下跌，1922 年第一季度的小幅上涨相当于是大幅下跌的反弹。

1922 年 11 月，该股股价跌到了 29 美元，该股股价在小幅反弹后又跌到了 1921 年低点，这意味着该股股价走势疲弱。1923 年 3 月，该股股价触及高点 41 美元，这个高点要比 1922 年的高点更低。趋势再度拐头向下，1923 年 10 月，该股股价在 18 美元见到低点。这个低点比 1921 年低点更低，进一步确认弱势。

1924 年 1 月，该股股价回升到了 26 美元，但却没能向上突破 1920 年和 1921 年的低点 27 美元。同年 6 月，该股股价在 17 美元构筑底部。同年 9 月，该股股价向上突破 26 美元。**这个点位是上一轮上涨的高点，是一个显著的阻力点位。**这一信号表明上行趋势开始了，同时一个买入点出现了。其实，该股股价在 1923 年和 1924 年两度在同一点位构筑阶段性底部，交易者可能已经在这一点位附近买入。但是，如果你想要买在爆发点，那么就应该在突破上一轮上涨高点时买入。

1925 年 11 月，该股股价上涨到了 74 美元的高点，接着趋势转而向下，到了次年 11 月该股股价跌至 39 美元。估计此后进入横盘震荡行情，接着上行趋势开始。1928 年 1 月，**该股股价在 99 美元见到阶段性顶部。**

1928 年 6 月，该股股价跌到 69 美元，这与 1927 年 9 月、10 月和 11 月的低点基本一致。该股股价在这一点位附近获得了强有力的支撑，继而上涨。到了次年 12 月，该股股价触及顶部 107 美元。一个尖状顶部出现，趋势转而下跌。此后，该股股价一直下跌到了 1929 年 11 月，在 39 美元见底。这个低点与 1926 年 11 月的低点一致，这是一个支撑位。交易者

江恩提出了双底形态的两个买点：第一个买点是在双底底部点位附近，第二个买点则在双顶颈线点位附近。

179

应该在这个点位买入，初始止损单设置在 36 美元。1930 年 3 月，该股股价上涨到了 58 美元。

笔者要分析的第二只橡胶轮胎股是固特异（Goodyear）股票。1921 年该股股价在 5 美元构筑底部，股价波动很慢，直到 1927 年才开始上涨。1928 年 1 月，该股股价见到高点 72 美元，同年 6 月，该股股价见到低点 45 美元。接着，该股股价出现了快速上涨。1929 年 3 月，该股股价在 154 美元构筑顶部，这是一个尖状顶部，紧随而至的是暴跌。1929 年 10 月，该股股价跌到了 60 美元，接着出现上涨，1930 年 3 月该股触及高点 96 美元。

笔者要分析的第三只橡胶轮胎股是美国橡胶（U.S. Rubber）股票。1921 年，该股股价在 41 美元构筑底部，这个点位比 1919 年的顶部低了 102 美元。1922 年 4 月，该股股价上涨到了 67 美元，这是大跌后的小幅反弹。反弹幅度小，意味着该股趋势向下。同年 12 月，该股股价跌到低点 46 美元，较 1921 年的低点有所抬升，一个买入点出现了。随之而来是一波上涨，持续到 1923 年 3 月在 64 美元见到高点，这个高点比 1922 年的高点要低一些，形态看跌。

在分析判断走势的时候交易者必须牢记一条法则：**只有当股价向上突破了牛市第一年的高点时，才会有个股的大行情。**

地量见地价。

1924 年 1 月，该股股价在 23 美元创出了新低点。**此后该股股价在这个低点附近窄幅整理，成交量显著萎缩。**1925 年 1 月和 2 月，该股股价两度触及 44 美元，这是一个阻力点位，此前曾经是 1923 年 7 月、8 月和 9 月的低点。此后，该价股价回落到了 34 美元这个低点。

1925 年 4 月，该股股价向上突破了 44 美元，趋势走强，这也是一个加码买入的点位。同年 11 月，该股股价即在 97 美元构筑顶部，这是一个尖状顶部，暴跌紧随而至。

1926 年 5 月，**该股股价见到低点 51 美元**，而同年 8 月回升见到高点 68 美元。1926 年 10 月，见到低点 52 美元，与上

轮低点 51 美元构成双底形态。一个买入点出现，初始止损单设置在 48 美元。1927 年 3 月，该股股价上涨到了 67 美元这个高点。**这个高点在 1926 年 8 月的高点之下，这是弱势的特征。**此后，股价恢复下行趋势，于 1927 年 6 月在 37 美元见底。接着，该股股价出现回升，1928 年 1 月该股股价触及 63 美元高点，这是第二次出现高点下移，进一步确认了弱势。

1928 年 6 月，该股股价在 27 美元构筑底部，这个低点比 1924 年的低点高出 4 美元，意味着这一点位附近存在强大的支撑，一个买入机会出现了。趋势转而向上，一直上涨到了 1929 年 3 月在 65 美元构筑阶段性顶部，这个价位并未高出 1928 年的高点超过 3 美元，同时也未能突破 1926 年和 1927 年在 67~68 美元一带的阻力。这些特征表明该股股价疲态已显现出来，做空机会来临。

此后，该股股价暴跌，趋势向下。1929 年 5 月，该股股价触及低点 46 美元，到了 1929 年 9 月则回升到了 58 美元。1929 年 10 月，该股股价又跌到了 15 美元，这是 1907 年低点 14 美元以后的最低点。一个买入点出现了，初始止损单应该放置在 12 美元。该股股价随后上涨，到了 1930 年 4 月已经涨到了 35 美元。

该股股价下跌走势持续了 5 年时间，从 1925 年 11 月开始一路走跌。同时期其他个股基本都处于上行走势中。等待这只股票的抛盘消化殆尽时，涨势才开启。但是，其他个股却已经处于下跌走势中了。从月度高低点走势图中你可以发现上述特征。另外，**杜邦财团投资并控股这家公司也是该股股价未来几年将要大涨的有力理由。**预计该股股价在 1932 年的上涨潜力巨大，是橡胶轮胎板块中少数几只值得买入的个股。

9. 钢铁股

笔者要分析的第一只钢铁股是伯利恒钢铁（Bethehem Steel）股票。正如笔者此前强调的那样，当某只股票此前已经出现过巨大涨幅时，该股要想在新一轮牛市中充当龙头股，则要等上很长时间。伯利恒钢铁股票就是这样的情况。

1907 年，该股股价在 8 月构筑底部，此后的第一次世界大战繁荣期中该股持续上涨到了 1916 年才在 700 美元构筑顶部。**这时上市公司宣布分红派息和拆股。**1921 年，除权后的该股股价在 40 美元见到低点。1922 年该股股价涨至 79 美元的高点，然后回落，1924 年跌至低点 38 美元，接着回升到 53 美元。

1925 年 6 月，**该股股价跌到 37 美元，与 1924 年低点 38 美元一起构成双底形态**。一个买点出现了。1925 年 11 月和 12 月，该股股价上涨触及 50 美元高点。1926 年 4 月，**该股股价跌到 37.5 美元**。这是一个支撑点位，交易者应该在此买入，并在 35 美元设定初始止损单。

1926 年 8 月，该股股价上涨到了 51 美元，但是却没能向上突破 1925 年 1 月的高点 53 美元。这一信号表明该股还未能准备好大幅上涨。1926 年 9 月和 10 月，以及次年 1 月，**该股股价三度在 43.5 美元构筑阶段性底部，比起此前 37.5 美元低点，43.5 美元是一个抬升的低点**。渐次抬升的低点支撑力度在增强，该股股价走势呈现出强劲的态势，上涨趋势开启。

1927 年 4 月，该股股价向上突破了 53 美元的高点，上涨趋势彻底确立。但是，回调不可避免，到了同年 6 月该股股价跌到了 46 美元。不过，很快上涨恢复，到了 9 月该股股价已经涨到了 66 美元。

1927 年 10 月，该股股价再度回调，见到低点 49 美元。1928 年 4 月，该股股价触及 69 美元高点，进一步的涨势可期。1928 年 6 月，该股股价出现这波行情的最后一次回调，在 52 美元构筑低点，然后从这个价位恢复上涨，开始飙升行情，最终在 1929 年 8 月于 140 美元构筑大顶部。如同所有在牛市晚期才启动的个股一样，这只股票也在形成尖状顶部后开始暴跌。

1929 年 11 月，该股股价在 79 美元构筑底部，然后展开回升走势，最终在 1930 年 4 月上涨触及 110 美元。从上述走势你可以发现，该股股价作为上轮牛市的领涨股其实是在牛市后期阶段才启动的。当美国钢铁和美国铁管铸造公司（U.S. Cast Iron Pipe）股票在 1921~1929 年超级大牛市的早期阶段独领风骚时，伯利恒钢铁公司的股价却在窄幅整理当中。从该股股价的行情走势图中可以清晰地看出，该股股价从 1921 年到 1927 年都处于不温不火的状态。

总之，交易者要学会观察行情图的方法，并且等到行情

江恩在本书中给出哪几种主要的底部形态？

图发出明确信号之后再操作。交易者应该只去交易那些突破了前期高点的个股，这样既可以避免被弱势股套牢，也可以从强势股中更快地获利。

我要分析的第二只钢铁股是科罗拉多煤铁公司（Colorado Fuel & Iron）股票。该股是一只在1929年恐慌性暴跌后值得逢低买入的潜力股。如果你按照笔者给出的方法去分析该股股价的底部形态，就会将其纳入股票池。为什么你会将这只股票纳入股票池呢？有如下原因：第一，科罗拉多煤铁公司的股票上一波上涨是在1927年7月见顶的，当该股股价在1929年11月见底的时候，已经持续下跌了两年多了。第二，相比之下，美国钢铁只下跌了两个半月，因此科罗拉多煤铁的抛压消化得更充分一些，因此反弹也更快一点。

1929年11月13日，这只股票价格在28美元构筑底部，这个点位与1926年3月26日的低点一致。但是在同一时期，钒钢公司（Vanadium Steel）的股票在高出1926年3月26日低点8.5美元的低点构筑底部，由此可以看出钒钢公司获得的支撑要比科罗拉多更为强劲。1929年12月9日，科罗拉多煤铁的股价回升到了39美元。到了12月20日和23日，该股股票又下跌到了32美元，**低点渐次抬升，买入信号出现**。

11月18日所在那一周到12月28日所在那一周，该股股价低点一直位于31.5~32美元一带，表明这一点位附近存在强大的支撑。1930年1月初，该股股价向上突破了40美元。40美元是1929年12月9日的高点，此后该股股价一路上涨，**低点和高点渐次抬升**，直到在1930年4月于76美元构筑顶部。从1929年11月的低点到这个顶部，这波上涨的幅度为48美元。同一时期，钒钢公司股价从低点上涨87美元，美国钢铁的涨幅仅为42美元。为什么美国钢铁的涨幅比较小呢？因为美国钢铁的流通盘有800万股，盘子较大，拉升股价需要更多的资金，对于联合坐庄的主力而言，推升该股股价需要更强的实力。这样的大盘股相对于只有几十万股的小盘股而言，在上涨过程中会遭遇更大的抛压。

个股之间的横向比较可以得出一些有关趋势强弱的有效结论。

双底形态出现！

笔者要分析的第三只钢铁股是铸钢公司（Crucible Steel）股票。这只股票在战争期间疯狂飙升，到了1915年在110.875美元构筑顶部，接着下跌。1917年，这只股票价格在46美元构筑底部。**1918年和1919年，该股股价都见到低点52美元。**在1919年的牛市中，该股股价也出现了显著上涨。1920年4月，该股股价在278.75美元见顶。通过观察其年度高低点走势图，你可以发现该股股价在早前几年处于整理蓄势阶段，**当该股股价突破整理阶段的高点后，大幅上涨就展开了。**

当该股股价在1920年4月构筑阶段性顶部时，上市公司宣布分红派息。1921年8月25日，除权后该股股价在49美元见底。该股股价属于见底时间较晚的股票之一。

1922年9月，该股股价上涨到了98美元。接着转而下跌，于1924年5月在48美元见底。**这个低点只比1921年的低点低了1美元，一个买入信号出现了。**但是，该股股价再次触及48~49美元这一区域，并且曾经是1919年中的龙头股，因此该股股价并不会在1921~1929年的大牛市中成为早期龙头股。

可以认为是双底形态，也可以认为是"空头陷阱"，或者说2B底形态。

接下来，该股股价不温不火。1927年3月，该股股价见到高点96美元，然后回落到了80美元。同年8~10月，该股股价多次回升到96美元高点，但是却**未能向上突破牛市第一年的高点，**也就是1922年的高点。

个股在牛市第一年的高点是一个重要的观察基准点。

1928年7月，该股股价跌至70美元，交投低迷，并且进入窄幅整理行情。此后，该股股价重回升势，到了1929年8月，该股股价在121美元构筑大顶部。该股股价在牛市晚期才开始启动，因此以尖状顶部结束上涨行情，暴跌走势在顶部完成后紧随而至。1929年11月，该股股价跌到了71美元的低点，这个低点与1928年7月的低点相差不过1美元，一个买入点出现了。交易者买入的同时，务必牢记同时设置初始止损单。

或许你会好奇，为什么铸钢公司的股票没能成为1921~1929年这轮超级牛市的龙头股？原因之一是该股股价在

1915~1916 年这轮行情中是龙头股之一，而且在 1919~1920 年的行情中再度充当龙头股，上涨幅度巨大，最终在 278 美元见顶。接着，该股进行了拆分。

你不能期望该股还能在下一轮牛市中充当龙头股，出现大涨。因为个股强弱的轮换，使一只股票不可能永远强势。除此之外，个股的拆分也是一个原因。

交易者应该去关注那些此后还有上涨机会的新股，或者是以前没有当过龙头的个股。不要死守老龙头不放！如果行情走势图显示这些老龙头股不会再度成为领涨股，那么就不要对这些股票心存侥幸。你可以通过关注个股的月度高低点走势图来完成上述工作。

笔者要分析的第四只钢铁股是共和钢铁公司（Republic Iron & Steel）股票。该股属于 1919 年牛市行情的晚期启动个股。最终在 1919 年 11 月于 145 美元见顶。**1921 年 6 月，该股股价在 42 美元构筑底部**，到了 1922 年 5 月该股股价触及 78 美元高点。同年 11 月，该股股价跌至 44 美元，这一点位存在支撑。这个点位比 1921 年低点高出 2 美元，交易者可以在这一点位买入，并同时设置初始止损单。

1923 年 3 月，该股股价涨到了 66 美元。但是仍未能触及 1922 年的高点，因此态势依然疲弱，自然也就不会成为新的领涨股。1923 年 6 月，**该股股价在 41 美元见底**，这个低点比 1921 年 6 月的低点还要低 1 美元。虽然这个点位也是支撑，可以再度买入，但该股股价来到这样的低位也意味着大幅走强的可能性不大。

低点抬升比低点齐平更显强势。

1924 年 2 月，该股股价触及 61 美元的高点，**高点再次出现下移**。1924 年 6 月，**该股股价再度跌到 42 美元**，买点出现了。同年 8 月，该股股价触及高点 50 美元，**10 月触及低点 42 美元**，该股股价又来到了 42 美元这个关键点位。

只要该股股价不跌到上一个低点下方 3 美元的水平，则这个低点就是不错的买入点位。该股股价此前的低点为 42 美元，在这个点位买入后止损单可以放置在这个低点下方 3 美

元的水平，具体来讲就是 39 美元。

1925 年 1 月，该股股价上涨触及 64 美元。到了 1925 年 4 月至 6 月，该股股价数次跌到 43 美元，在同一低点附近获得有效支撑，一个买入机会出现，初始止损单仍旧可以放置在 39 美元。

1926 年 1 月，该股股价见到高点 63 美元，未能突破 1925 年的高点。1926 年 5 月，该股股价跌到 44 美元，**比此前的低点要高一些，低点出现了抬升，这表明未来的涨幅会较大。**1926 年 8 月，该股股价涨到高点 63 美元，但是仍旧未能向上突破 1925 年和 1926 年 1 月这两个高点。

从上述走势可以看出，该股股价从 1921~1926 年的低点持续稳定在 41 美元到 44 美元这一水平；该股股价从 1923~1926 年的高点持续稳定在 63~66 美元这一水平。上述整理区间意味着该股股价每次跌到 44 美元都会得到支撑，每次涨到 64 美元都会遭受阻力。

1927 年 2 月，该股股价向上突破了 66 美元。同年 3 月触及高点 75.75 美元，但是未能触及**牛市第一年的高点**，也就是 1922 年 78 美元的高点。倘若该股股价能够向上突破 78 美元，那么进一步上涨的巨大空间将被有效打开。

1927 年 3 月，该股股价趋势转而向下，一直跌到 1928 年 6 月才于 50 美元构筑底部。该股股价此后从 50 美元起涨，一波飙升展开了。1928 年 9 月，该股股价向上突破了 78 美元，加码做多的机会出现了。此后该股股价持续走高，一直上涨到了 1929 年 9 月在 146.75 美元附近见顶，这个高点仅比 1919 年高点高 2 美元。在 1919 年高点附近，交易者应该多翻空，了结多头头寸，开立空头头寸，将做空的初始止损单设置在 1919 年高点上方 3 美元的水平。后续的走势并不会触发这一止损单，此后该股股价又一波快速下跌，于 1929 年 11 月在 63 美元见底止跌。这个点位现在是支撑位，此前却是上涨时的阻力位。此前，当该股股价涨到这一点位的时候，交易者应该卖出。1930 年 4 月，该股股价回升到了 82 美元。

> 低点抬升比低点齐平的看涨意味更浓。

　　笔者要分析的第五只钢铁股是美国铸管公司（U.S. Pipe & Foundry）股票。美国铁管铸造公司（U.S.Cast Iron Pipe）是这家公司的前身。在1921~1929年的超级大牛市中，该股是早期阶段的龙头股之一。为什么该股股价能够在牛市早期引领大势，原因有如下几条：第一，该股股价在大涨之前经历过数年的整理行情，从1902~1930年的年度高低点走势图就可以看出来；第二，该股总股本很小，仅有12万股，而流通股则更小；第三，上市公司业绩优秀，联合坐庄的主力更容易运作。具有这些优势的个股在上涨时，做空交易的风险极高。

　　1921年8月，该股股价在12美元见到低点。1922年1月，确认股价趋势向上。1922年8月，该股股价在39美元构筑阶段性顶部。这个高点与1919年的高点齐平。这时，除了1906年的高点53美元之外，该股股价已经突破了其他所有高点。

　　1923年7月，该股股价触及大涨前的最后一个低点20美元。这个低点比1922年的低点高出3美元，低点抬升，意味着下方承接有力，买入机会出现。

　　该股股价处于趋势性上行走势，到了1923年10月向上突破了40美元，处于1919年和1922年的高点之上。一个加码买入的机会出现了，**由于该股股价的低点和高点渐次抬升，并且成交活跃，因此交易者可以遵循金字塔顺势加码法操作。**

　　1923年11月，该股股价首先向上突破了53美元，然后又突破了58美元，这个点位比1906年的历史最高点还要高出5美元。交易者可以加码买入。此后，该股股价回调低点都高于53美元。

　　该股股价此后一直涨到了1925年2月，在250美元见顶。随后，股价暴跌。1925年4月，该股股价触及低点132美元，接着转势向上。1925年11月，该股股价在227美元止步。1926年5月，该股股价跌到了150美元，在这个比1925年4月低点高出18美元的点位上获得有效支撑。无论是日度高低点走势图还是周度高低点走势图都显示出该股股价在此

高点下移！

187

企稳，底部正在构筑过程中。此后，该股股价回升。

1926 年 8 月，该股股价在触及 248 美元后见阶段性顶部，**这个高点比 1925 年 2 月的高点低了 2 美元。**交易者应该在这个点位了结多头头寸，并且开始做空，做空的初始止损单可以设置在 253 美元。此后，该股股价暴跌，到了 1926 年 10 月该股股价触及低点 191 美元。从日度和周度高低点走势图上都可以看到该股股价正在这个点位附近构筑底部。1926 年 12 月，该股股价涨至 239 美元。

到了 1927 年 1 月，该股股价跌到了 202 美元，到了 2 月回升到了 225 美元，3 月在 207 美元构筑阶段性底部。接着，该股股价出现回升，到了 1927 年 5 月该股股价已经触及了 246 美元的高点，这个高点比 1926 年 8 月的高点低了 2 美元，意味着该点位附近存在沉重的抛压，再度做空的机会出现了。

1927 年 7 月，该股股价跌至 191 美元，**这个低点与 1926 年 10 月低点一致，一个买入点出现了。**买入后的初始止损单可以设置在 188 美元，随后该股股价回升，一直上涨到 1927 年 12 月在 225 美元见到阶段性顶部。

1928 年 2 月，**该股股价再度跌至 191 美元，这是该股股价第三次跌至这一点位，**交易者应该在这里回补空头头寸，并且尝试买入做多操作，买入后的初始止损单设置在 188 美元。该股股价随后出现快速上涨，到了 1928 年 5 月已经突破了 1925 年 2 月的高点 250 美元，见到高点 253 美元，这意味着进一步上涨的空间被打开了。尽管现在该股股价已经处于高位，交易者也应该加码买入。

1928 年 4 月，该股股价在 300 美元构筑大顶部，接着出现一波暴跌，持续下跌到了 1928 年 6 月才在 230 美元见底。接着，上市公司宣布分红派息，1928 年 12 月除权后该股股价在 38 美元见底，接着回升到了 48 美元，**到了 1929 年 2 月该股股价再度跌至 38 美元，两个低点共同构成了双底。**

双底形态出现！

1929 年 3 月，该股股价触及最近一个高点，也就是 55 美元。这一高点附近存在沉重的抛压，该股股价接着出现快速

下跌，趋势转而向下。下跌走势持续到了 1929 年 11 月才在 12 美元构筑底部。12 美元这个低点与 1921 年 8 月的低点一致，一个买点出现了。1930 年 4 月，该股股价回升到了 38 美元。

笔者要分析的第六只钢铁股是美国钢铁（U.S. Steel）股票。这只股票长期以来都是非常适合交易的标的，原因在于该股股价在高点或者低点停留的时间较其他股票更长，为交易者提供了充分的买入或者卖出的时间，同时初始止损单的放置也距离高点或者低点更近。

交易者应该仔细研究下美国钢铁 1901~1930 年的年度高低点走势图以及月度高低点走势图。该股股价在 1921~1929 年的大牛市中，持续领涨，作为一只龙头股贯穿牛市始终。

从 1921~1929 年的 8 年时间当中，该股股价出现过三波重大行情。该股股价在 1921 年 6 月见到低点 71 美元，同年触及高点 86 美元。同年 7~8 月，该股股价的波动幅度仅为 4 美元，表明它处于整理蓄势阶段。半年后的月度走势中，**该股股价的低点和高点都在渐次抬升**。1922 年 1 月，该股股价向上突破了 1921 年 86 美元的高点，进一步上涨的空间被打开了。

1922 年 10 月，美国钢铁在 111 美元构筑第一个阶段性顶部，接着回落到了 100 美元。次年 3 月，**该股股价回升到了 109 美元，但并未触及 1922 年 10 月的高点，一个做空信号出现了**。该股股价的趋势转而向下，到了 1923 年 7 月该股股价跌到了 86 美元，这个低点与前一低点齐平，表明股价获得了有效支撑。**该股股价在该低点附近窄幅整理了 4 个月时间**，涨势蓄势充分，后市可期。一个买入信号出现了，初始止损单应该放置在 83 美元。

1923 年 11 月，该股股价趋势转而向上，一直上涨到了 1924 年 2 月才在 109 美元构筑阶段性顶部，**这个高点与 1923 年 3 月的高点恰好一致，一个做空机会点出现了**。进场做空后的初始止损单放置在 112 美元。此后，这只股票股价下跌，并于 1924 年 5 月和 6 月两度触及 95 美元。日度高低点走势

江恩在研判股价走势的时候，主要利用月度高低点走势图。

高点下移！

江恩非常看重长时间整理的走势。横盘之中自有黄金机会！

图和月度高低点走势图均显示该股股价在 95 美元附近构筑阶段性底部。

1924 年 7 月，该股股价转而上涨，并于 8 月见到高点 111 美元。这个高点与 1923 年 3 月的高点一致。随后，该股股价小幅回调，于 1924 年 10 月跌到了 105 美元，此后回升，并于 11 月向上突破了 112 美元。一个加码买入的信号出现了，涨势可期。

1925 年 1 月，该股股价触及高点 129 美元，这个点位附近出现了沉重的抛压，到了 3 月的时候该股股价已经跌到了 113 美元，4 月再度触及 113 美元，而 5 月和 6 月则见到低点 112 美元，低点抬升了 1 美元，意味着下方承接良好。

1925 年 7 月，该股股价正式回升，且在 11 月见到历史新高点 139 美元，这是历史最高价，比 1917 年构筑的顶部还要高出 3 美元，进一步上涨的空间打开了。但是，获利盘的抛压沉重，该股股价在此区域附近持续整理了 3 个月来消化卖盘。1926 年 4 月，该股股价跌至 115 美元。并且在这里进行了蓄势整理，等到 6 月向上走势恢复，该股股价向上猛攻，一波犀利涨势开启。此后，当该股股价向上突破 140 美元的时候，加码买入的机会出现了。

1926 年 8 月，**这只股票价格在 159 美元见到高点，这是**一个尖状顶部，成交量显著放大，急跌紧随而至。到了 1926 年 10 月，该股股价在 134 美元见到低点，承接力量强大，上涨态势再度恢复。此后的 11 月，上市公司宣布丰厚的分红派息方案。1926 年 12 月，除权后该股股价的开盘价为 117 美元。到了 1927 年 1 月，该股股价下跌到了 111.25 美元。**这个价位与 1925 年 3 月和 4 月的低点 113 美元邻近，这是一个显著的支撑点位。**此后，该股股价在这一点位附近横盘整理 3 个月，然后蓄势上涨。上涨持续到了 1927 年 3 月见到高点 161 美元。**这个点位并未高于此前顶部上方 3 美元，因此是一个看空信号。**此后，该股股价急速下跌，并于同年 10 月在 129 美元构筑阶段性底部，这波回落仅仅持续 1 个月时间，接

1926 年 8 月见到的高点是 159 美元。1927 年 12 月股价再度在 159 美元遭受沉重抛压。

下来的 1 个月当中，**低点开始抬升**。

随后，该股股价持续上涨到了 1927 年 12 月，于 159 美元止步，**这又是一个做空信号**。接着，该股股价回落到了 138 美元，1928 年 4 月回升触及 154 美元，**但是未能向上突破 1927 年 12 月的高点，因此应该再度进场做空**。1928 年 6 月，该股股价跌至 133 美元，这个低点比 1927 年 10 月的低点要高 3 美元，低点抬升，该股股价走强。此后，该股股价快速回升，到了 8 月的时候，趋势确认向上。1928 年 11 月，该股股价向上突破了 154~155 美元一带的阻力，进而上行到了 172 美元。

1928 年 12 月，该股股价回落到了 150 美元，这次回落属于暴跌性质，但是很快该股股价又掉头向上了。接下来的涨势持续到了 1929 年 1 月，然后在 192 美元构筑阶段性顶部。同年 2 月，该股股价跌至 169 美元，3 月则回升触及 193 美元，这个高点只比 1 月和 2 月的高点高出 1 美元，意味着该股股价在这一带遭受了较为沉重的抛压。交易者也应该在这一点位附近进场做空，初始止损单应该设置在高点上方 3 美元的水平。

此后，该股股价下跌，持续下跌至 1929 年 5 月 162.5 美元构筑阶段性底部。**在见底的这一周当中，成交量显著萎缩，周成交量只有 22 万股，同时股价窄幅波动**。1929 年 6 月 8 日所在这一周，周度低点是 165 美元，周度高点是 171 美元。

此后的一周时间里，该股股价在 165 美元附近持续整理，并未跌破，意味着股价在这一点位获得了强劲的支撑。同时，低点略有抬升，意味着低点抬升。另外，持续整理期间高点触及 177 美元，价涨量增，表明趋势转而向上。1929 年 7 月 13 日所在这一周，该股股价向上突破了 193 美元，该股股价刷新历史高点。这个时候，交易者应该加码买入，因为成交量在同步放大，交投活跃。

接下来的一周时间里，**该股股价的低点和高点渐次抬升**。从 8 月 10 日所在周到 8 月 17 日所在周，其周度成交量都在

地量见地价！成交量显著萎缩意味着什么？叠加股价窄幅整理又意味着什么？地量一定是地价吗？有哪些可能的情况存在？

100 万股以上。8 月 24 日，**该股股价在 260.5 美元构筑这波上涨的第一个阶段性顶部**，相应的周度成交量为 80 万股。见顶后该股股价迅速回落到了 251.5 美元，**周度成交量也萎缩到了 39.1 万美元**。接着，该股股价快速回升。到了 1929 年 9 月 3 日，触及 261.75 美元这个大顶部。这一高点未能比 8 月 24 日的高点高出 3 美元以上，因此看空。见顶后不到一周，该股股价已经跌到了 246 美元，周度成交量为 56.1 万股，较该股股价从 260.5 美元跌至 251.5 美元那周的成交量多出 17 万股，表明抛压沉重。

地量见地价！

当该股股价跌破 251 美元时，交易者应该了结更多的多头头寸。因为该股股价从 162.5 美元的低点上涨以来，首次跌破了周度低点。1929 年 9 月 3 日，该股股价触及大顶部，对应的日度成交量为 12.9 万股，在这样高度的位置上，成交量萎缩，而该股股价停滞不前，意味着买盘乏力。

1929 年 10 月 3 日，该股股价跌至 206.5 美元这个低点，然后快速回升。回升到 1929 年 10 月 11 日，触及高点 234 美元，这波回升仅仅持续了一周时间，接下来就在沉重的抛压下回复下跌，跌到 208 美元的低点。接着，由于部分空头头寸回补，一波小反弹出现。

随后，该股股价恢复跌势，到了 1929 年 10 月 29 日，该股股价跌至 162.5 美元这个低点，相应的日度成交量为 30.7 万股。接着，该股股价快速回升，到了 10 月 31 日触及 193.5 美元，相应的日度成交量为 10 万股，当日波幅为 5.5 美元。然后，该股股价下跌，**于 11 月 13 日触及低点 150 美元，当日成交量极度萎缩，只有区区的 9.7 万股，意味着抛压已经衰竭**。此后，该股股价快速回升，到了 10 月 21 日已经涨到了 171.5 美元。然后又从这个高点回落，到了 12 月 2 日，又跌到了 159.25 美元。

从上述低点回升，见到高点 172 美元，接着又成功地向上突破了同年 10 月 21 日的高点。12 月 9 日，**该股股价在 189 美元构筑顶部，见顶当日的成交量为 35.5 万股，这是自**

天价见天量！

10 月 24 日以来最大的单日成交量，意味着这一点位附近的抛压沉重。加上该股股价这波上涨幅度有 39 美元，获利盘众多，该股股价接下来出现回落是自然而然的事情。这波上涨并未能使该股股价向上突破 10 月 31 日的高点 193.5 美元，这也是一个看空信号。

该股股价随后急速下跌，到了 12 月 23 日时该股股价的价格已经跌至了 156.75 美元这个低点，低点对应的日成交量为 11.1 万股，极端地量意味着抛压衰竭，下方承接有力。同时，这个低点比 11 月 13 日的低点更高，支撑有效。该股股价从这个低点开始上涨，从 1930 年 1 月的周度高低点走势图中可以确认该股股价趋势转而向上。

1930 年 2 月 14 日，**该股股价触及高点 189 美元，相应的日度成交量为 15.4 万股，这个高点与 1929 年 12 月 9 日的高点一致。**接下来，该股股价出现了下跌，2 月 17 日跌至 184.5 美元，2 月 18 日反弹至 189.5 美元，这个反弹高点对应的日度成交量为 12 万股。**这个高点几乎与前期高点一致，并未超过 1 美元，疲态尽显。**见顶后该股股价出现一波下跌走势，到了 2 月 25 日该股股价已经跌到了 177 美元这个低点，然后回升，**于 3 月 1 日升至高点 184 美元。**3 月 5 日和 6 日，该股股价跌至 178.75 美元低点，然后小幅反弹，**于 3 月 7 日再度触及高点 184 美元。**

1930 年 3 月 14 日，该股股价跌至 177.75 美元，但是仍旧位于 2 月 25 日低点 177 美元上方。接着，该股股价开始上涨，3 月 19 日触及高点 188.25 美元，相应的成交量为 17.9 万股。3 月 20 日，该股股价上涨触及 188.5 美元，相应的成交量为 6.7 万股。3 月 21 日，触及 191 美元，相应的成交量为 18.6 万股。**这个成交量是这段时期中该股最大的日成交量，同时该股股价也突破了 1929 年 12 月 9 日的高点 189 美元，以及 1930 年 2 月 18 日的高点 189.5 美元。**该股股价已经发出了小幅回调确认突破有效后进一步上涨的信号。

接下来的 3 月 24 日，该股股价已经触及了 192.25 美元，

天量可能是"空中加油"的信号，也可能是见顶的信号，你怎么区分？两者在题材和技术形态上有什么区别？

对应这一高点的日度成交量为 12.69 万股。3 月 25 日，该股股价见到高点 193.25 美元，相应的成交量为 8.36 美元。3 月 27 日，该股股价回落到 189.5 美元。**这一低点并未低于 1929 年 12 月 9 日高点 189 美元和 1930 年 2 月 18 日高点 189.5 美元，意味着该股股价获得了强劲支撑，涨势可期。**

同年 4 月 7 日，该股股价涨到了 198.75 美元这个高点，高点对应的日成交量为 10.6 万股。次日，该股股价跌至 193.25 美元，日成交量为 11.4 万股。4 月 10 日，该股股价又升至 197.875 美元，日成交量为 10.3 万股。一方面，该股并未突破 4 月 7 日的高点；另一方面，该股股价现在的价位又非常接近 **200 美元的整数关口**，抛盘集中在这一点位附近，因此调整临近。如果该股股价触及 200 美元，则看多；如果该股股价并未触及 200 美元，而是在向上突破 200 美元之前就跌破 4 月 3 日低点 192.625 美元，或者是跌破 4 月 8 日低点 193.25 美元，则看空。

笔者要分析的第七只钢铁股是钒钢公司（Vanadium Steel）股。该股股价在 1921~1929 年的大牛市早期阶段表现呆滞，波动缓慢。**当某只股票处于长时间的缓慢上涨状态，而低点和高点却在不断抬高，则最终会出现飙升行情。**当大众买盘蜂拥而至，叠加空头恐慌性回补，该股股价最终会以飙升行情来收尾。**这样的疯狂飙升其实是一场表演，以便吸引失去理性的大众在高位追买股票，而这时股价其实已经接近顶部了。**交易者务必要牢记这类行情其实是主力在拉高派发筹码，一旦主力出掉筹码，则股价就会暴跌。因此，**当交易者身处这样的飙升行情时，一定要跟进止损，当趋势转而向下时，你就能及时多翻空。**

初始止损和跟进止损是最佳保险措施！

该股是在 1919 年末大放异彩的新股之一，到了次年 4 月该股股价在 97 美元见到阶段性顶部。1924 年 6 月，该股股价在 20 美元构筑底部，此后股价开始上涨，低点和高点渐次抬升。到了 1928 年 1 月的时候，该股股价已经向上突破了 60 美元。1929 年 2 月，该股股价在 116 美元构筑大顶部，到了

1929 年 11 月，该股股价已经跌至了 37.5 美元。如果你正在跟踪钢铁板块，想要从中选出最值得介入的标的，同时你在选股时遵循了《盘口真规则》一书提出的法则，那么钒钢公司股票就是你的最佳标的。通过仔细研究该股股价 1919~1930 年的年度高低点走势图，以及 1924~1927 年的月度高低点走势图，你会得出上述结论。

37.5 美元时买入机会的第一个原因，1929 年 11 月，该股股价在 37.5 美元构筑底部，这个低点与 1926 年 11 月以及 1927 年 1 月的低点靠近，一个买入机会出现了。1927 年 1 月该股股价的低点为 37 美元，是上一轮行情启动前见到的最后一个低点，然后从这个低点启动了一波大行情，交投逐渐活跃，一直上涨到了 1929 年 2 月，在 116 美元见到顶部。

第二个原因是这个低点比 1926 年 3 月 26 日在恐慌中创造的低点还要高出 8.5 美元。

第三个原因则是该股股价见顶的时间为 1929 年 2 月，比美国钢铁等其他股票要早得多，这些股票价格直到 1929 年 8 月到 9 月才构筑顶部。因此，该股股价比其他股票提前 8 个月下跌，因此回升时间也会提前，并且会在下一轮牛市行情中充当龙头股。

第四个原因是该股的流通盘很小，区区 30 万股左右。因为流通盘小，因此股价容易上涨。相比之下，美国钢铁的流通盘为 800 万股，自然钒钢公司更具优势。

第五个原因是该公司实际上垄断了钒矿的生产。

1925 年 5 月，该股股价在 68 美元构筑底部。该股股价是从 116 美元跌到 68 美元的。此后，该股股价从 68 美元上涨，到了 1929 年 9 月该股股价已经触及 100 美元了。接着，该股股价从 100 美元下跌，于**同年 11 月触及低点 37.5 美元**。通常情况下，该股股价会从 37.5 美元开始回升，一直上涨到了 68 美元，这个点位曾经是 1929 年 5 月的低点。

我们应该查看一下该股股票跌到 37.5 美元之前的最后一个高点。10 月 29 日，也就是股市出现恐慌性下跌当天，该股

一只股票能够成为龙头股绝非点位和见顶时间能够决定的。

股价跌到了 48.5 美元。接下来的 10 月 31 日，该股股价回升到了 62 美元，然后拐头下跌。11 月 13 日，该股股价跌到了 37.5 美元。

同年 12 月 9 日，该股股价回升到了 61.5 美元，但是未能突破 10 月 31 日的高点 62 美元。 如果此后该股股价能够向上突破 62 美元的高点，则上涨空间被打开，进一步的涨幅会非常大。

此后，该股股价从 12 月 9 日的高点再度下跌，12 月 20 日该股股价跌到了 44.5 美元。这个低点比前一低点有所抬升，一个买入信号出现了。之所以能够在这个时候买入该股，原因在于在这个次级下跌中，**该股股价并未跌回前一个低点。从 12 月这个低点开始，该股股价的高低点渐次抬升，向上趋势明显。**

1930 年 1 月 25 日，该股股价上涨触及 51.5 美元，当日以最高价收盘，成交量为 1.6 万股。1 月 27 日，该股股价向上突破了 62 美元，这个点位曾经是 1929 年 10 月 31 日和 12 月 9 日见到的高点。1 月 27 日，该股股价触及 64.25 美元，并且以这个最高价收盘。当天的成交量为 2.5 万股，意味着大量买盘出现在上涨走势中，价涨量增态势明显。

1 月 30 日，该股股价触及 69.5 美元，并且在此附近构筑顶部。2 月 4 日，该股股价跌至 62.5 美元，跌幅为 7 美元。这是从 44.5 美元上涨以来，该股股价第一次出现如此大的跌幅。此后，该股股价重回涨势，于 2 月 14 日触及 73.5 美元的高点，日成交量为 3.4 万股，**这是 2 月最大的日成交量，这意味着回调会紧随而至。**

2 月 25 日，该股股价跌至 65.5 美元。在这个低点，该股的日成交量只有 7700 股，抛盘衰竭，下方承接有力，一个买点出现了。这次下跌的幅度只有 8 美元，比 1930 年 1 月 30 日到 2 月 4 日那波下跌的幅度多出 1 美元。

当该股股价从 65.5 美元再度上涨时，高点和低点都在渐次抬升。到了 3 月 6 日，该股股价向上突破了 74 美元，当日成交量为 2.6 万股。这时该股股价已经向上突破了 2 月 14 日的高点，进一步上涨空间被打开了。下一个关键点位就是上一波涨势的高点 86.5 美元，这是该股股价在 1929 年 10 月 11 日达到的高点。

3 月 10 日，该股股价涨到了 88.5 美元，当日收盘价为 86.5 美元，日度成交量为 2.8 万股。**由于该股股价向上突破了 1929 年 10 月 11 日的高点，进一步上涨空间打开，涨势可期。**在触及 88.5 美元的高点后，该股股价出现一波下跌，到了 3 月 12 日，该股股价在早盘跌到了 82 美元，接着上涨出现，盘中升至高点 92.5 美元，相应的成交量为 2.8 万股。

下一个关键点位就是 1929 年 3 月和 4 月的高点，当时该股股价涨到 100 美元，然后快速下跌。到了 1929 年 9 月 13 日，该股又涨到了 100 美元，日成交量也放大到了 5.9 万股，接下来快速下跌。

1930 年 3 月 21 日，该股股价向上突破了 100 美元，日度成交量为 4.68 万股。100 美元之后的下一个关键点位就是 116 美元，这是一个极端高点，是在 1929 年 2 月 9 日创造的。3 月 25 日，该股股价向上突破了 1929 年的高点 116 美元，最终在 124.5 美元构筑顶部，这是历史性新高点，**相应的日成交量为 5.45 万股。**当日该股股价在 118 美元开盘，盘中触及 124.5 美元，接着又跌到了 114 美元，**以当日最低价收盘，而当日的波幅为 10.5 美元。**加上当日成交量巨大，意味着抛压沉重，看空后市。但是，无论是从周度和月度高低点走势图，还是从日度高低点走势图上来看，该股股价的趋势仍旧是向上的。该股股价此前的回调幅度从来没有超过 7.5 美元，但是这次一天就回调了 10.5 美元，表明抛压很重。

股价在极端高点和低点的成交量是非常有价值的，需要我们密切关注。通过关注成交量状态，可以确认见顶或者见底的信号。1929 年，这只股票价格的天量出现在 2 月 7 日，当日成交量为 6.88 万股。2 月 8 日，该股股价在 116 美元见顶，当日成交量为 4.38 万股。**这两日的成交量之和超过了**

江恩是如何判断进一步上涨空间被打开的？

10.8 万股，这意味着抛压沉重，该股股价已经见顶。

2 月 9 日所处这一周的总成交量为 17.58 万股。该股的流通股仅为 30 万股，意味着这一周的换手率超过 66%，表明抛盘不少。1929 年 9 月 14 日所处这一周的成交量也值得注意，当时该股股价已经触及了 100 美元。这一周的成交量为 13.84 万股，特别是在该股股价趋势已经向下的情况下，抛压仍旧沉重。

10 月 26 日所处这周，总成交量为 5.64 万股。11 月 2 日所在这周的总成交量为 5.06 万股。在此后的一周，累计成交量则为 1.72 万股。到了 11 月 16 日所在一周，成交量为 2.9 万股。**交易者需要注意的是最后这两周正是该股股价构筑底部的时间，成交量萎缩到了极致，意味着抛盘衰竭。**

12 月 7 日所在这周，累计成交量为 3.1 万股；12 月 14 日所在这周，累计成交量为 2.1 万股；12 月 21 日所在这周，累计成交量仅为 1.9 万股，该股股价跌至 44.5 美元。低点在抬升，意味着抛盘并不重，下方承接有力。**此后的三周时间中，该股股价呈现横盘整理状态，相应的成交量也极度萎缩，周度成交量只有 1.2 万~1.3 万股。**成交量萎缩表明买入的人并不追高，同时卖出的人并不多。

当这只股票价格回升时，价涨量增。到了 1930 年 3 月 8 日所在这周，该股股价见到高点 78 美元，对应的成交量为 8.4 万股。3 月 15 日所在这周，该股股价触及高点 96 美元，对应的成交量为 14.5 万股。此后的一周，该股股价触及高点 107 美元，对应的成交量为 16.5 万股。3 月 29 日所在这周，该股股价触及高点 124.5 美元，成交量为 20.6 万股，**这是 1929 年 2 月 9 日以来的最大周度成交量，超出了 1929 年 2 月 9 日创造的历史最大周度成交量，反映出抛压很重，大量的获利盘出逃**。这个时候交易者应该关注该股股价的趋势变化，一次回调至少是难以避免的。

从 1929 年 11 月 13 日到 1930 年 3 月 25 日，该股股价上涨幅度为 87 美元。交易者应该重点关注该股股价在上涨过程

地量见地价！

天量见天价！

中出现的最大幅度回调或者是下跌过程中出现的最大幅度反弹。第一次回升后的第一波回调幅度最大，如该股股价于1929 年 12 月 9 日见到第一波高点 61.5 美元，然后快速下跌，于 12 月 20 日触及低点 44.5 美元，下跌幅度为 17 美元。接下来的两次回调幅度分别为 7 美元和 8 美元，表明下方承接有力，低点抬升，回调幅度减小，后市看涨。

1930 年 3 月 25 日，该股股价一天之内下跌 10.5 美元。我们需要关注的下一个点位是 107.5 美元，从高点 124.5 美元减去 17 美元就是这个点位。这个点位是潜在的阶段性底部，潜在的回升在此点位之后。如果该股股价从这个高点或者其他任何高点下跌超过 17 美元，那么下一个支撑点位就在高点向下 22~25 美元的水平。

除了关注回调幅度之外，交易者还应该关注回调的时间。当该股股价回调 7~8 美元的时候，相应的回调时间一般为 7~10 天。准确来讲，从股价见到高点回落开始算起，通常要 7~10 天，该股股价能完成回调。

当钒钢公司股票在 3 月 25 日见到高点 124.5 美元时，**当日就回调了 10.5 美元，这是走势趋弱的表现，加上成交量巨大，空头信号更加可靠。**此后，该股股价持续走低，一直跌到了 4 月 5 日，见到低点 103.5 美元，跌幅为 20 美元。见底后该股股价回升，于 4 月 11 日触及高点 117.5 美元。下一个潜在的阻力点位是 124.5 美元，一旦该股股价向上突破这一点位，则进一步上涨空间被打开，该股股价或许会上涨到 150美元。相反，如果该股股价跌破 103.5 美元这个最后支撑点位，则意味着打开了进一步下跌的空间。不过，需要注意的是该股股价在 1930 年已经创出了历史新高，因此趋势仍旧向上，因此在确认该股股价见顶时需要关注是否主力高位出逃的迹象。

巨量宽幅震荡日是一个非常重要的转势信号，但也未必一定是转折信号，2014~2015年的牛市中可以在股指上找出若干个巨量宽幅震荡日，其中有一些是中继形态，它们与反转形态有什么区别呢？

主力高位出逃必然放大量。

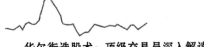

10. 零售百货股

接下来笔者要梳理一下百货和零售类个股。笔者要分析的第一只个股是宝茶公司（Jewel Tea）股票。该股股价在1921~1929年的牛市中启动较晚，**等它突破整理行情之后，该股股价就出现了巨大的上涨**，期间只出现了几次不显著的回调。该股股价从1925~1929年的行情是遵循金字塔顺势加码法进行操作的典范之一。1925年11月，该股股价在15美元构筑底部，随后该股股价持续上涨，直到1928年11月才在179美元见顶，涨幅为164美元。在这波行情中间出现的回调都没有超过2个月，也没有任何一个月度低点低于前一低点超过5美元的情况。其间，该股股价趋势从未有反转迹象，交易者因此也没有任何理由去卖出该股了。如果交易者在该股股价每上涨10美元的时候，就采用金字塔顺势加码法一次，可以想象利润有多巨大。如果交易者在上涨过程中持续跟进止损，将止损单设置在**前一个月低点下方5美元的点位上**，那么止损单在该股股价上涨164美元后才会被触发，被触发时趋势已经转而向下了。

该股股价在大幅上涨之前已经持续低位整理到了6年之久。我们可以查看该股股价1916~1930年的年度高低点走势图，以及1920~1930年的月度高低点走势图。1916年，该股股价见到高点96美元，但是并未在1919年的牛市中有所表现，仍旧处于下跌趋势中。一直跌到了1920年12月才在3美元构筑底部。

交易者应该关注个股股价的年度高点和低点，这非常重要。1920年，股票的股价高点为22美元，低点为3美元。1921年，该股股价的高点为12美元，低点为4美元。1922年，该股股价的高点为22美元，低点为10美元。1923年，

为什么江恩此处采用"5美元"而不是"3美元"呢？为什么关键点位的过滤参数会从3美元变成5美元？在《华尔街45年》一书中，江恩经常采用5美元作为过滤参数，这是他随着市场演化而改变参数了吗？

该股股价的高点为 24 美元，低点为 16 美元。1924 年，该股股价的高点为 23 美元，低点为 17 美元。该股的股价低点在逐年上升，表明下方支撑有力，该股股价必然在未来有进一步的大涨空间。同时，交易者还需要注意一点，那就是该股股价 1920 年的高点与 1922 年的高点齐平，都是 22 美元。

笔者的判市法则之一是**该股股价必须向上突破其在牛市第一年的高点超过 3 美元，才表明该股股价有进一步大涨的空间**。因此，当该股股价上涨触及 25 美元时，意味着进一步上涨空间已经被打开了，更大的涨幅会随之出现。1922~1925 年年末，该股股价大多数时候都处于 16~23 美元的区间整理行情中。其间，交易者可以进行高抛低吸的操作，也会从中获利甚丰。在区间整理中，如果交易者在低点买入，长时间持股等待股价大幅上涨，那么 6 年时间足以消磨任何人的意志力。如果在这期间选择其他能够领涨股市的个股，则交易者就能赚到大钱，而不是苦等。一味持股，以至于错过了其他许多大机会，最后交易者可能因为怨气而卖掉这只股票。

当该股股价在 10 美元的区间内波动时，许多其他股票已经上涨 50~300 美元。如何才能在恰当的时机捕捉大行情呢？如何不空耗耐心呢？交易者应该遵循什么法则，避免无谓的等待呢？交易者应该遵循的法则是等待该股股价突破其牛市第一年的高点超过 3 美元时才买入，或者在见到极端低点后的第二年后买入。由于该股股价在 1920 年和 1922 年的高点都为 22 美元，因此交易者应该等待该股股价涨到这个高点上方 3 美元，也就是 25 美元时才确认该股股价的主升浪要展开了。

从 1922~1924 年，该股股价数次触及 22~24 美元这一区间，但未能触及 25 美元。1925 年 7~9 月三个月，该股股价的月度低点都在 14.75 美元，10 月则回升到了 21 美元，11 月又回调到了 15 美元，这是该股股价大幅上涨的启动点。1925 年 12 月，交投活跃，成交量显著放大，大行情启动特征明显。该股股价上涨到了 25 美元，向上突破了 1920 年以来的所有

高点，一个买入机会出现了。此后，该股股价回落的低点都高于 22 美元。

接下来，该股股价仍旧处于上涨趋势中，一直持续到了 1928 年 11 月于 179 美元见顶，涨势持续了 3 年，涨幅为 164 美元。这样的涨幅并不意外，因为该股股价在低位横盘整理长达 6 年。**底部换手吸筹的时间越长，则股票涨幅越大。**这条法则同样适用于那些股价多年在高位持续换手派发的股票，高位横盘越久，下跌幅度越大。但是，交易者要记住还有许多股票股价会形成尖状顶部，这种情况下派发就会发生在下跌过程中。宝茶公司股票在 1928 年 11 月形成尖状顶部后快速下跌，此后该股股价趋势转而下跌，此时上市宣布分红。但是，分红未能阻止该股进一步下跌，除权后该股股价直到 1929 年 11 月才在 39 美元见底。

需要注意的是该股股价在 1926 年 11 月见到大涨前的最后一个低点 39 美元，**该股股价在同一低点获得支撑，买入机会出现。**买入的初始止损单设置在 36 美元。1930 年 3 月，该股股价上涨到了 59 美元。

笔者要分析的第二只个股是蒙哥马利·沃德公司（Montgomery Ward）股票。这只股票是牛市后期的龙头股。从 1920~1922 年的 3 年时间里面，该股股价持续在 12 美元构筑阶段性底部，而高点集中于 25~27 美元一带。该股股价走势形态与宝茶公司非常相似，但是上涨启动时间更早。该股股价在 1924 年 5 月的月度波动区间只有 1 美元幅度，低点在 22 美元，高点在 23 美元，这表明多空力量处于均衡状态，该股股价上涨和下跌的空间都极小。**当极端窄幅波动走势出现后，大行情就不远了。**

1924 年 6 月，该股价涨量增，上涨到 29 美元触及顶部，这个点位高于此前 3 年所有的高点。一个买入机会出现了，此后该股股价出现了大涨。1925 年 12 月，该股股价触及高点 84 美元，到了 1926 年 5 月触及低点 56 美元。在经历数月的横盘整理之后，该股股价于 1927 年 8 月再度上涨。1927 年

横有多长，竖有多高！

布林带极端收缩之后，往往就是高波动率。

11 月，该股股价再度向上突破了 84 美元，这是 1925 年的高点，该股股价继续上涨触及 112 美元。

　　1928 年 11 月，该股股价在 439.875 美元见到终极顶部。该股股价在 1927 年 2 月在 60 美元触及是大涨前的第一个低点，此前该股股价低点渐次抬升，并未出现后一低点比前一低点低 1 美元的情况，这表明该股股价的趋势是向上的，交易者应该在该股股价上涨过程中遵循金字塔顺势加码法持续跟进。

　　在趋势转而向下之前，这波涨势的幅度为 380 美元。从 1928 年 11 月的高点开始，该股股价出现了急剧下跌，趋势发生了改变。接着，该股宣布分红，除权后该股股价在 156 美元遭受抛售，这个点位恰好是该股股价在 1929 年 1 月和 2 月见到的高点。该股股价仍旧处于下跌趋势中，一直下跌到 1930 年 1 月 15 日在 38.625 美元见到低点。1 月 31 日，该股股价回升到了 48 美元。3 月 12 日，该股股价又跌到了 38.25 美元，比 1 月 15 日的低点仅仅低了 0.375 美元。

　　交易者应该研究该股股价从 1929 年 10 月 24 日到 1930 年 5 月 31 日的低点和高点，以及相应的成交量。1929 年 10 月 24 日是华尔街在这个月出现的第一次恐慌下跌。该股股价当时跌到了 50 美元，相应成交量为 33.8 万股，这是该股股价从 138 美元跌下来后的最大单日成交量。10 月 25 日该股股价出现了迅速地回升，见到高点 77 美元，相应的成交量为 16.6 万股，只相当于前一天该股股价下跌时成交量的一半，意味着反弹中的买盘比下跌中的卖盘少很多。

　　接下来，该股股价又出现了一波下跌。在 10 月 29 日华尔街大恐慌下跌之日，该股股价见到低点 49 美元，相应成交量为 28.5 万股，这个低点在 10 月 24 日低点之下 1 美元，意味着支撑有效，涨势可期。接下来，该股股价出现快速回升，10 月 31 日触及高点 79 美元，成交量为 13.8 万股，这个高点并未触及 10 月 25 日高点上方 3 美元的价位，并且在这个高位的成交量很少，说明买盘不够，交易者应该了结多头头寸，转而做空。

　　1929 年 11 月 13 日，当多数股票价格小幅度回调到阶段性低点时，该股股价却再度大幅下跌到了 49 美元，这是 10 月 29 日的低点，相应的成交量为 11.2 万股。这是该股股价第三次触及这一低点，而相应的成交量非常小，意味着当前的抛压已然减轻了，接近衰竭了。12 月 9 日，该股涨到了 67 美元，日成交量为 14.1 万股。这个高点比上一次的高点低了 10 美元，该股股价在这波上涨过程中的成交量很小，表明多头力量不足，该股股价仍旧维持下行的趋势。

　　12 月 20 日，该股股价创出新低 43 美元，日成交量为 32.3 万股，这是 10 月 24 日

以来的最大日成交量。该股股价创出新低意味着走势疲弱，进一步抛售被触发了。12 月 31 日，该股股价回升到了 50 美元，日成交量为 4.8 万股。这次回升的幅度较小，相应的成交量较小，意味着抛盘并不多。50 美元这个高点曾是 10 月 24 日、10 月 29 日和 11 月 13 日的低点，此前的支撑点位变成了做空点位。

支撑点位转化成了阻力点位。

1930 年 1 月 15 日，该股股价刷新低点到了 38.625 美元，相应的成交量为 30.7 万股，抛压沉重，市场上的不少止损单都被触发了。此刻，交易者需要特别在意的是 1925 年 3 月，该股股价从 41 美元的低点开启涨势，当该股股价现在跌至 38.625 美元时，离该低点下方 3 美元的位置只差 0.625 美元，支撑效应出现了，至少一次反弹走势是可期的。

1930 年 1 月 31 日，该股股价上涨触及 48 美元，相应的成交量为 13.3 万股，这个高点未能触及 1929 年 12 月 31 日的高点，表明该股股价的交投热情还不足以推动该股的股价。下一个重要的阻力点位是 50 美元，这是该股股价最近的一个高点，如果该股股价能够向上突破 50 美元，并触及 53 美元，则存在进一步上涨的空间。不过，该股股价此后未能向上突破这一高点。到了 2 月 14 日，该股股价跌到了 43 美元，日成交量为 5.5 万股。卖压接近衰竭，低点抬升，涨势可期。

3 月 3 日，该股股价上行到了 48 美元的位置，相应的日成交量为 19 万股。与 1 月 31 日的高点一致，但是该股股价并未进一步突破这个点位，意味着走势疲弱。该股股价 1 次在 50 美元见阶段性高点，2 次在 48 美元见阶段性高点。如果该股股价能够涨到 51 美元，也就是比 48 美元的高点高出 3 美元的水平，则未来该股股价还可以进一步地上涨。

比较出真知！没有参照，就无法判断！

该股股价在 3 月 3 日见到阶段性顶部后，该股股价开始下跌；3 月 24 日，该股股价进一步跌到了 38.25 美元，成交量为 11 万股。**现在比较一下 3 月 3 日与 1 月 15 日的情况，**1 月 15 日见到低点 38.625 美元，日成交量为 30.7 万股。3 月 3 日低点比 1 月 15 日低点还低了 0.375 美元，但是**成交量仅**

有 11 万股，**因此抛压并不重**，意味着该股股价出现回升的可能性很大。3 月 28 日，该股股价跌到了 35.25 美元，**成交量仅仅为 11.1 万股，抛压极端萎缩，几近枯竭。交易者应该回顾和掌握该股股价每次大涨前起涨点的情况。**

1924 年 8 月和 9 月，该股股价在 34 美元见到起涨前的最后一个低点。同年 10 月，该股股价见到低点 35 美元。因此，35 美元是一个买入点，初始止损单设置在 32 美元。到了 4 月 10 日，该股股价回升到了 44.5 美元，当该股股价上涨到 51 美元时，也就是比此前高点高出 3 美元时，进一步上涨的空间出现了。该股股价在 1929 年牛市晚期中处于领涨位置。加上早已分红派息，因此该股股价见底时间相比之下更晚，反弹的力度也较弱。

笔者要分析的第三只个股是西尔斯·罗巴克公司（Sears Roebuck）股票。从 1921~1929 年的大牛市周期，该股股价是百货零售板块中的早期龙头股。该股股价从 1921 年的低点 55 美元启动，该股股价的高点和低点渐次抬升，上涨持续到了 1926 年上半年在 241 美元见到顶部。在该股股价见顶后，该股宣布进行分红派息。

该股是牛市早期的领涨股，在该股大涨之前，该股股价的涨幅已经高达 186 美元。而该股股价从 1921 年低点到 1928 年高点的累计涨幅为 176 美元。

而西尔斯·罗巴克公司除权后，经过 1926~1927 年的横盘整理后，该股股价出现第二波涨势。1926 年 1 月，该股股价见到高点 59 美元，3 月又跌至 44 美元。1926 年 9 月，该股股价见到高点 58 美元。同年 10 月，该股股价跌到 50 美元，**接着进入窄幅整理走势，直到 1927 年 7 月该股股价才突破这一状态。**由于该股股价并未跌回 1926 年 3 月的低点，表明下方承接有力，涨势可期。1927 年 7 月，该股股价向上突破了 60 美元，这个点位高于 1926 年的高点，是一个买入点。此后，该股加速上涨，**当月低点从未跌破上月低点超过 3 美元**，直到 1928 年 11 月见到 197 美元的大顶部。这是一个尖状顶

在《股票短线交易的 24 堂精品课》的第二十课当中详细剖析了"第一起涨点和第二起涨点"，可以用来帮助理解江恩的起涨点概念。

部，见顶后该股股价快速下跌，接着拐头下跌，到了 1929 年 3 月，该股股价在 140 美元构筑底部。同年 7 月，该股股价回升到了 174 美元，此后的 8 月和 9 月，该股股价也在这一价位受阻，意味着阻力强大，抛压沉重，主力进行了高位派发。

1929 年 9 月，该股股价恢复下行趋势。到了 11 月，该股股价已经跌到了 80 美元，接着出现了一波快速回升，到了 1929 年 12 月，该股股价上涨触及了 108 美元。接着，该股股价第二轮下跌，跌至 83 美元，这一低点相较于上一个低点有所抬升，下方承接力度有所增强。该股股价从这一低点开始回升，到了 1930 年 2 月，该股股价已经上涨到了 100 美元。1930 年 4 月，该股股价又回落到了 81 美元，但是并未跌破 1929 年 11 月低点，这是一个买入点位，从 1906~1930 年的年度高低点走势图可以看出这一点。

笔者要分析的第四只个股是沃尔沃斯公司（Woolworth）股票。在 1921~1929 年大牛中，该股无论在早期阶段还是晚期阶段都是最强劲的龙头股。该股股价早在 1920 年就见底了，而其他许多股票价格直到 1921 年才见底。**通常而言，那些在熊市末期见底较早的股票，往往也会在接下来的牛市中成为早期阶段的龙头股。**

1921 年，该股股价在 105 美元构筑阶段性底部，这个低点比前一个低点有所抬升，这是该股股价走强的明确信号。1924 年，该股股价在 345 美元构筑顶部，这个时候公司宣布进行分红派息。同年，除权后该股股价在 73 美元见底，接着转而上涨。到了 1925 年 10 月，该股股价涨到了 220 美元，1926 年 1 月该股股价跌到了 189 美元，然后回升到了 222 美元。但是**这一高点未能超过早期顶部达到 3 美元，因此该股股价转而掉头向下。**

3 美元作为过滤参数。

1926 年 5 月，该股股价见到低点 135 美元，随之回升。同年 11 月，该股股价在 196 美元见顶，再度宣布分红派息。次年 2 月，除权后的该股股价在 118 美元见底，并且在这里获得强劲的支撑。**该股股价的低点和高点渐次抬升，向上趋**

势确立。到了 1929 年 7 月，该股股价在 334 美元构筑顶部，此前的 4 月该股曾经分红派息一次。此后，该股股价趋势性下跌，到了同年 11 月触及低点 52.5 美元。

从沃尔沃斯公司这个案例你可以发现，即便是零售百货板块中表现最好的一只股票也在熊市中在 2 个月不到的时间里面损失了一半市值。因此，即便交易者买入了最佳的标的，但是当这只股票股价大趋势转而下行之后，或者是整个股市出现恐慌性下跌时，不要死守这只股票。最好的股票股价在市场出现恐慌情绪时，也会跟着下跌。那些不顾个股趋势和大盘环境的交易者，期望股价能够重新涨回去，只会落得爆仓的下场。

当沃尔沃斯公司股价跌到 52.25 美元之后，开始回升。到了 1929 年 12 月，该股股价触及高点 80 美元。接着，该股股价转而下跌，到了 1930 年 2 月该股股价在 60 美元见底。请牢记我提出的交易法则：没有什么股票好得不能做空；只要趋势向上，股价再高也可以做多；只要趋势向下，股价再低也可以做空。交易者只有在顺势的时候才能挣到钱，情绪驱使下的操作是无法持续盈利的。

11. 糖业股

笔者要分析的第一只糖业股是原糖股。在 1921~1929 年的牛市中，这个板块的整体涨幅不大，个股表现平平。1919~1920 年春季，原糖股票的价格为 26 美分。接下来，**原糖股票价格有所反弹，但是年度低点在不断下移**。原糖股票价格的长期下跌已经实际上导致了大多数糖业公司业绩惨不忍睹。此前，在第一次世界大战期间，糖业高度景气导致这些公司投入巨资到购买甘蔗种植园上。在此后的原糖股票价格熊市中，这些种植园成了沉重的包袱。原糖股票价格从 1920 年的高点持续跌到了 1930 年，见到低点 1.75 美分。1919~1920 年的牛市中，糖业股启动较晚，其中一些股票价格一直涨到了 1920 年春季才见顶。接着这些股票股价快速下跌。

笔者要分析的第二只糖业股是美国甜菜制糖（American Beet Sugar）股票。1921 年 6 月，该股股价见到低点 26 美元，**1922 年 8 月和 1923 年 2 月两度见到高点 49 美元**。在 49 美元附近的抛压沉重，到了 1923 年 8 月跌至 25 美元，这个低点比 1921 年的低点还要低，意味着市场下方承接力度疲弱，趋势向下。

但是，25 美元也是一个支撑点位，市场回升可期。**1924 年 2 月，该股股价上涨触**

及 49 美元，第三次触及这一点位，与 1922 年和 1923 年的高点一致，但是未能向上突破这一高点，这是走势疲弱的信号，交易者应该做空交易。此后，该股股价逐年走低，直到 1929 年 12 月该股股价在 6 美元构筑底部。

笔者要分析的第三只糖业股是美国白糖精炼公司（American Sugar Refining）股票。该股股价在 1921 年见到低点 48 美元，1922 年 9 月又见到高点 85 美元。1924 年 10 月，该股股价跌到 36 美元，1927 年 9 月回升到了 95 美元。1928 年 2 月，该股股价跌到 55 美元，次年 1 月该股股价上涨到了 95 美元，这个高点与 1927 年年度高点一致。该股股价未能向上突破这一高点意味着走势疲弱，因此应该做空该股。1929 年 11 月，该股股价触及低点 56 美元，这是一个支撑点位，这个低点高出 1928 年年度低点 1 美元。到了 1930 年 3 月，该股股价回升到了 69 美元。

笔者要分析的第四只糖业股是古巴蔗糖（Cuba Cane Sugar）。当其他股票上涨时，这只股票却在逐年走跌，并且最终在 1929 年被收购重组。

笔者要分析的第五只糖业股是蓬塔·阿莱格里制糖公司（Punta Alegre Sugar）股票。1921~1930 年，该股是整个糖业板块中的弱势个股，其走势恰好与南波多黎各糖业公司（South Porto Rico Sugar）股票相反。查看这两只股票价格的年度高低点走势图，对它们进行比较。1920 年 4 月，该股股价见到高点 120 美元，然后开始下跌。1921 年 6 月和 10 月，**该股股价两次在 25 美元见底**。1922 年 1 月，回升到了 53 美元，接着回落，11 月该股股价触及低点 42 美元。

1923 年 4 月，该股股价上涨到了 69 美元，**7 月再度下跌到了 42 美元**。这个低点与 1922 年 11 月的低点在同一价位，一个支撑点位出现了，涨势可期。1924 年 3 月，该股股价上涨触及 67 美元，但是未能向上突破 1923 年 4 月的高点，发出看空信号。1924 年 12 月，该股股价跌到了 38 美元，**1925 年 1 月该股股价回升到了 47 美元，1925 年 7 月和 10 月，该**

双底形态出现。

股股价两度跌至 33 美元，这个点位是历史新低，意味着股价弱势。

1926 年 2 月，**该股股价再度回升到了 47 美元**。这个高点与 1925 年 1 月的高点一致，但还是未能向上突破这一点位，这是一个看空信号。**1926 年 4 月，该股股价再度在 33 美元构筑底部，**这与 1925 年低点在同一点位。该股股价并未跌破这一点位，表明支撑有效，接着该股股价出现了一波上涨，到了 1926 年 12 月在 49 美元触及阶段性顶部。**该股未能超过 1925 年和 1926 年的高点达到 3 美元以上，**因为该股股价趋势仍旧向下，交易者此刻应该进场做空。

1927 年 10 月，该股股价在 27 美元构筑底部，到了次年 1 月和 5 月两次触及 35 美元，趋势仍旧向下，股价回升力度有限。1929 年 6 月，该股股价跌到了 15 美元，7 月则回升到了 22 美元。此后，该股股价恢复下跌走势，逐渐走低，直到 1930 年 4 月刷新历史新低，见到 3 美元。

对比蓬塔·阿莱格里制糖公司与南波多黎各糖业公司股票两者之间的股价走势，你会得出一个自然而然的结论：交易者在买入南波多黎各糖业公司股票的同时做空蓬塔·阿莱格里制糖公司股票，这样就可以从同一板块两只走势相反的个股上同时获利。交易者需要遵循的法则是：**不要因为板块里的某只股票股价上涨而去买入同一板块的另外一只个股，认为它也会一同上涨；不要因为板块里的某只股票股价下跌而去做空同一板块的另外一只个股，认为它也会一同下跌，除非它自己的趋势已显示为是下跌。**

笔者要分析的第六只糖业股是南波多黎各糖业公司（South Porto Rico Sugar）股票。这只股票属于糖业板块中特立独行者，当其他糖业股股价处于下跌趋势时，它却气势如虹，从它的年度高低点走势图可以清晰地发现该股股价一直保持着上行趋势。

1921 年 11 月，该股股价见到低点 26 美元，1922 年 3 月该股股价见到高点 57 美元，同年 12 月见到低点 33 美元，1923 年 3 月见到高点 64 美元。由此可以看出，**该股股价的低点和高点都在渐次抬升。**

1923 年 8 月该股股价见到低点 39 美元，低点再度抬升，这是看涨信号。**1924 年 3 月，该股股价上涨触及 95 美元，**同年 10 月触及低点 58 美元。**接下来的 1925 年，该股股价在 58 美元横盘整理，**到了同年 12 月，**该股股价向上突破了 1924 年的高点 95 美元。**接下来，该股股价出现了大幅上涨。1926 年 2 月，该股股价在 147 美元构筑阶段性顶部，到了 3 月该股股价回落到了 92 美元。这个低点在 1924~1925 年的年度高点附近，这一区域因此存在良好的支撑，该股股价在此见底回升。

此后，该股股价回升，到了 1927 年 5 月在 197 美元构筑大顶部。随后，上市公司宣布分红派息。1928 年 2 月，除权后的该股股价在 33 美元构筑底部，5 月和 6 月回升

到了 49 美元。1929 年 12 月，该股股价跌到了 25 美元。当其他糖业股股价的低点和高点不断下移时，该股股价的低点和高点处于不断抬升的状态。

这一案例支持了笔者的一条经验：**交易者应该买入板块中最强势的个股，做空那些板块中最弱势的个股**。在 1921~1929 年的牛市中，虽然南波多黎各糖业公司股票价格大幅上涨，但是那些买入其他糖业股的交易者，不能因为买入了同一板块的个股而获利。这些买入其他糖业股的交易者不仅错过了从其他强势股股价上赚钱的机会，而且还因为买入其他糖业股而出现了大亏损。

12. 烟草股

在任何一个股票板块中，都存在一只最强势的股票和一只最弱势的股票，因此交易者最好有每个板块的走势图，其中要包含板块中几只个股的走势情况。特别要关注那些高价股和低价股的表现，因为这里存在一个规律，那就是高价股往往就是最强势的个股，低价股在多数情况下都是最弱势的个股，并且股价还会继续走跌。

笔者要分析的第一只烟草股是美国苏门答腊公司（American Sumatra）股票。1918年，该股股价在 135 美元构筑顶部，然后开始下跌，该股股价逐年走低，到了 1925 年5 月才在 6 美元构筑底部。接着，该上市公司被收购重组。1926 年 4 月，重组后的该股股价从 15 美元附近启动上涨，并于 1927 年 6 月在 69 美元见到阶段性高点，并于次年 2 月跌到了 46 美元。同年 8 月触及 73 美元的大顶部。随后，趋势转而向下。到了1929 年 11 月，该股股价跌到了 18 美元，这与 1926 年 4 月的低点相比，相差不到 3 美元。这是一个支撑点位，该股股价接着出现了一波回升，到了 1930 年 2 月，该股股价已经回升到了 26 美元，到了同年 3 月，该股股价又回落到了 16 美元。

笔者要分析的第二只烟草股是雷诺烟草 B 股（Reynolds Tobacco B）股票。这只股票是 1921 年整个烟草板块中的强势个股之一。实际上，该股也是 1921~1929 年大牛市中的强势股之一。该股股价的走势图表明该股股价在 1920~1921 年处于整理阶段，当时是这个板块最值得买入的个股之一。1920 年 12 月，该股股价见到低点 29.5 美元，1921 年 1 月见到低点 31 美元，在整个 1921 年该股股价从未跌破这个价位。一直维持窄幅整理行情，**该股股价的高点和低点渐次抬升**，到了 1922 年上半年该股股价启动了一波上涨行情，该股股价持续上涨到了 1927 年 12 月才在 162 美元构筑顶部，这波上

涨行情中仅出现了一些小幅度的回调。

　　1928 年 4 月，该股股价跌到了 128 美元，然后进入震荡走势，到了 1928 年 11 月，该股股价见到大顶部 165 美元，恰好比 1927 年的高点高出了 3 美元。随后，该上市公司宣布分红派息。趋势转而向下，到了 1929 年 11 月该股股价才在 39 美元构筑底部。这个底部与 1922 年 1 月的低点一致，这是新一波大涨行情的起点，因此这是一个强劲支撑点位，这个时候应该买入该股，并且在 36 美元设置止损单。1930 年 3 月，该股股价回升到了 58 美元，从这个例子可以看出，当该股股价上涨多年后，交易者也可以在较高的点位买入，这时候仍旧可以赚钱，因为该股股价仍旧处于上涨的强劲趋势之中。

【原著名言采撷】

　　1. In every group of stocks there are always some that are in weak position and some that are in a strong position，working opposite to the general trend. Therefore，it is necessary to determine the stocks which are in strong position and will become leaders，and those in weak position which will continue to work lower or will be leaders in a bear market.

　　2. The stocks in any group that make bottom first，make top earlier in a bull Campaign.

　　3. Learn to watch your charts and wait for a definite indication before getting into a stock. Only make your trades when a stock is active and crosses old resistance levels. In this way you will avoid being tied up with inactive and will make profits much quicker.

　　4. It is important to watch the volume at the extreme high and low levels in order to have a comparison in determining when the volume indicates that the stock is making top or bottom.

未来股市的潜力股

交易者要牢记一点：每个板块都有弱势股和强势股。因此，交易者在买入或者做空时，应该选择那些已经处于上涨或者下跌趋势的股票，顺势而为。

——W. D. 江恩

限制亏损扩大是交易者手中最大的一张牌！

——魏强斌

笔者曾经于 1923 年在《盘口真规则》一书中指出飞机制造股票和化工股票，以及无线电股票将在未来走出大牛市，造富效应明显。笔者这一断言此后得到了证实，这几个板块此后的涨幅是所有板块中最大的。

现在笔者看好如下一些板块。

第一个笔者看好的板块是电气板块。我们所处的时代是一个电气化的时代，电气板块将成为未来的龙头板块。现在几乎所有的商业和制造业实体，以及普通家庭都采用了电力能源。电气领域的新发明和新技术逐年增加，突飞猛进。对于铁路公司而言，电力正在替代蒸汽成为新的火车动力来源。技术发展日新月异，电力价格也日益低廉，使用的范围越来越广泛。因此，任何制造电气化产品的公司都有光明的前途，其股票也应该受到我们的关注。

第二个笔者看好的板块是飞机制造板块。目前飞机制造工业仍旧处于起始阶段，但是未来数年将会迅速发展。交易者只要在恰当的时机买入，就能够赚钱。

第三个笔者看好的板块是化工板块。化工行业仍旧处于快速发展的阶段，产业新发明驱动许多化工个股成了领涨股，交易机会众多。

第四个笔者看好的板块是无线电板块。笔者个人看好无线电板块以及与无线电和

电视相关的股票，这些板块在未来几年有光辉的前景，其中一些优秀公司的业绩会显著增加，股价也会走高。

第五个笔者看好的板块是娱乐板块。电影产业的发展也在突飞猛进，好的电影公司在未来也会有突出的表现。

第六个笔者看好的板块是天然气板块。交易者要留意那些拥有天然气的油气公司以及那些从天然气中提炼产品的公司，这些公司业绩在未来会大放异彩。

但交易者要牢记一点：**每个板块都有弱势股和强势股**。因此，交易者在买入或者做空时，应该选择那些已经处于上涨或者下跌趋势的股票，顺势而为。

> 长期来看，业绩驱动股价；中期来看，流动性驱动股价；短期来看，情绪驱动股价。

1. 飞机制造股

这个板块让那些在恰当时机买入，并且在恰当时机卖出的交易者赚取了丰厚的利润。

笔者要分析的第一只飞机制造股是柯蒂斯·莱特公司（Curtiss Wright）股票。在合并之前，柯蒂斯和莱特两家公司都是飞机制造领域的领先企业。1921 年 8 月，柯蒂斯的该股股价见到低点 1.125 美元，然后开始上涨。到了 1928 年 5 月，该股股价在极端高点 192.75 美元构筑顶部。接着，该公司与莱特公司进行了合并。

> 柯蒂斯·莱特公司曾经是美国领先的飞机制造商，但后来转为飞机零件制造，目前该公司主要制造制动器、阀门等流控制装置，以及进行金属热处理。柯蒂斯·莱特公司最成功的机型是 1940~1944 年制造的 P-40。

莱特公司制造出了世界上第一架飞机，成功完成了第一次试飞。1922 年 1 月，莱特股价触及极端低点 6 美元，然后开启上涨趋势。到了 1929 年 2 月，**该股股价触及 299 美元，构筑顶部**。这轮上涨的幅度为 293 美元。从该股股价的年度和月度高低点走势图可以发现这轮上涨的飙升阶段是在 1927~1928 年展开的。

> 整数点位 300 美元发挥了阻力作用。

该股股价位于 8 美元的时候，笔者就建议大家买入，并且在此后的上涨中持续跟进。当柯蒂斯和莱特合并后，柯蒂斯·莱特公司的股票在 1929 年 7~9 月形成双顶，顶部为 30 美元。到了 1929 年 11 月，该股股价已经跌到了 6.5 美元。合并前的莱特公司在 1922 年的低点为 6 美元，两者相差 0.5 美元。

1930 年 4 月，柯蒂斯·莱特公司股票的股价回升到了 15 美元。笔者认为这家公司是飞机制造板块中表现最好的个股之一，因为它由这个板块中历史最悠久的两家公司组成，两者在商业上都非常成功，将来还会继续此前的辉煌。这只股票基本面良好，交易者可以逢低买入。

笔者要分析的第二只飞机制造股是联合航空运输公司（United Aircraft & Transport）股票。这家上市公司被国民城市银行（National City Bank）所控股，当前处于经营盈利状态。1929 年，该公司的业绩非常优秀。1929 年 3 月，该股股价触及 67 美元。此后的 1929 年 5 月，该股股价上涨到了 162 美元的高位。由于上涨过快，因此该股股价很快出现了回调。1929 年 11 月，该股股价在 31 美元构筑阶段性底部。到了次年 4 月，该股股价已经涨到了 99 美元。笔者坚信该股股价将在未来几年进一步大幅上涨，这是一只值得交易者关注的强势股，应该择机逢低买入。

笔者要分析的第三只飞机制造股是福克飞机（Fokker Aircraft）股票。这家上市公司由通用汽车控股。该公司的管理卓越，未来数年的业绩必然优秀。1928 年 12 月，该公司股票的股价在 17 美元触及底部，1929 年 5 月上涨到了 67 美元。同年 10 月，该股股价下跌到了 8 美元。次年 4 月，该股股价回升到了 34 美元。通用汽车在汽车制造和销售方面表现不俗，我们认为福克飞机在它的领导下也会在飞机制造和销售方面再度胜出。该公司将成为飞机制造领域的佼佼者，交易者可以逢低买入。

笔者要分析的第四只飞机制造股是邦迪克斯航空器材公司（Bendix Aviation）股票。这也是一家优秀的飞机制造类公司。1929 年 8 月，该股股价触及高点 102 美元，到了 11 月下跌到了 25 美元。次年 4 月，该股股价回升到了 57 美元。展

江恩与菲利普·费雪一样重视公司管理层，但是对此并未深入，这就是投机者与投资者的差别所在。

望未来，该股股价还有继续上涨的空间，交易者应该保持关注，择机买入。

笔者要分析的第五只飞机制造股是国民航空运输公司（National Air & Transport）股票。这是一家业绩优秀的公司，交易者可以关注未来的介入机会，这家公司很可能与其他一些优秀公司合并。

飞机制造行业发展势头强劲，因为有大量的资本进入这个行业。技术和商业革新层出不穷，行业巨头将吸收和运用这些革新，进而在行业中获得成功。未来数年，这个行业就出现大量并购。当前行业前三是柯蒂斯·莱特公司、联合航空运输公司以及福克飞机。将纽交所和场外交易所的飞机个股行情走势图仔细研究，然后去操作，你就能在飞机板块上挣到利润了。

2. 值得留意的潜力股

股市中总有一些处于整理走势的低价股，这些股在未来将步入大幅上涨的走势。交易者应该密切关注这类低价股的走势，因为一旦它们整理完成开始向上突破，则大幅获利的机会就出现了。交易者应该关注类似于1915~1924年整理后向上突破的个股，如伯利恒钢铁（Bethehem Steel）、铸钢公司（Crucible Steel）、通用汽车、国际镍业（International Nickel）、宝茶公司（Jewel Tea）、蒙哥马利·沃德公司（Montgomery Ward）、美国铁管铸造公司（U. S. Cast Iron Pipe）和莱特航空（Wright Aeroplane）等。一旦这类个股向上突破整理区间，同时伴随着放量，那么交易者就应该毫不迟疑地买入。

下面笔者列出一些值得关注的潜力股，交易者应该研究这些个股股价的月度和年度高低点走势图，只要这些个股股价向上突破关键点位，确认上升趋势，则应该买入。这些潜

江恩在这里列出了许多具体的股票，对于今天的我们而言没有什么价值，因此省略掉。

力股中的部分个股会有非常耀眼的表现，有机会成为龙头个股。这些股票包括：美国农化（American Agricultural Chemical）、美国甜菜制糖（American Beet Sugar）股票等。

3. 美国橡胶的未来走势

美国橡胶（U.S. Rubber）是橡胶轮胎行业中的巨头之一。1929 年，杜邦财团收购了这家公司的大部分股权。美国橡胶股票的股价在 1929 年的股市恐慌性下跌中触及 15 美元的低点，是 1907 年以来的历史性新低。基于该股股价的行情走势图，笔者认为这只股票股价未来上涨的空间巨大。交易者应该密切关注该股股价的走势，一旦出现趋势拐头向上的特征，则应该马上买入，然后遵循金字塔顺势加码法操作，持续跟进止损，直到趋势发生变化。

J.P.摩根和杜邦一旦介入某只股票，并非为了短期的价差，他们不会短时间内卖出。他们介入某只股票往往是因为长期看好这只股票，预期股价将有长时间的持续上涨和更大比例的分红派息方案。

当我于 1930 年 3 月撰写本书时，所有与美国橡胶股票类似的股票之中，美国橡胶相比而言是最具潜力的个股之一。这并不是说美国橡胶股票的股价不会下跌，而是说买入这只股票的胜算率更高。

交易者的目标应该是买入最具上涨潜力的个股，同时**牢记利用止损单来限制风险**。意外或许会发生，美国橡胶股票或许会下跌。因此，一旦该股股价的趋势转而向下，则交易者最好立即离场。

限制亏损扩大是交易者手中最大的一张牌！

217

4. 钒钢公司

这家上市公司其实垄断了钒矿的生产，同时也介入到了化工产业链。该公司多年以来的业绩都非常优秀。最近几年，该公司在弗吉尼亚州并购了许多有价值的公司，这有助于提升其未来几年的盈利能力。**该股的流通盘很小，浮动筹码少，联合坐庄的主力要拉升该股相对容易很多。**

该股股价从 1929 年的 37.5 美元起步，一直上涨到了 1930 年 4 月 23 日的 142.375 美元，在 5 个月的时间当中上涨了 105 美元，相当于美国钢铁涨幅的 2 倍多。最近，市场传闻说该股股价的流通盘被完全控制在主力手中了。

在接下来的几年，该股还会提供不少赚钱机会，该股股价很可能会上涨到极高的水平。当走势图显示该股趋势向上时，交易者可以逢低买入。**由于该股股价的流通盘很小，因此做空时要极其谨慎。**如果下定决心做空该股，则止损的幅度要尽可能地小。

【原著名言采撷】

Your object should always be to buy the stock that has the greatest possibilities but remember that you must limit your risk with a stop loss order.

第九章

展望未来

当交易者集体乐观时，超买情况就出现了，同时也给了长期持股者离场的大好机会。

——W. D. 江恩

股市会"贴现"预期，以及预期与现实的偏差，但是不会"贴现"现实！

——魏强斌

1. 超买的股票

市场大众对于任何一个股票板块的信心都需要较长时间才能建立起来。然而，一旦某个板块或者个股获得了大众的追捧，接下来这些股票股价就会出现超买。**当交易者集体乐观时，超买情况就出现了，同时也给了长期持股者离场的大好机会。**

铁路股在"美国内战"之前的表现就是上述情况。此后，铁路股在1893~1896年持续走跌，这时候大多数铁路公司都破产重组了。接下来，股市进入休养生息的时期，"麦金利繁荣"紧随而至。铁路股再度获得市场的追捧，飙升出现，铁路股股价接着在1906年构筑顶部。在1907年的股市恐慌中，铁路股股价也出现了暴跌。1909年铁路股股价恢复上涨，但

集体癫狂，则成交量会显著放大，天量天价这时候容易出现。

是未能回到此前的历史高点。股票价格的超买状态会出现在顶部附近以及下跌反弹高点。铁路股价格结束反弹后重回下跌趋势，下跌走势延续到 1917~1921 年，个股逐一见底。

汽车股也出现了类似的情况。大众并非一开始就追捧汽车股，汽车股价 1915~1916 年出现了显著上涨，1919 年再度大涨，经过这两轮显著上涨之后，大众才开始关注汽车股。从 1924~1929 年，市场大众热捧汽车股，交易热情空前高涨，成交量超过了任何一个板块的历史纪录。因此，汽车板块整个出现了极端超买，大多数汽车股的价值都被显著高估了。由于此前这些汽车股的分红派息都异常高，导致此后经济萧条时无力进行分红派息。在接下来的熊市中，汽车股成了最佳做空标的。

公用事业股的情况也差不多。这个板块在过去数年之中快速上涨，业绩表现不俗。从 1924~1929 年，大众大量买入这个板块的个股。公用事业股股价此后数年因为不利的立法以及政府调查而陷入下跌趋势。其实，由于此前显著高估，即便政府不采取任何不利行动，这些股票价格还是会下跌，因为主力在离场，而散户在买入，这些股票股价下跌的走势还将持续较长时间。

2. 生产和消费

交易者应该关注任何工业部门的产量，因为可以帮助我们确认经济周期所处的阶段。在牛市的尾声阶段，也就是经济繁荣的最后阶段，工业生产倾向于过剩。在繁荣的最后阶段，工业部门总是倾向于过度乐观，他们预期的社会消费量往往高于实际。当生产数量超过消费数量时，产品价格就会下跌。

熊市的尾声阶段，也就是经济萧条的最后阶段，工业部门总是倾向于过度悲观，他们预期的社会消费量往往低于实际。由于生产数量低于消费数量，产品的价格就会上涨。

物价上涨导致产品生产加速，随着产品大量涌入市场，竞争更加激烈，结果就是所有商品的价格都会下跌，无论是农产品还是工业品，价格都会下跌，而股市会对上述变化提前进行反映。

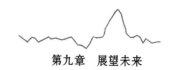

3. 投资信托公司

1921~1929 年大牛市的尾声阶段，投资信托公司的群体性行动导致市场波动急剧，恐慌加剧。从 1929 年 1 月 1 日到 9 月 1 日，大众投入了 400 万~500 万美元的巨额资金到投资信托公司中。

1929 年 7~8 月，大牛市出现了最后一波飙升赶顶行情，投资信托资金在这其中起到了火上加油的作用，将涨势推进到了极致。这些新发行的投资信托基金和新成立的投资信托公司发现从公众手中募集资金非常容易，接下来将大量资金投入到股市中。这些投资信托根本不管股价的高低，大肆买入，丝毫不顾牛市已经持续 8 年的现实，在股市顶部附近接盘。大众资金蜂拥而至，叠加空头回补头寸，股市估值被推到了一个极端不合理的高位，公司的业绩无法支撑这样的估值。过高的股价让分红派息的吸引力大打折扣。投资信托的管理者们并未预期到即将到来的股市崩盘，他们仍旧固守头寸，等待股市进一步上涨。接下来等待他们的结局就是本金亏损过半，甚至更多。

投资信托公司中也有业绩不错的。不过大多数投资信托机构的操作与那些盲目乱动、主观随意性很强的庄家主力毫无二致，他们在市场中的操作毫无科学性可言，因此他们的业绩也不会超过同样毫无章法的普通交易者。

倘若股票价格持续上涨，那么投资信托公司就能获利，因为他们总是在买入做多，从不做空。但是，倘若熊市持续数年，则投资信托公司不仅挣不到钱，而且还会亏掉大部分本金。因此，**在牛市尾声阶段，普通大众无论是将钱交给信托投资公司还是亲自操作，结果都是一样的，大亏是必然的。**

1929 年夏季，投资信托帮助许多主力庄家在高位出逃，

> 股市会"贴现"预期，以及预期与现实的偏差，但是不会"贴现"现实！

> 400 万~500 万美元在今天并不是一笔数额惊人的款项，但是在第二次世界大战之前的美国，这是一笔巨额资金。

> 2007 年上半年，A 股公募基金的发行也异常火爆，牛市尾声大众对股市的热情异常高，这个时候无论是公募基金还是私募基金都很容易拿到资金，拿到钱后基金管理者不得不增加股市的投资。到了熊市尾声阶段，投资价值明显，但是大众对股市没有兴趣，这个时候具有眼光的基金管理者却很难募集资金。这就是投资界最具讽刺意义的一个现象：缺乏机会的时候有大把资金可供投资；有大机会的时候却资金匮乏。

如果没有投资信托的帮助，这些主力根本无法在这么高的价位上出逃。接下来的数年，许多投资信托公司都免不了破产的结局。投资信托公司发行基金的价格自然也会下跌，大众会选择赎回自己的资金，为了应付大众的赎回潮，投资信托公司不得不低价卖出此前高价买入的股票。

投资者和投机客在买入这类基金时务必要审慎思考，做好调查研究工作，因为最终能够胜出的基金公司极少。特别是在未来数年中，股市可能会出现走势难以预计的熊市，这类基金公司就更难成功了。当投资信托开始卖出手中的股票时，市场就会出现恐慌，杀跌盘蜂拥而至，进一步的暴跌出现。

4. 并　购

掺水股票（watered stock）指内在价值低于票面价值（face value）或设定价值（stated value）的股票。19世纪末和20世纪初股票掺水曾在美国盛行。掺水股票的名称来源于将牛赶往集市的途中喂大量的盐，这样能使牛在称重前饮进大量的水以增加体重。一般来说，公司股票之所以成为掺水股票，其主要原因可能是因为公司在发行股票时高估发起人投入的实物资产或无形资产的价值，从而使得公司股票的实际价值低于其票面价值或设定价值；或者是因为公司大量地向其发起人免费赠送本公司股票，造成公司实际资本并未增加而公司股票数量大幅增加，从而使公司股票的实际价值低于其票面价值或设定价值。掺水股票从严格的意义上讲不过是指股票发行总量超过实际投入资本。在有关规则被制订出来规范这种做法之前，它的确可以成为帮助坏人作恶的工具。但事实上每一次送的红股和股票拆细后的股票都是"掺水股票"，而投资者并不会有什么特别的意见。这个名词已经从今天的华尔街上消失了，原因并不是这种做法不存在了，而是因为这种做法已经普遍化了。

本轮并购潮是从1924年开始的，这是有史以来规模最大的一次并购潮。要想理解这轮并购潮的意义和影响，我们必须回顾1899~1902年的情况，当时美国钢铁刚刚重组上市，它发行的500万股流通股票被称为"掺水股票"（Watered Stock）。同一时期有许多并购发生，如美国精炼托拉斯（American Smelting Trust）和联合铜业（Amalgamated Copper）的合并。当时，大众重仓持有这类不分红派息的掺水股票。接下来在1903~1904年，股市出现了一轮下跌。然后，新一波投机狂潮登上舞台，并于1906年达到顶峰。1907年，股市的恐慌性暴跌出现了，几个月内就抹去了交易者在过去3~5年的全部盈利。为什么股价出现了暴跌呢？第一，公众重仓持有掺水股票，而这类股票流通盘庞大，公司业绩根本无法支持股息的发放；第二，银行在繁荣期大肆放贷，现在收缩信贷，导致流动性紧缩，恐慌弥漫。

当我们认真分析过去几年进行并购同时大规模发行掺水

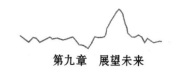

股票的公司，很容易就得出结论：即便经济萧条仅仅持续两年，这些公司也没有能力发放股息。倘若萧条持续 5~7 年，则会发生什么样的糟糕情况呢？对于任何投资者而言，只有让持有者赚钱的股票才有价值。一只股票具体有多大的价值，取决于你能够在什么价格上卖出这只股票。

假设某只股票在 1931 年以 200 美元价格交易，即便在 1929 年的时候它的股价一度触及 400 美元，那么对于持有者而言过去的更高的价格也毫无意义，因为持有这只股票已经让本金缩水了 50%。**买入这只股票的交易者能够收回的资金量取决于对手盘的出价意愿。**人心不足蛇吞象，人总是妄想不可能发生的好事。他们奢望当一家公司的流通盘从 500 万~1000 万美元这个数量级扩容到 1000 万~2000 万美元这个数量级时，公司为每股派发的股息红利还能维持在原有的水平。公司的经营业绩要长期支撑原有的分红水平是不可能的。因此，当股价涨到不可维系的高位时，长期下跌就出现了，大量的抛盘持续涌出。当股价到一定程度时，最后一波恐慌性暴跌就出现了，这对数十万持股者造成重大打击，因为他们抱着侥幸心理持股待涨，希望股价能够回升，重返高位，等到他们幡然醒悟时，股价已经跌到"地板价"。

聪明的交易者会及时离场，保住本金比后悔不迭更有价值。现金不能带来红利股息，但是总比亏掉一半本金更强。导致亏损的最大因素是交易者盲目自信和过度乐观。因此，不可否认的是乐观主义者是经济繁荣的最大威胁。悲观主义者是经济健康发展的平衡器，我们需要他们的评论来冷却过热的大众情绪。悲观主义者看到了黑洞，而乐观主义者则看到了甜甜圈，这就是两者的区别所在，很有意思吧。现在我们的经济到了需要大家能够看到黑洞的阶段。这个黑洞会出现在投资者们携带的账本上，如果他们只看到甜甜圈，对黑洞置之不理，则必然会踏进这个黑洞当中。**我们应该留意潜在的危险和不利因素，因为它们一直都在。**

智者之虑，必杂于利害。杂于利而务可信也；杂于害而患可解也。

5. 战争赔偿债券

1929 年秋季，股市抛售使更加安全的债券市场受到追捧，市场对债券发行量的吸纳能力提高了。在笔者写作本书的时候，活期储蓄利率为 2%左右。银行家和债券经纪人都对欧洲战争赔偿债券在美国的发行翘首以盼。不过，笔者认为大家不应该去购买这类债券。即便笔者不看好这类债券，但是如果这类债券真的上市，大众仍旧会不遗余力地追捧它们。这类债券会冻结住市场上的大量资金，使金融市场上的流动性下降。如果欧洲战事再起，则这类债券的价格就会随之下跌，甚至可能违约。

任何风险都可能出现在华尔街和金融游戏之中，任何事情都可能发生，我们要牢记这一点，因此要做好一切准备。

一方面，美国投资者已经向欧洲国家注入了几十亿美元的资金，一旦这些国家的局势出现变化，这些资金可能就会打水漂，至少其中一部分资金会亏掉。一旦这些投资者想要抛售欧洲的债券，则会加剧市场的波动，进一步恶化局势，从而对整个经济和各个行业造成重大冲击。

江恩也注重国际资本流动的分析。

另一方面，**如果大量欧洲战争赔偿债券在美国销售，则大笔资金将流出美国，这会使美国的货币市场利率上升。**

6. 投资者集体恐慌

一般每隔 20 年左右，股市就会出现一次股市大恐慌或者经济大萧条，其间交易者会在低位割肉导致股价进一步暴跌。交易者之所以会这样做，原因是股市长期走跌，持股者的信

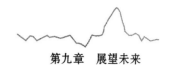

心丧失，绝望带来恐慌。这个时候，买入者寥寥，想要卖出者却众多，使股价不断走低。股价走跌使提供股市融资的银行不断催收贷款，而这进一步加剧了股市的流动性衰竭，股价进一步暴跌。这样的情况在1837~1839年，1857年、1873年、1893年、1896年、1914年，以及1920~1921年都出现过。而1929年的股市大恐慌并非由于真正的价值投资者引发的，而是由一群赌徒引发的。

不同时期的股市恐慌有纷繁复杂的各种直接导火索，但是背后的根源是唯一的，这就是信贷与货币因素。在经济繁荣阶段，银行大肆放贷。到了经济萧条之前，银行又缩减股市融资贷款，逼迫交易者偿还贷款，引发市场恐慌。

决定股市趋势的三大因素是：整体业绩、流动性和风险偏好。江恩特别重视"流动性"因素。

大部分的银行家在经历长时间的经济繁荣和股市上涨之后会变得极端乐观，大量放贷；而在经历长时间的经济萧条和股市下跌之后会变得极端悲观，收缩贷款。当银行家变得惜贷时，他们不仅不发放新贷款，而且还催收此前的贷款，使得本来可以正常营运的公司遭遇资金流断裂之苦。

经济和金融周期中的流动性加速器效应！

大部分媒体也一样加剧了市场的波动。当宏观环境良好时，他们宣扬乐观的主张，这个时候大众也要听信这类言论，而当宏观环境糟糕时，他们也随之宣扬悲观的主张，将市况描绘得更差。

经济和金融周期中的情绪加速器效应！

在所有这些乐观和悲观的周期循环之中，少数经纪人和银行家看出了规律和端倪，他们明白接下来会发生什么，但是他们并未将这些观点毫无保留、清晰地告诉大众。因此，交易者需要亲自去观察和分析、思考。交易者必须依靠自己捍卫自己的利益，不能寄希望于聪明的银行家或者经纪人为自己指点迷津，恰当的离场时机只能靠自己去捕捉。历史告诉我们绝大多数经纪人和银行家给出的交易建议往往是靠不住的。

我们面临的将是历史上最大的一次股市恐慌性暴跌。由于目前至少有1500万~2500万个投资者仍旧大量持有行业龙头企业的股票，经过几年下跌之后这些投资者的信心已经非

常脆弱了，一旦他们绝望开始卖出股票，则整个股市的抛压将非常沉重，缺乏足够的买盘来支撑。

虽然现在持股者相比以前更加分散，以至于1929年大恐慌之后，许多人认为股市不再像以前那么容易受到恐慌情绪的影响，但其实股市的内在稳定性并未增强。我们需要明白一个事实：大众投资者，过去和现在，甚至未来都不是市场的聪明玩家，他们很容易受到舆论的影响，他们的情绪易于波动，股票上涨的时候就乐观，股票下跌的时候就恐惧。

笔者认为，如果股票集中于少数聪明投资者手中，则金融市场和经济都是安全的。但是，当股票分散于成千上万的普通投资者手中时，由于他们缺乏有效的组织和睿智的指导，因此市场变得更加动荡。

睿智的人不会等到为时已晚才卖出股票，而大众却希望在亏损不断扩大的股票上死守，因为他们寄希望于股票能够重回高位。但是，他们等到的往往是股价进一步下跌，大家在绝望中一同卖出股票，而此刻却没有什么买盘出现，于是股票跌得更凶。这就是1929年大恐慌的成因之一，市场中投机客和赌徒们处于极端不安的氛围之中，不得不争相逃命，从而导致卖盘异常沉重。

大众对金钱的贪婪将引发下一轮股市大恐慌，同时也会引发下一场世界大战。战争是人间地狱！或许你会问：当战争来临时，如何处理手中的股票呢？战争必然引发大众的恐慌，恐慌也会笼罩股市。**1929年这次大恐慌可能会导致战争的发生。**

金钱是所有罪恶的根源，人们常常错误地理解这句话，或者错误地引用这句话。他们认为这句话源自《圣经》，事实上这句话并非来自《圣经》。《圣经》认为"贪图金钱是所有罪恶的根源"。

历史表明：所有的战争都是源于大众贪图金钱和争夺权力。贪图金钱是历史上每一轮经济和金融危机的原因。我们即将面临的史上最大规模的恐慌也是这一原因造成的。现在

金融市场是"精英主义"滋生的温床。口随大众，心随精英。

用道德和人性来解释问题容易上手，但是往往触及不到问题的本质。如果贪婪能够解释一切，那么经济学和政治学就没有存在的必要了。

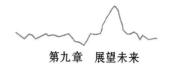

美国的资金宽裕程度超越历史上任何时期，许多人为了攫取这些资金而失去理智。一旦他们发现信贷开始悄然收紧，那么他们挣钱的劲头会更大。

7. 结　语

应无数《盘口真规则》的读者请求，我撰写了本书。这些读者将《盘口真规则》称为有史以来最佳的股票交易书籍。能够帮助大家在险象环生的金融市场胜出，笔者深感欣慰和荣幸。如果《盘口真规则》是最佳的股票交易书籍，那么笔者希望《华尔街选股术》能够更加优秀。

笔者在本书撰写的东西都是源自躬身实践，这些东西也正是读者们所需要的。笔者从自己的实践中汲取了失败的教训，总结了成功的经验。笔者发现了一些有效的交易法则，在华尔街历练了 30 年时间，时间向笔者证明了什么才是投机取胜的关键因素。笔者自信地认为只要大家恪守笔者提出的交易法则，那么绝不会后悔。

自助者，天助之。帮助你们让笔者也获得了丰厚的回报。

【原著名言采撷】

1. It requires a long period of time to establish public confidence in any group of stocks，but once a stock pr a group of stocks becomes a public favorite，it is overbought.

2. The stock market discounts these changes in advance.

3. It is better to be safe than sorry.

4. Always remember in Wall Street and in the financial game that anything can happen，therefore be prepared for the unexpected.

釜底之薪：A股的流动性因素简析

理论和历史表明货币供应量的增加会导致对股票的需求增加，随着货币供应量增加而对货币的需求大体不变，这样就会导致人们调整自己的资产负债表，进而将多余的货币投入到其他资产上，而股市就是这些资产中最为重要的一种。中国A股市场是新兴市场，交易者对于公司的业绩更为漠视，因此货币供应量的变化对股市的影响非常大。每次流动性由偏紧转向宽松的时候，都会带来A股市场的大幅上涨，资金面对A股市场影响显著。

不少股票短线交易者对A股市场的大盘走势非常迷惑，看不清楚其最本质影响因素——主要还是流动性，因为**流动性决定了A股市场的估值中枢**。**流动性充裕，风险偏好就强**，利率也低，相应的E/P（市盈率）就低，反过来P/E就高；**流动性缺乏，风险偏好就弱**，利率也高，相应的E/P就高，反过来P/E就低。这是流动性引发风险偏好的变化，进而影响市盈率。

简言之，股票的价格取决于业绩预期和估值水平。估值水平由无风险利率和风险溢价决定。

流动性还能引发经济各主体的资产负债表变化，而这会导致整个经济的资产重置行为，进而引发资产价格的大幅波动。流动性宽裕，企业债务负担较轻，现金流充足，投资冲动十足，上市公司业绩表现不错；流动性宽裕，商业银行放贷条件宽松，放贷冲动十足，消费和投资贷款大量增加，刺激了经济的活跃；流动性宽裕，居民消费贷款和放贷相对容

易，有调整现金资产的需要，这时候对理财产品和股票的需要增加。当流动性紧缩的时候，一切就反过来了。所以，流动性还能引发资产负债表的变化，这与风险偏好变化一起最终导致股票在内的资本市场波动。

流动性对大盘的影响是第一位的，业绩对大盘的影响是第二位的，搞清楚这个才能判断清楚大盘。货币政策对大盘影响直接而显著，如果流动性宽裕，而股市没有巨大的政策性利空（如以前的国有股减持而不支付对价的政策预期等），那么资金的一部分就会先进入股市，赚钱效应带动更多的资金进入股市，这样股市就会出现牛市。2008~2009年超级宽松的流动性就是2009年牛市的"助产士"，M2从50万亿~75万亿美元，流动性大大宽松了，超过了美联储的操作。

回顾1990~2010年的五次A股大牛市，每一次都伴随着流动性的超级宽松和资金涌入股票市场。第一次大牛市从1991年持续到1993年，上证股综指从100点上涨到1558点。开户人数从零增加到几百万户，股票只有几十只。第二次大牛市从1996年持续到1997年5月，上证综指从512点上涨到1510点。开户数量从几百万户增加到2000多万户，银行利率大幅下降，储蓄资金大量进入股市。当市场表现较好的时候就会有更多的储蓄资金进入股市，如果市场较差，那么资金就会流出股市。居民储蓄的变化与股市的变化有一定关系，居民储蓄往往是股市的助推器，习惯于火上加油，而不是雪中送炭。**储蓄分流具有很强的波动性，市场的走势往往引导着储蓄资金的流动，这类资金的特点就是"追涨杀跌"，资金流入缺乏长期性和持久性，应该算得上是典型的"热钱"**。这类资金要么直接进入股市，要么通过公募基金进入股市，由于这类资金习惯于"追逐过去"，所以市场好的时候，基金理财产品也热门，基金非常容易发行的时候，往往也就是股市见顶的时候，因为这表明资金宽裕得不能更宽裕了。而当市场真正底部出现的时候，基金理财产品却遭受冷遇。基金的仓位与股市的顶底也有明确的关系。只有随着养老金

流动性对大盘的影响是第一位的，业绩对大盘的影响是第二位的！

和保险资金大规模入市才能从根本上改变这种"追涨杀跌"的非理性本质。储蓄资金的进出可以从中国证券登记结算有限公司的官方网站上查询证券开户数目推断出来，同时还应该结合中国人民银行的金融数据，特别是有关商业银行储蓄变化的数据。一般而言，**当银行定期存款增速和规模达到顶峰时，股市的底部往往也就出现了**。随着股市的活跃，资金就会持续地从银行进入到股市。

第三次大牛市从 1999 年持续到 2001 年，从 1000 点上涨到了 2245 点。"亚洲金融危机"之后，信贷非常宽松，社会闲散资金多。开户人数从 2000 多万户增加到 6000 多万。第四次大牛市从 2005 年 6 月持续到 2007 年 10 月，上证综指从 998 点上涨到 6124 点。基金规模爆炸性增长，投资者开户数上涨到 1.3 亿户，大量的外汇占款使国内流动性异常宽松。第五次大牛市从 2008 年 11 月持续到 2009 年 8 月，上证综指从 1664 点上涨到 3478 点。管理层采取了超级宽松的货币政策，使股票市场大幅上涨，特别是中小盘股票。从这几次牛市的发展可以看到流动性和资金大规模流动对行情的决定性影响。

散户知道这些吗，估计当故事听听罢了。本书的读者可不能这样一笑置之，因为流动性是大盘最显而易见的影响因素，你完全可以通过查看 M1 和 M2 的走势，以及中国人民银行（以下简称"央行"）的货币政策来跟踪流动性的变化。做大事要选格局，股票交易要风生水起，也要选格局，**最大的格局就是流动性。没有好的局，高手绝不出手**！善战者，胜于易胜者也！诸葛亮就不是一个善战者，此点与司马懿相比相去甚远。大智者选择容易下的棋局，而聪明者则力图走好一局别人选择的棋。人挪活，为什么能活，**换一个地方，人生的格局就换了一下**。巴菲特善于选局，终成大器！

流动性和业绩是看大势的关键，做个股短线要看题材，但是只有业绩持续向好的题材才有生命力，主力才敢大干一场，否则做个股短线没有对手盘。某些短线题材，缺乏实质性支持的题材我们也会用点小资金做着玩，但主要火力还应

"一命二运三风水，四积阴德五读书"，风水就是格局，格局的重要性超过了努力。

配置在有业绩支持的题材个股上。当然，个股的选择上你持股的期限不同对这两个因素的排序也不同。但是，**流动性的谷底增加了股票投资者的购买力**，或者降低了持股成本，给足了安全空间。

牛市可以分为业绩驱动型和资金驱动型，任何牛市都是这两种类型的复合型，只不过某一型占比更高而已。2005 年 6 月到 2007 年的大牛市就是业绩驱动型和资金流动性混合型，因此爆发力十足，而 2009 年的牛市则主要是资金驱动型，当然也有业绩驱动的因素。**业绩驱动为主的牛市持续时间更长，上涨空间更大，而资金驱动为主的牛市爆发性更强，小盘股表现更好。**

央行的货币政策和市场上实际的流动性变化是股票市场大方向的决定因素之一，**而流动性变化具有趋势性，这种趋势性会持续一年以上，因此股票市场的趋势也会持续一年以上。关注流动性环境可以帮助我们做好股票短线交易的策略，在流动性充裕的环境中，持股时间应该更长，以主题行情和波段操作为主；而在流动性短缺的环境中则应该缩短持股时间，以短期热点和题材的操作为主。**

流动性的变化可以从两个角度进行理解，第一个角度是利率的角度，第二个角度是货币供应量的角度。首先，再温习下利率与股市的关系，利率如果较高，那么在每股收益既定的情况下，每股价格就需要下降，只有这样用市盈率倒数（E/P）表示的股市收益率才能接近固定收益产品。相反情况下，如果利率水平较低，那么在每股收益既定的情况下，每股价格就可以上升。也就是说，利率作为一个基准收益率对股票市场的资金起着分流的作用。其次，利率也影响上市公司的整体业绩，特别是那些资产负债率较高的公司，比如航空股和钢铁股。当利率上升时，只要有负债的公司都会或多或少地受到负面影响，导致经营绩效下降。不过，利率主要对资产的收益率差产生影响，进而引导资金的流向，真正决定有多少资金在资产之间流动的因素还是货币供应量。当然，利率体系是多层次的，我们需要关注的不仅仅是央行能够直接控制的利率指标，对于民间借贷这类非官方利率也有密切关注，因为后面这种指标往往更明确地表现出了市场上真实的流动性状况。

利率变化与股市趋势密切相关，但是却不是大众认为的那样是简单的多空关系。一般大众认为降息增加了市场流动性，所以降息对股市是利好的，而加息则减少了市场流动性，所以加息对于股市是利空的。这种判断忽略了降息和加息的背景，降息往往出现于经济衰退阶段，因此降息提供的流动性可能只是弥补了因为经济衰退导致的惜贷情况，甚至可能还存在缺口。而加息往往出现于经济繁荣和滞胀时期，因此加息可能只是提供了资金借贷的成本，但却不足以抵消实体经济对资金的强烈需求。一旦步入加息周期，意味着经济进入上升趋势，因此头几次加息往往确认了经济上行趋势，加息后股市继续上扬。只有在连续加息之后，经济增长趋缓，这时候股价往往就转入震荡筑顶阶段。一旦步入减息周期，意味着经济进入下行趋势，因此头几次减息往往确认了经济下行趋势，减息后股市继续下跌。只有连续多次降息之后，股市才会震荡筑底。因此，每次熊市的时候，总有不少"经济专家"和散户将降息简单地等同于股市转牛，或者是每次牛市的时候，同样有不少"专家学者"和散户将加息简单地等同于股市转熊。市场的主力非常喜欢媒体和散户的这种倾向，因为正是散户的这种倾向让他们频繁进出股市，这样就提高了个股的换手率，进而提供了散户持仓的平均成本，这样便于主力高位派发。

　　一般我们要注意两种情况下的利率调整：第一种情况是多次降息后第一次加息或者是多次加息后第一次降息，这往往表明进入了加息或者降息周期，这时候往往是加息为利好，降息为利空；第二种情况是加息周期中的第四次加息或者降息周期中的第四次降息，这时候就不能简单地将加息看成利多，降息看成利空了，这时候需要看整体流动性和经济是否有见底预期。

　　虽然货币政策工具有很多种，但是我们主要还是关注货币政策作用的关键变量，也就是对股票市场会产生影响的货币变量。根据股票交易的心得我们认为 **M1 同比增速，同业拆借利率，银行间 7 天回购利率，央行票据回购和逆回购，十年期国债收益率是比较重要的货币变量**。其中，M1 同比增速反映了流动性情况，与 A 股市场直接相关。而同业拆借利率和银行间 7 天回购利率则反映了资金面因素的短期变化，央行票据回购和逆回购反映了货币当局的政策面变化，十年期国债收益率则反映了整个经济的增长和通胀情况。

　　数据指标多了，更不能迷失其中，要整体来看，抓住大旨！

　　（本文摘选、改编自《股票短线交易的 24 堂精品课》第二课"流动性分析：人民币的近端供给和美元的远端供给"）

周期之殇：经济与股市

经济运行的不同阶段会引发各大类资产相对收益的变化，所以经济周期与跨市场分析是紧密相连的。在不同的经济周期阶段，股市与其他资产市场的相对收益呈现出规律性的变化。**通过所处的经济周期阶段和其他资产市场走势的变化，我们可以间接地推断出股市整体的运行态势和所处阶段，**这就给我们一个非常大的优势。

金融市场的周期受制于实体经济的周期，所谓的股市与经济的背离其实只是我们局限了实体经济的范畴和定义。任何政府对金融市场的干预其实都是为了解决实体经济的问题，同时所有的金融市场潜在参与者也是实体经济的潜在参与者，这就使得**实体经济的收益率变化不可避免地引发资金在金融市场的进出。**在中国 A 股市场上我们往往偏重对游资的"臆测"，对于个股而言，我们是需要研判游资的走向，但是也需要严谨地做分析。不过却不能因此忽略大盘的分量，这是系统性的风险。**在股票交易中，整体思维是非常重要的，把握大势是整体思维的具体表现。**忽略大盘股指是大多数散户一贯的做法，他们对大盘走势最多限于臆测一下明天的涨跌，至于对大盘的趋势则往往采取"昏昏然"的态度。

成功的短线客非常注重大势的因素，那些"逆势起风"的游资其实也不敢忽略大盘的走势。对股指的分析往往都局限于对次日股指涨跌的预测，这是绝大多数股评节目的习惯

打板思路风行一时，这一战法可以忽略大盘和大势吗？

做法，但却不是明智的做法。**股市的大势并不是逐日来判断的，真正的大势一旦形成就需要很长的时间来完成，而这个大势的形成往往离不开经济周期的影响。**随着 A 股上市公司数目增加，对中国经济的代表性越来越强，因此 A 股走势将越来越受制于经济周期的影响。随着 A 股市场参与群体越来越广泛，同时伴随着金融市场自由化程度越来越高，**A 股走势与其他资产走势的相关性将越来越高。**不仅是国内的债券市场、期货市场与 A 股走势相关性提高，就连美元股指、欧美股市与 A 股走势的相关性也越来越高，特别是 A 股的开盘价在"次贷危机"之后与欧美股市走势相关性大幅提高。

实体经济与虚拟经济的关系越来越紧密，所以我们可以通过实体经济的走势来推断以股市为主的虚拟经济的走势，在这里我们重点介绍"美林时钟"这一工具，这一工具建立在 NBER（国民经济研究所）对经济周期的实证分析的基础上，更为重要的是将经济周期与金融市场联系了起来，其中也牵涉到了跨市场分析的问题。我们的经验表明**不管你属于什么类型的交易者，学会评估宏观事件对股票市场的系统性影响有助于做出恰当的交易决策。**

"美林时钟"这个工具将宏观经济学与金融学连接了起来，属于从宏观角度来评估资产价格的方法。对于绝大多数经济学者而言，这个工具是他们踏入金融市场的桥梁，如果没有这一工具，宏观经济学家在判断股指走势的时候将无从下手。**"美林时钟"由两大部分组成（见附图 2-1），第一个组成部分是经济周期的划分**，这是基于美国 NBER 这个研究机构的实证分析，通过经济增长和物价水平这两个维度将经济周期划分了四个阶段，分别是复苏、繁荣、滞胀和衰退。**第二个组成部分则涉及股票、商品、债券、现金四大类资产的收益率变化，**而这种变化其实是基于经济周期的。"美林时钟"将这两个组成部分连接了起来，这点非常了不起，这使宏观经济学家能够对主要金融市场的趋势有深刻的洞察能力。宏观经济学家因此能够真正利用自己的学术专长赚取利润，而

美林时钟刻画了周期与资产之间的关系。

对于本书的读者而言则能够利用这一简单的模型帮助我们清楚地意识到股市处于什么阶段。当你明白自己的位置时，你就可以在股市中战无不胜。

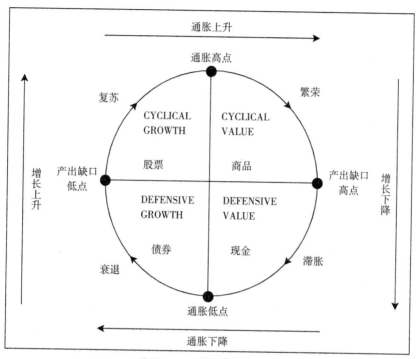

附图 2-1　原版"美林时钟"

"美林时钟"是由美林证券在 2004 年以报告的形式发布的一个模型，这个模型基于美国经济周期和美国证券市场的走势。不过由于其广泛的适用性，这一模型对预测 A 股市场大势也有较强的指导意义。这个模型基于经济波动的周期性，而这个周期性主要从经济增长率和通胀率两个角度来衡量。"美林时钟"框架将帮助交易者通过识别经济的转折点，来选择股市中期的介入点和退出点（对于短线交易者而言主要用来识别大盘趋势）。经济周期按照通常的做法被划分为四个阶段，它们分别是衰退、复苏、繁荣、滞胀。每一个阶段都是通过实际经济增长率相对于潜在经济增长率的方向，即"产出缺口"与通货膨胀的方向来定义（见附图 2-2）。

"次贷危机"之后美林证券已经被美国银行兼并了。

长时间的衰退被称为萧条。

237

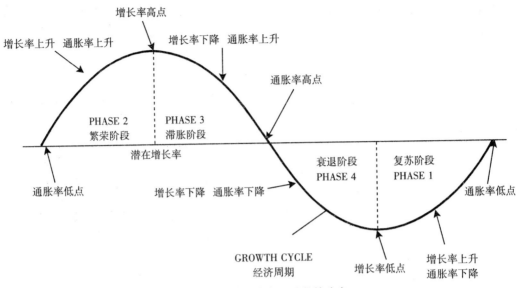

附图 2-2　经济周期四阶段的确定

经济周期中每个阶段的正确划分和预判是成功利用经济周期来判断股票大势的前提和基础，所以大家应该耐心搞清楚其中的要点，那就是找出增长率的高低点和通胀率的高低点。中国 A 股市场，主要是考虑中国经济的增长率和通胀率，当然这里面有时候也需要变通。由于中国是外向型经济，因此我们也会兼顾考察一下欧美经济，特别是美国经济的周期阶段确认。当然，实际操作中精力始终是有限的，因此对于初学者而言掌握好中国经济周期阶段的划分是最基本的要求。

知道了经济周期阶段如何划分还不够，这只是个开始。因为在实际交易中，我们不可能等待一个经济周期完整地走出来了才开始交易，这时候行情也完了，所以我们必须善于进行推断。这个推断涉及两个方面：第一，就是明白如何根据已经公布的增长数据和通胀数据来推断目前所处阶段，第二，就是能够大致推断此后增长数据和通胀数据的走势。先来谈谈第一个方面，如何就经济数据推断目前阶段。举一个例子，如果 CPI 一个显著高点出现了，而在这之前增长率已经下滑了很长一段时间，那么目前可能就进入了衰退阶段。这里面的关键还在于牢记阶段的划分标志。第二个方面则涉

对周期的预期引发行情，实际的周期修正行情。

及推测以后的增长率和通胀数据，这是一个非常庞大的话题，我们扼要地谈一下如何判断经济增长率和 CIP 未来的走势（趋势一般是持续的，因此趋势往往可以通过第一个方面就能确定，走势是局部的、近期的，走势是用来确认趋势的）。

先来谈谈如何推断经济增长率的问题，我们不是宏观计量模型专家，所以谈到的只是一个定性判断、模糊判断，而不关乎具体的数字，这样就足够应付交易需要了。对于股票交易而言，通过走势看趋势就要利用 N 字结构，所以**技术分析工具其实也可以用来确认经济数据的趋势，注意"确认"两个字**。

对于债券投资者对通胀率指标更为敏感而言，股票市场的主力参与者对于经济增长率指标更加敏感，因此确定经济周期阶段的增长率指标对于股票交易者而言更加重要。**要判断经济增长率可以通过出口、投资和消费三个子项目判断**，这就好比判断股市大盘股指可以为极大权重板块走势的判断一样。

出口如何判断呢？净出口产生的贸易盈余一度成为央行货币供给的来源，也成就了 2005~2007 年的传奇大牛市。出口判断最为关键的是看欧美的需求情况，**欧元区和美国的经济增长态势往往是中国出口的先行指标，而韩国的出口则是世界贸易状况的"风向标"**。

投资如何判断呢？判断投资状况有一些什么具体的先行指标可以关注呢？**金融市场比较关注"城镇固定资产投资完成额累计同比增速"，而这个指标的领先指标则是"新开工项目计划总投资额"和"中长期信贷增速"**。

消费如何判断呢？判断消费状况有一些什么具体的先行指标可以关注呢？内需消费在国内一直比较稳定，因此在判断经济增长的时候一般可以不太考虑消费在中短期内的变化，除非政府推出一些影响消费的直接政策，比如"家电下乡政策"等。要预判消费的变化，可以根据下面三个指标，第一个指标是春节和"十一"黄金周的消费变化，这个可以从商

需求端判断经济依据：出口、投资和消费三个项目，供给端判断经济依据：劳动力、技术和资本三个项目。

务部和国家统计局的网站上了解到。第二个指标则是中华全国商业信息中心发布的"全国百家重点大型零售企业零售额"。第三个指标是"中国银行卡消费信心股指"。银行卡消费信心股指的推出与我国银行卡支付的日益普及密不可分。现在银行卡支付已经全方位渗透到中国经济的各个方面，**社会消费品零售总额中约有 1/4 是用银行卡支付的**。在此背景下，中国亿万持卡人使用银行卡产生的海量信息，就成为社会经济活动最精确的"记录仪"。深入挖掘和分析银行卡海量交易信息，解读中国城市居民消费信心的变化走势，已成为观察国民经济运行状况的有效方式。

要想准确地判断股票市场的大趋势就必须要定位目前经济所处的阶段，而要准确进行定位就必须搞清楚经济增长率和通胀率的变化趋势。经济增长可以从上述三个方面进行分析，而通常则可以从各类物价股指以及货币供应指标进行分析。一旦我们确定了增长率和通胀率的态势，就能够确定目前所处的经济周期阶段，从而也能够划分出最近一个**经济周期的阶段**。

我们已经全面介绍了如何通过增长率和通胀率划分经济周期阶段，也花了很大的篇幅介绍如何预判和解读增长率和通胀率变化，接下来我们将介绍股票为主的金融市场在四个经济周期阶段中的变化特征和规律。

衰退阶段中经济增长缓慢，通胀率下降，产能过剩和商品价格的下跌使通货膨胀下降。在这一阶段企业利润很小，实际收益率下降。随着央行下调短期利率，试图复苏经济，收益率曲线向下移动并且变得陡峭。由于央行处于加息进程中，所以债券市场在这个阶段表现较好。这个阶段中，虽然增长率和通胀率都在下降，但是由于流动性已经见底，同时实体经济缺乏投资机会，所以充裕的流动性很可能流向股票市场。因此，**股票市场往往在衰退中后期见底**（见附图 2-3）。所谓的衰退阶段，根据"美林时钟"的定义也就是"通胀率高点到增长率低点的阶段"。我们来看一个具体的例子，2008

支付宝和微信支付在小额支付中的比重越来越大。阿里巴巴和腾讯在获取经济和商业大数据上的优势越来越明显。

一般认为，"美林时钟"刻画的是基金周期或者说是存货周期。

年 2 月是通胀率高点（见附图 2-4），接着的增长率低点是 2009 年第 2 季度（见附图 2-5），股市的低点应该落在这个区间之内，实际见底日期是 2008 年 10 月 28 日（见附图 2-6）。实际分析中怎么用，当通胀率高点出现之后，就应该看流动性是不是见底了，看是不是出现了动量底背离，看是不是出现了"国家队"入场，看是不是出现了向上 N 字结构，看是不是出现了极端悲观和恐慌的情况，看是不是估值底和政策底已经出现等，综合起来研判你就能更加准确地定位底部。

2012~2016 年，经济见底过程被人为拉长了，产能和存货出清时间延长，是不是有保增长的措施出现，这样就使"美林时钟"的周期变得很短。

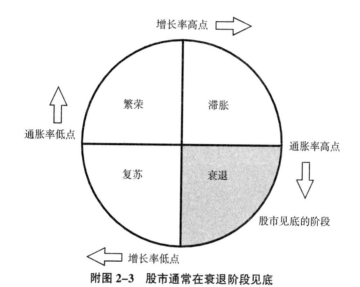

附图 2-3　股市通常在衰退阶段见底

附图 2-4　通胀高点的确定

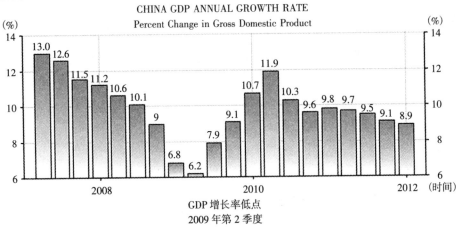

附图 2-5　增长率低点的确定

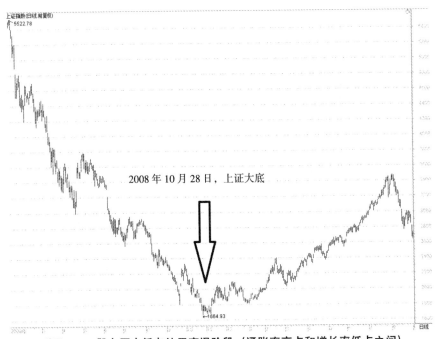

附图 2-6　股市历史低点处于衰退阶段（通胀率高点和增长率低点之间）

　　复苏阶段中经济加速增长，实际经济增长率高于潜在经济增长率。然而，由于闲置产能尚未完全用完，通货膨胀率继续下降，周期性的生产力增长强劲。在这一阶段企业利润大幅回升，由于央行保持宽松的政策，债券收益率保持在低水平。不过由于进一步降息的可能性很小，预期空间也不大，所以债券价格很可能在这个阶段的中后期见顶。不过，由于经济进一步增长，而且没有加息的顾虑，所以**股票市场在复苏阶段处于上涨态势**。对于大宗商品市场而言，这个阶段将促进需求上升，因此工业原材料价格较可能在这个阶段筑底。

繁荣阶段中经济增长继续加速，受产能的制约，通货膨胀开始上升。央行加息试图使实际经济增长率向潜在经济增长率回落，但实际经济增长率仍然顽固地高于潜在经济增长率。随着收益率曲线向上移动并且变得平坦，债券价格下降，这个时候债券不是好的投资标的。对于那些能源和原材料企业占比较大的股市而言，构筑顶部可能要等到滞胀阶段。工业企业的利润步入最后冲刺阶段，原材料企业的利润仍旧处于上升阶段，**对于绝大多数股市来说这个阶段一般是构筑顶部的阶段**（见附图 2-7）。所谓的繁荣阶段，根据美林投资时钟的定义也就是"通胀率低点到增长率高点的阶段"。我们来看一个具体的例子，2006 年 3 月是通胀率低点（见附图 2-8），接着的增长率高点是 2007 年第 2 季度（见附图 2-9），股市的高点应该落在这个区间之内，实际见顶日期是 2007 年 10 月 16 日（见附图 2-10）。实际分析中怎么用，当通胀率低点出现之后，就应该看流动性是不是见顶了，看是不是出现了动量顶背离，看是不是出现了"国家队"退场，看是不是出现了向下 N 字结构，看是不是出现了极端乐观和狂热的情况，看是不是估值顶和政策顶已经出现等，综合起来研判你就能更加准确地定位顶部。

查理·芒格的栅格理论，你知道吗？

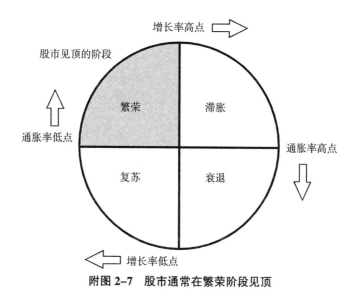

附图 2-7　股市通常在繁荣阶段见顶

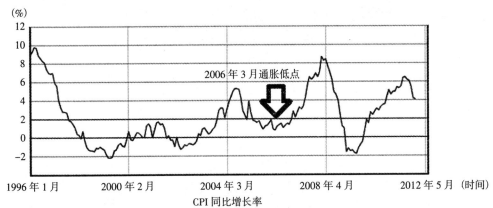

附图 2-8　通胀低点的确定

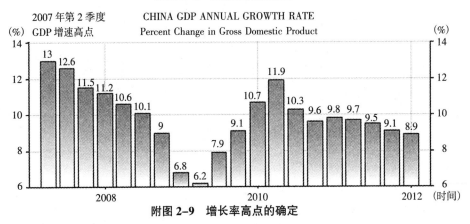

附图 2-9　增长率高点的确定

附图 2-10　股市历史高点处于繁荣阶段（通胀率低点和增长率高点之间）

滞胀阶段中实际经济增长率逐步下降，最终低于潜在经济增长率。不过，通货膨胀率却不断上升。在这个阶段可能存在石油的冲击又或者是先前多发货币引发的产业链延伸过长导致的滞胀。为了对抗通胀，央行可能在滞胀阶段仍旧会大幅加息。**在这个滞胀阶段中股市继续下跌，而大宗商品也会在这个阶段的中后期构筑顶部。**

大家可以发现，在经济周期中股市见顶在GDP增长率高点之前，股市见底在GDP增长率低点之前（见附图2-11）。一般而言，股市会提前半年左右的时间反映基本面的情况，股市的拐点要比经济基本面拐点提前半年左右的时间出现，也就是说股市的低点先于经济增长的低点出现，而股市的高点先于经济增长的高点出现。这个规律在美国股市上也有明确的体现，见附表2-1，美国股市的高点先于经济高点，美国股市的低点先于经济低点，这个事实与"美林投资"时钟的框架是相符合的。

汉密尔顿在20世纪初写了《股市晴雨表》一书，指出股市是经济的先行指标。

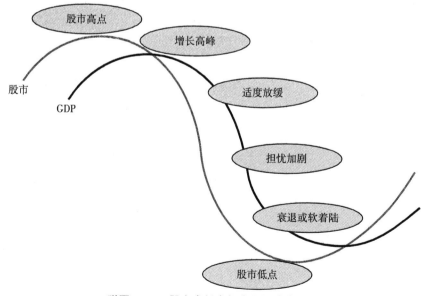

附图2-11 股市高低点领先于经济高低点

附表 2-1 美国股市高低点与经济增速高低点的关系

美股高点出现 时间	美国经济增速高 点出现时间	领先月数	美股低点出现 时间	美国经济增速低 点出现时间	领先月数
1948 年 6 月	1948 年 7 月	1	1949 年 6 月	1949 年 10 月	4
1953 年 1 月	1953 年 2 月	1	1953 年 9 月	1954 年 6 月	10
1956 年 7 月	1957 年 1 月	6	1957 年 12 月	1958 年 5 月	5
1959 年 12 月	1968 年 2 月	2	1960 年 10 月	1961 年 2 月	4
1968 年 11 月	1969 年 3 月	4	1970 年 6 月	1970 年 11 月	5
1973 年 1 月	1973 年 3 月	2	1974 年 12 月	1975 年 3 月	3
1981 年 4 月	1981 年 7 月	3	1982 年 8 月	1982 年 11 月	3
2000 年 3 月	2000 年 5 月	2	2001 年 9 月	2001 年 12 月	3

"美林时钟"如何运用到股市中，我们已经简单地介绍了，要点在于：第一，如何预判经济阶段，这个涉及增长率和通胀率的预判；第二，股市在各个经济阶段中的表现大致是怎么样的；第三，基于经济阶段预判和经济阶段中股市的历史表现对现在和未来的股市进行判断。

（本文摘选、改编自《股票短线交易的 24 堂精品课》第一课"跨市场分析：实体经济的圆运动和金融市场的联动序列"）

附录3

跨市场分析：债券市场、股票市场与商品市场

在附录中，笔者简单介绍了马丁·普林格循环周期。所谓的"马丁·普林格循环周期"是由马丁·普林格发现的一种金融市场间循环，具体而言就是债券市场、股票市场、商品期货市场在涨跌上的一个序列关系。马丁·普林格是享誉全球的顶级技术分析大师，是该领域最有影响力的领袖人物之一。他是金融网站 www.pring.com 总裁，普林格研究所所长，同时兼任备受尊敬的《市场评论》杂志（*The Intermarket Review*）主编。他的文章被《华尔街日报》《国际先驱导报》《洛杉矶时报》等权威媒体广为引述。

虽然他被美国著名财经杂志《巴伦周刊》誉为"技术分析师的技术分析师"，但是他最为了不起的贡献并不在技术**分析领域**，而是在跨市场分析领域。他提出了债券市场、股票市场和期货市场在经济周期中的循环规律和繁荣衰落次序。见附图 3-1 和附图 3-2，普林格认为经济繁荣的进程中**债券市场在三个市场中最先上涨，其次是股票市场，最后是期货市场，而在经济步入下降走势的过程中，债券市场也是最先下跌的，其次是股票市场，最后是期货市场。**当我们处在一个债券市场和股票市场下跌，而商品期货市场上涨的环境中时，我们就应该推断繁荣实际上已经结束了。

跨市场分析的根源在于资本化和全球化。

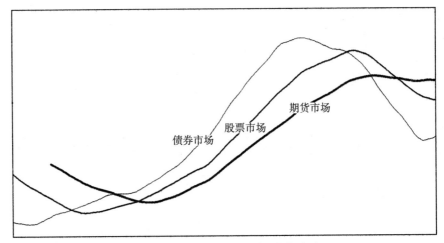

附图 3-1　马丁·普林格循环周期（1）

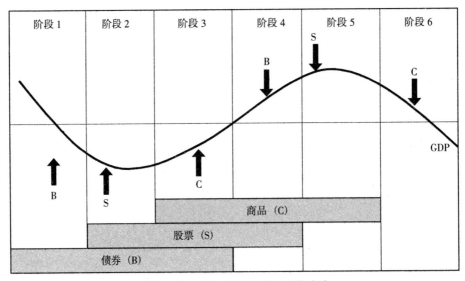

附图 3-2　马丁·普林格循环周期（2）

普林格的三个市场走势阶段论是根据什么来的呢？货币政策也就是利率水平的变化会影响债券价格的变化，因为债券对利率很敏感。当利率下降的时候，投资股票等风险资产的风险偏好就会上升，同时利率降低也使公司经营成本下降，信贷宽松也促进了消费支出进而带动了公司利润提高，自然股票价格就会上涨。企业生产繁忙会影响对原材料的需要，进而会导致商品期货价格上涨，而所有这些都会影响到外汇**市场的走势**。一旦货币政策做出调整，那么这个链条就被拉

"次贷危机"之后，各国利用财政和货币手段干预经济，使得"美林时钟"的运动显得"神经兮兮"的，循环周期更短了。

动了，后续的变化一般可以预料（当然，复杂的宏观世界中还要靠是否有足够多的实业投资机会能够吸纳主动货币供给增加），既然后续变化可以预料，那么对股票市场的阶段性影响也是可以预测的。

马丁·普林格循环周期可以帮助我们通过其他主要金融市场阶段来确认股票市场的所处的阶段，也就是通过债券市场和商品期货市场的走势来推断股市所处阶段和未来的走势。宏源期货研究中心通过研究 10 年期国债收益率与上证股指的关系发现，**阶段性底部中 10 年期国债收益率领先于上证综指 5~6 个月，而且这种关系比较稳定。**该中心研究者进一步指出："用文华商品股指代表国内商品价格的整体走势，上证综指代表国内股市走势，对比两者走势可以发现，**股市一般会较商品提前 4 个月左右见顶。**对于底部的判断，两者在时间点上的差别并不大，商品市场落后股票市场不超过 1 个月，基本上同时见底。"

（本文摘选改编自《股票短线交易的 24 堂精品课》第一课"跨市场分析：实体经济的圆运动和金融市场的联动序列"）